CODE CIVIL,

PAR ORDRE ALPHABÉTIQUE

ET

DE MATIÈRES.

CODE CIVIL,

PAR ORDRE ALPHABÉTIQUE

ET

DE MATIÈRES.

TEXTE

DU CODE CIVIL,

DÉCRÉTÉ ᴇᴛ PROMULGUÉ ᴇɴ ʟ'AN XI,

PAR ORDRE ALPHABÉTIQUE

ᴇ ᴛ

DE MATIÈRES.

AVEC les formalités des différens Divorces, de la Séparation de Corps et de l'Adoption.

Pᴀʀ A. G. D****

A PARIS.

Cʜᴇᴢ { LENORMANT, rue des Prêtres-St.-Germain-l'Auxerrois.
V.ᵉ DUFRESNE, Grande salle du Palais de Justice.

An XII = 1803.

De l'Imprimerie de J. R. Loᴛᴛɪɴ, Imprimeur de la Préfecture de Police, Cour du Palais, n.° 28.

Il étoit réservé au Gouvernement actuel de donner à la République un Code de Lois civiles, fixes et conformes à nos mœurs, nos intérêts de société et de famille.

Après un aussi grand bienfait, j'ai cru qu'on ne pouvoit rendre un plus grand service au Peuple, que de le mettre à même de consulter aisément, rapidement le texte pur et simple de la Loi, chaque fois que ses affaires pourroient le porter à en prendre connoissance, ou exigeroient qu'il la prît avant de les terminer.

La réunion des motifs de la Loi à son texte ; celle des discours des différens orateurs, pour ou contre cette Loi, peuvent être un objet de curiosité pour le malin comme pour l'homme le mieux intentionné ; pour le Peuple, cette réunion peut être dangereuse, elle peut le jeter dans des examens qui le tourmentent.

Le bonheur du Peuple, quant à la Loi, est d'y obéir, et en général, le texte du Code civil est assez clair, pour que le

Peuple puisse aisément se procurer cette jouissance, sans s'inquiéter d'autre chose.

La confiance méritée, que le peuple a donné et donnera toujours aux Consuls, au Conseil d'État et au Corps Législatif, confiance dont ils ont si heureusement usé dans la rédaction du Code civil, doit rassurer le peuple à cet égard.

La forme de Dictionnaire est de toutes celles connues, dans lesquelles on puisse composer un ouvrage, qui prête le plus à la facilité, à la rapidité des consultations, je l'ai adoptée de préférence; je désire de ne m'être pas trompé dans mon choix.

On peut compter sur l'exactitude du texte de la Loi : je l'ai conservé pur, et dans le sens et dans la contexture de la rédaction. Si, forcé par la nécessité, j'ai été obligé de faire quelques inversions de phrases, elles se réduisent à six ou sept au plus; mais je puis assurer que le sens littéral n'en a été ni diminué, ni affoibli. Si cet essai est utile, je me propose de donner en entier le Code civil, lorsqu'il aura été décrété en totalité, distribué sous la lettre, ainsi que je l'ai fait, et que je l'offre au public pour ce qui en existe déjà.

Le temps et l'accueil que recevra ce premier ouvrage, en ce genre, me mettront à même de juger si on y aura attaché autant d'importance que moi, quant à l'utilité dont j'ai pensé qu'il pouvoit être. Si l'expérience me prouve que je ne me suis pas trompé dans mon idée, je réaliserai le projet que je viens d'annoncer.

LOIX

*DISTRIBUÉES par ordre Alphabétique,
et de matières contenues dans ce volume.*

Décret du 14 ventose an XI, promulgué le 24.

1. LOI, sur la promulgation, les effets et l'application des lois.

Titre 1. De la publication, des effets et de l'application des lois en général.

Décret du 17 ventose an XI, promulg. le 27.

2. LOI, sur la jouissance et la privation des droits civils.

Titre 1. De la jouissance et de la privation des droits civils.

    Chap. 1. De la jouissance des droits civils

    Chap. 2. De la privation des droits civils.

      Sect. 1. De la privation des droits civils, par la perte de la qualité de Français.

      Sect. 2. De la privation des lois civiles par suite des condamnations judiciaires.

Décret du 10 ventose an XI, promulgué le 30.

3. LOI, relative aux actes de l'état civil.

ABSENCE. LORSQU'UNE PERSONNE AURA CESSÉ DE PAROITRE au lieu de son domicile ou de sa résidence, et que depuis quatre ans on n'en aura point eu de nouvelles, les parties intéressées pourront se pourvoir devant le tribunal de première instance, afin que l'absence soit déclarée.

Décret du 24 ventôse an XI, promulgué le 4 germinal, tit. 4, chap. 2, art. 115, code civil.

Si l'absent a laissé une procuration, ses héritiers présomptifs ne pourront poursuivre la déclaration d'absence et l'envoi en possession provisoire, qu'après dix années révolues après sa disparition, ou depuis ses dernières nouvelles. *Id.*, ch. 3, art. 121.

Il en sera de même si la procuration vient à cesser; et dans ce cas, il sera pourvu à l'administration des biens de l'absent. *Idem*, ch. 3, art. 121. (Voyez *absence*, *testament*, *époux*.)

ABSENCE. DANS LE CAS OU L'ABSENT N'AUROIT POINT LAISSÉ DE PROCURATION pour l'administration de ses biens, ses héritiers présomptifs, au jour de sa disparition ou de ses dernières nouvelles, pourront, en vertu du jugement définitif qui aura déclaré l'absence, se faire envoyer en possession provisoire des biens qui appartenoient à l'absent au jour de son départ ou de ses dernières nouvelles, à la charge de donner caution pour la sûreté de leur administration.

Décret du 24 ventôse an XI, promulgué le 4 ger-

minal, tit. 4, chap. 3, art. 120, cod. civil. (Voy. époux.)

ABSENCE. Six mois apres la disparition du pere, si la mère étoit décédée lors de cette disparition, ou si elle vient à décéder avant que l'absence du père ait été déclarée, la surveillance des enfans sera déférée par le conseil de famille aux ascendans les plus proches, et à leur défaut à un tuteur provisoire.

Décret du 24 ventose an XI, promulgué le 4 germinal, tit. 4, chap. 4, art. 142, code civil.

Il en sera de même, dans le cas où l'un des époux qui aura disparu, laissera des enfans mineurs issus d'un mariage précédent. *Idem*, art. 143.

ABSENCE. Pour constater l'absence, le tribunal, d'après les pièces et documents produits, ordonnera qu'une enquête soit faite contradictoirement avec le commissaire du gouvernement dans l'arrondissement du domicile, et dans celui de la résidence, s'ils sont distincts l'un de l'autre.

Décret du 24 ventose an XI, promulgué le 4 germinal, tit. 4, chap. 2, art. 116, code civil.

☞ On peut conclure de cet article que le pourvoi des intéressés pourra avoir lieu, soit au tribunal de première instance du domicile, soit à celui de la résidence. Il paroît cependant plus naturel de saisir ce dernier, lorsque la résidence aura été continuelle, quoique le domicile ne puisse pas être présumé avoir été abandonné, parce que, la déclaration d'absence, dont il sera alors question, ne devra être que la conséquence nécessaire d'un fait arrivé plutôt quant à la résidence que quant au domicile.

Au surplus, il s'établira probablement à cet égard une jurisprudence fixe, qu'il faudra bien suivre.

Le tribunal, en statuant sur la demande, aura d'ailleurs égard aux motifs de l'absence, et aux causes qui ont pu empêcher d'avoir des nouvelles de l'individu présumé absent. *Id.,* art 117.

Le commissaire du gouvernement enverra aussitôt qu'ils seront rendus, les jugemens, tant préparatoires que définitifs, au grand-juge, ministre de la justice, qui les rendra publics. *Idem,* art. 118. (Voyez *jugement.*)

ABSENCE. Si l'absence a continué pendant trente ans, depuis l'envoi provisoire, ou depuis l'époque à laquelle l'époux commun aura pris l'administration de l'absent, ou s'il s'est écoulé cent ans révolus depuis la naissance de l'absent, les cautions seront déchargées.

Tous les ayant droits pourront demander le partage des biens de l'absent, et faire prononcer l'envoi en possession définitif par le tribunal de première instance.

Décret du 24 ventose an XI, promulgué le 4 germinal, tit. 4, chap. 3, art. 129, cod. civil.

ABSENCE, *d'un des héritiers* nécessite le partage en justice des biens de toute succession. (Voy. *Partage.*)

ABSENCE. (en cas d') LE TRIBUNAL A LA REQUÊTE DE LA PARTIE LA PLUS DILIGENTE COMMETTRA un notaire pour représenter les présumés absens dans les inventaires , comptes , partages et liquidations dans lesquels ils seront intéressés.

Décret du 24 ventose an XI , promulgué le 4 germinal , tit. 4 , chap. 1ᵉʳ. art. 113 , cod. civ. (Voyez ministère public.)

ABSENT. S'IL Y A NÉCESSITÉ DE POURVOIR A L'ADMINISTRATION de tout ou de partie des biens laissés par une personne présumée absente , et qui n'a point de procureur fondé , il y sera statué par le tribunal de première instance , sur la demande des parties intéressées.

Décret du 24 ventose an XI , promulgué le 4 germinal , tit. 4 , chap. 1ᵉʳ. , art. 112 , cod. civil.

ABSENT. QUICONQUE RÉCLAMERA UN DROIT ÉCHU A UN INDIVIDU DONT L'EXISTENCE NE SERA PAS RECONNUE , devra prouver que ledit individu existoit quand le droit a été ouvert ; jusqu'à cette preuve il sera déclaré non - recevable dans sa demande.

Décret du 24 ventose an XI , promulgué le 4 germinal , tit. 4 , chap. 3 , sect. 2 , art. 135 , cod. civ.

Les dispositions de cet article auront lieu , sans préjudice des actions en pétition d'hérédité et d'autres droits , lesquels compéteront à l'absent ou à ses représentans et ayant cause, et ne s'éteindront que par le laps de temps établi pour la prescription. *Id.* art. 137. (Voyez *absent, droit, possession.*)

ABSENT. Sɪ ʟᴇ ᴘèʀᴇ ᴀ ᴅɪsᴘᴀʀᴜ ʟᴀɪssᴀɴᴛ ᴅᴇs ᴇɴꜰᴀɴs ᴍɪɴᴇᴜʀs issus d'un commun mariage, la mère aura en la surveillance, et elle exercera tous les droits du mari, quant à leur éducation et à l'administration de leurs biens.

Décret du 24 ventose an XI, promulgué le 4 germinal, tit. 4, chap. 4, art. 141, cod. civ.

ABSENT. L'éᴘᴏᴜx ᴀʙsᴇɴᴛ, dont le conjoint a contracté une nouvelle union, sera seul recevable à attaquer ce mariage, par lui-même ou par son fondé de pouvoir, muni de la preuve de son existence.

Décret du 24 ventose an XI, promulgué le 4 germinal, tit. 4, chap. 3, section 3, art. 138, cod. civil.

☞ Puisque cet article porte que le conjoint absent sera seul recevable à attaquer l'union nouvelle de son conjoint, par lui-même ou son fondé de pouvoirs, il faut en conclure que le pouvoir dont il est ici question devra être spécial, et non de gérant ordinaire.

ABSENT. Tᴀɴᴛ ϙᴜᴇ ʟ'ᴀʙsᴇɴᴛ ɴᴇ sᴇ ʀᴇᴘʀésᴇɴᴛᴇʀᴀ ᴘᴀs, ou que les actions ne seront point exercées de son chef, ceux qui auront receuilli la succession, gagneront les fruits par eux perçus de bonne foi.

Décret du 24 ventose an XI, promulgué le 4 ger-

minal, *tit.* 4, *chap.* 3, *sect.* 2, *art.* 138, *cod. civ.*
(Voyez *droit, succession.*)

Absent, *qui reparoît avant* 15 *ans révolus*, n'a
droit qu'au cinquième du revenu de ses biens contre
ceux qui en auroient été envoyés légalement en possession provisoire.

Il n'a droit qu'au dixième, s'il ne reparoît qu'a-
près dix ans.

S'il ne reparoît qu'après trente ans, il n'a aucun
droit aux revenus. (Voyez *possession.*)

Acceptation *d'une succession* échue à un mineur
ne peut avoir lieu, de la part de son tuteur que
sous bénéfice d'inventaire, et avec l'autorisation du
conseil de famille. (Voyez *tuteur.*)

Acquiescement, *relatif aux droits immobiliers
d'un mineur*, ne pourra avoir lieu sans l'autorisation du conseil de famille. (Voyez *tuteur.*)

Acquiescement *à une action immobiliaire concernant un mineur.* (Voyez *action.*)

ACTE. Lorsqu'un acte contiendra de la
part des parties ou de l'une d'elles éléction
de domicile pour l'exécution de ce même acte
dans un autre lieu que celui du domicile réel,
les significations, demandes et poursuites relatives
à cet acte, pourront être faites, au domicile

convenu , et devant le juge de ce domicile.

Décret du 23 ventose an XI , promulgué le 3 germinal , tit. 3 , art. 111 , cod. civil.

ACTES (tous) Passés postérieurement a l'interdiction, par un interdit ou sans l'assistance de son conseil, seront nuls de droit.

Décret du 8 germinal an XI , prom. le 18 , tit. 11, chap. 2 , art. 496.

Actes (les) *antérieurs à l'interdiction* pourront être annulés, si la cause de l'interdiction existoit notoirement à l'époque où ces actes ont été faits. *Idem* , art. 497.

Actes (les) *faits par un individu* ne pourront être attaqués après sa mort, pour cause de démence , qu'autant que son interdiction auroit été prononcée avant son décès , à moins que la preuve de la démence ne résulte de l'acte même qui est attaqué. *Idem* , art. 498.

ACTES (les) De l'état civil seront inscrits dans chaque commune sur un ou plusieurs registres tenus doubles.

Les registres seront cotés par première et dernière, et paraphés sur chaque feuille, par le président du tribunal de première instance ou par le juge qui le remplacera.

Décret du 20 ventose an XI, prom. le 30, tit. 2, chap. 1er., art. 40 et 41 , cod. civil.

ACTES (les) De l'état civil seront inscrits sur les registres de suite, sans aucun blanc, les ratures et les renvois seront approuvés et signés de la même manière que le corps de l'acte. Il n'y sera rien écrit par abréviation et aucune date ne sera mise en chiffres.

Décret du 20 ventose an XI, prom. le 30, tit. 2, chap. 1, art. 42, code civil.

☞ Les officiers de l'état civil, maire et adjoints qui en font les fonctions, doivent exécuter toutes ces dispositions à la lettre pour leur propre responsabilité, et éviter entre les particuliers toute espèce de contestation. (Voyez *contravention.*)

ACTES (les) De l'état civil énonceront l'année, le jour, et l'heure où ils seront reçus, les prénoms, noms, âge, profession et domicile de tous ceux qui y seront dénommés.

Décret du 20 ventose, promulgué le 30, tit. 2, chap. 1, art. 34, cod. civil.

ACTES (les) De l'état civil seront signés par l'officier de l'état civil, par les comparants et les témoins; ou mention sera faite de la cause qui empêchera les comparans et les témoins de signer.

Décret du 20 ventose, promulgué le 30, tit. 2, chap. 1, art. 39, cod. civil.

ACTES (les) De l'état civil faits hors du territoire de la république, concernant les militaires ou autres personnes employées à la suite des armées , seront rédigés dans les formes prescrites par les dispositions précédentes, c'est-à-dire, conformément à ce qui est prescrit, à l'égard de ces actes pour l'intérieur, sauf les **exceptions suivantes.**

Décret du 20 ventose an XI, promulgué le 30, tit. 2, chap. 5, art. 88, cod. civil.

> ☞ D'après cet article , les actes de l'état civil concernant tout militaire dont le corps est **dans l'intérieur,** doivent être reçus ou dressés, comme pour tous les autres, par l'officier de l'état civil ; les exceptions **dont il est ici** question, n'ont lieu que pour le cas où **ces corps se** trouvent hors du territoire de la république. Ces exceptions sont comprises dans les articles 89 et **suivans,** jusques et compris l'art. 98, du décret **du 20 ventose** an XI, tit. 2, chap. 5, code civil. (Voyez *officiers de l'état civil, actes de mariages, naissances* et *décès*, des militaires hors le territoire de la république.)

ACTE (tout) De l'état civil des Français, en pays étranger sera valable, s'il a été reçu conformément aux lois françaises, par les agens diplomatiques, ou par les commissaires des relations commerciales de la république.

Décret du 20 ventose an XI, promulgué le 30, chap. 1, tit. 2, art. 48, cod. civil.

> ☞ Les agens diplomatiques doivent donc apporter, comme faisant fonctions d'officiers de l'état civil, la plus grande attention à remplir toutes les formalités exigées par la loi, sur-tout à raison de la responsabilité qu'elle

impose à cet égard à tous ceux auxquels l'exécution en est principalement confiée. (*Voyez contravention.*)

ACTE (tout) DE L'ÉTAT CIVIL DES FRANÇAIS ET DES ÉTRANGERS, fait en pays étranger fera foi, s'il a été rédigé dans les formes usitées dans ledit pays.

Décret du 20 *ventose an XI, promulgué le* 30 , *chap.* 1 , *tit.* 2 , *art.* 47 , *cod. civ.*

☞ Pour certiorer l'officier de l'état civil auquel on devra présenter cet acte, il sera nécessaire d'y ajouter toujours un acte de notoriété des principales autorités du pays, légalisé autant que faire se pourra, par les agens diplomatiques de la nation.

A l'égard de ces actes, (*Voyez procuration.*)

ACTES *de naissance.* (*Voyez déclaration de naissance.*)

ACTE *de décès.* (*Voyez inhumation.*)

L'ACTE DE DÉCÈS SERA DRESSÉ par l'officier de l'état civil, sur la déclaration de deux témoins. Ces témoins seront, s'il est possible, les deux plus proches parents ou voisins, ou lorsqu'une personne sera décédée hors de son domicile, la personne chez laquelle elle sera décédée et un parent ou un autre.

Décret du 20 *ventose an XI, promulgué le* 30 , *tit.* 2 , *chap.* 4 , *art.* 78. *cod. civ.*

* *L'acte de décès contiendra* les prénoms, noms, âge, profession et domicile de la personne décédée; les prénoms et noms de l'autre époux, si la personne décédée étoit mariée ou veuve, les prénoms,

noms, âges, professions et domiciles des déclarans;
et s'ils sont parens, leur degré de parenté.

Le même acte contiendra de plus, autant qu'on
pourra le savoir, les prénoms, noms, profession
et domicile des père et mère du décédé, et le lieu
de sa naissance. *Idem*, art. 79, cod. civil.

En cas de décès dans les hôpitaux militaires, ci-
vils, ou autres maisons publiques, les supérieurs,
directeurs ou administrateurs et maîtres de ces
maisons seront tenus d'en donner avis dans les
vingt-quatre heures à l'officier de l'état civil qui s'y
transportera pour s'assurer du décès et en dressera l'acte conformément à l'article précédent, sur
les déclarations qui lui auront été faites, et sur les
renseignemens qu'il aura pris.

Il sera en outre tenu dans lesdits hôpitaux et
maisons, des registres destinés à inscrire ces déclarations et ces renseignemens.

L'officier de l'état civil enverra l'acte de décès à
celui du dernier domicile de la personne décédée
qui l'inscrira sur les registres. *Idem*, art. 80.

Dans le cas de mort violente, l'officier de police
sera tenu de transmettre de suite à l'officier de
l'état civil du lieu où la personne sera décédée,
tous les renseignemens énoncés dans son procès-
verbal (Voyez *inhumation*) d'après lesquels l'acte
de décès sera rédigé.

L'officier de l'état civil en enverra une expedition à celui du domicile de la personne décédée, s'il est connu, cette expédition sera inscrite sur les registres. *Idem*, art. 82.

Il ne sera néanmoins fait aucune mention sur les registres des circonstances de ce genre de mort.

Les greffiers criminels seront tenus d'envoyer, dans les vingt-quatre heures de l'exécution des jugemens portant peine de mort, à l'officier de l'état civil du lieu où le condamné aura été exécuté, tous les renseignemens énoncés en l'article 79, *idem*, art. 83. (Voyez *plus haut à l'astérique page* 10. *) l'acte de décès contiendra.

Dans tous les cas de mort, par exécution de jugement emportant cette peine, il ne sera fait sur le registre aucune mention de cette circonstance. *Idem*, art. 85.

En cas de mort dans les prisons, ou maisons de détention et de réclusion, il en sera donné avis sur-le-champ par les concierges ou gardiens à l'officier de l'état civil qui s'y transportera, comme il est dit en l'art. 80, (Voyez *plus haut, page* 11, décès dans les hôpitaux.) et rédigera l'acte de décès. *Id.*, article 84.

Il ne sera néanmoins fait aucune mention sur les registres, du lieu où le décès est arrivé, ni d'aucun autre qui pourroit y être relatif, *id*, art. 85.

Il sera tenu, en outre, dans lesdites maisons des registres destinés à inscrire les déclarations et renseignemens que l'officier civil aura, l'officier de l'état civil enverra l'acte de décès à celui du dernier domicile de la personne décédée, qui l'inscrira sur les registres. *Idem*, art. 80.

En cas de décès pendant un voyage de mer, il en sera dressé acte dans les vingt-quatre heures, en présence de deux témoins pris parmi les officiers du bâtiment, ou, à leur défaut, parmi les hommes de l'équipage. Cet acte sera rédigé, savoir : sur les bâtimens de l'Etat, par l'officier de l'administration de la marine ; et sur les bâtimens appartenant à un négociant ou armateur, par le capitaine, maître ou patron du navire ; l'acte de décès sera inscrit à la suite du rôle de l'équipage. *Idem*, art. 86.

Au premier port où le bâtiment abordera, soit de relâche, soit pour toute autre cause que celle de son désarmement, les officiers de l'administration de la marine, capitaine, maître ou patron qui auront rédigé des actes de décès, seront tenus d'en déposer deux expéditions, conformément à l'art. 60. (Voyez *acte de naissance*.)

A l'arrivée du bâtiment dans le port du désarmement, le rôle d'équipage sera déposé au bureau du préposé à l'inscription maritime ; il enverra une expédition de l'acte de décès, de lui signé à l'officier de l'état civil du domicile de la personne décédée : cette expédition sera inscrite de suite sur les registres. *Idem*, art. 87.

ACTES (les) DE DÉCÈS DES MILITAIRES ÉTANT EN CORPS HORS LE TERRITOIRE DE LA RÉPUBLIQUE, seront dressés, dans chaque corps, par le quartier-maître, et pour les officiers sans troupes, et les employés, par l'inspecteur aux revues de l'armée, sur l'attestation de trois témoins.

L'extrait de ces registres sera envoyé dans les dix jours à l'officier de l'état civil du dernier domicile du décédé.

Décret du 20 ventose an XI, promulgué le 30, tit. 2, chap. 5, art. 96, cod. civ.

EN CAS DE DÉCÈS DANS LES HÔPITAUX MILITAIRES AMBULANS OU SÉDENTAIRES, hors le territoire de la république, l'acte en sera rédigé par le directeur desdits hôpitaux, et envoyé au quartier-maître du corps ou à l'inspecteur aux revues de l'armée, ou du corps d'armée dont le décédé faisoit partie, (selon la qualité ou l'emploi de l'individu), les officiers en feront parvenir une expédition à l'officier de l'état civil du dernier domicile du décédé. *Idem*, art. 97.

☞ Pour plus grande exactitude, les officiers chargés de ces registres feront bien de tenir en marge de l'acte note et mention de la date de cet envoi. (Voyez *Officier de l'état civil*.

ACTE de mariage. On énoncera dans l'acte de mariage ; 1°. les prénoms, noms, professions, âges, lieux de naissance et domiciles des époux.

2°. S'ils sont majeurs ou mineurs ;

3°. Les prénoms, noms, professions et domiciles des pères et mères ;

4°. Le consentement des pères et mères, ayeuls ou ayeules, et celui de la famille, dans le cas où ils sont requis ;

5°. Les actes respectueux, s'il en a été fait ;

6°. Les publications dans les divers domiciles ;

7°. Les oppositions, s'il y en a eu, leur main-levées, ou la mention qu'il n'y a pas eu d'opposition ;

8°. La déclaration des contractans de se prendre pour époux et la prononciation de leur union par l'officier public.

9°. Les prénoms, noms, âge, professions et domiciles des témoins et leurs déclarations, s'ils sont parens ou alliés des parties, de quel côté et à quel degré.

Décret du 20 ventose an XI, prom. le 30, tit. 2, chap. 3, art. 76, cod. civil.

A cet effet, l'officier civil se fera remettre l'acte de naissance de chacun des futurs époux. Celui qui seroit dans l'impossibilité de se le procurer, pourra le suppléer en rapportant un acte de notoriété délivré par le juge de paix du lieu de sa naissance ou par celui de son domicile. *Idem*, art. 70.

L'acte de notoriété contiendra la déclaration par sept témoins de l'un ou l'autre sexe, parens ou non parens, des prénoms, noms, profession et domicile du futur époux, et de celle de ses père et mère, s'ils sont connus; le lieu, et autant que possible, l'époque de sa naissance et les causes qui empêchent d'en rapporter l'acte. Les témoins signeront l'acte de notoriété avec le juge de paix; et s'il en est qui ne puissent ou ne sachent signer, il en sera fait mention. *Idem*, art. 71.

L'acte de notoriété sera présenté au tribunal de première instance du lieu où doit se célébrer le mariage. Le tribunal après avoir entendu le commissaire du gouvernement donnera ou refusera son homologation, selon qu'il trouvera suffisantes ou insuffisantes les déclarations des témoins et les causes qui empêchent de rapporter l'acte de naissance. *Id.*, art. 72.

L'officier de l'état civil se fera aussi remettre l'acte authentique du consentement des père et mère, ou ayeuls et ayeules, ou à leur défaut, celui de la famille. Cet acte contiendra les prénoms, noms, profession et domicile du futur époux, et de tous ceux qui auront concouru à l'acte, ainsi que leur degré de parenté. *Idem*, art. 73.

S'il n'y a point d'opposition, il en sera fait mention dans l'acte de mariage; et si les publications ont été faites dans plusieurs Communes, les parties
remettront

remettront un certificat délivré par l'officier de l'état civil de chaque commune, constatant qu'il n'existe point d'opposition.

Décret du 20 ventose an XI, prom. le 30, tit. 2, ch. 3, art. 69, cod. civ.

—Acte *de notoriété*, supplétif d'acte de naissance, pour mariage, doit être homologué. (Voyez *acte de mariage*.)

Acte RESPECTUEUX. Les enfans de famille ayant atteint la majorité fixée par l'art. 148, (Voy. *consentement*,) sont tenus avant de contracter mariage, de demander par un acte respectueux et formel, le conseil de leur père et mère, ou celui de leurs ayeuls et ayeules, lorsque leur père et leur mère sont décédés ou dans l'impossibilité de manifester leur volonté.

Décret du 26 ventose an XI, promulgué le 6 germinal, tit. 5, chap. 1, art. 151, cod. civil.

Les dispositions contenues aux art. 147, 148 et 149, *et la disposition de l'art.* 151, *relative à l'acte respectueux qui doit être fait aux père et mère, dans le cas prévu par cet art. sont applicables aux enfans naturels légalement reconnus. Id.*, art. 152.

☞ La Loi ne dit pas par qui ces actes respectueux seront faits. L'usage étoit autrefois de faire faire les sommations respectueuses qui en tenoient lieu par deux notaires, ou un notaire et deux témoins; on doit le suivre. L'usage étoit aussi d'en demander la permission en justice ; la loi, ne parlant pas de cette formalité, il n'y faut plus songer.

ACTION *en réclamation d'état* est imprescriptible ; l'action criminelle pour suppression d'état ne peut avoir lieu qu'après le jugement civil. (Voyez *possession d'état.*)

☞ Ces actions ne peuvent être intentées par les héritiers de l'enfant qu'autant qu'il seroit décédé mineur, ou dans les cinq années après sa majorité. (Voyez *idem.*)

Ces actions peuvent être suivies par les héritiers, à certaines conditions, lorsqu'elles auront été commencées par l'enfant. (Voyez *idem.*)

ACTION *du mineur contre son tuteur*, pour faits de la tutelle, se prescrit par dix ans, à compter de la majorité. (Voyez *compte de tutelle.*)

ACTION (l') EN PARTAGE A L'ÉGARD DES CO-HÉRITIERS MINEURS OU INTERDITS peut être exercée par leurs tuteurs, spécialement autorisés par un conseil de famille ; à l'égard des cohéritiers absents, l'action appartient aux parens envoyés en possession.

Décret du 29 germ. an 11, promulg. le 9 floréal, tit. 1, chap. 6, sect. prem., art. 105, cod. civ.

ACTION (l') EN PARTAGE ET LES CONTESTATIONS qui s'élèvent dans le cours des opérations, sont soumises au tribunal du lieu de l'ouverture de la succession.

C'est devant ce tribunal qu'il est procédé aux licitations, et que doivent être portées les demandes relatives à la garantie des lois entre co-partageans et celles en rescision du partage.

Décret du 29 germ. an 11, promulg. le 9 floréal, tit. 1, chap. 6, sect prem., art. 112, cod. civ.

Si l'un des cohéritiers refuse de consentir au partage, ou s'il s'élève des contestations, soit sur le mode d'y procéder, soit sur la manière de le terminer, ce tribunal prononce en matière sommaire, ou commet, s'il y a lieu, pour les opérations du partage, un des juges sur le rapport duquel il décide les contestations. Art. 113. Voyez *partage*.

Licitation des immeubles et même des meubles s'il y a lieu, doit se faire devant le tribunal. Voy. *Id.*

Il commet d'office les experts nécessaires, si les parties ne peuvent s'accorder sur le choix. Voyez *idem* et *lots*.

Il nomme aussi d'office le notaire pour procéder au partage, si les cohéritiers ne sont pas d'accord à cet égard. Voyez *Id.*

En cas de discord entre les cohéritiers sur le choix d'un expert pour la formation des lots, le juge commis le nomme. Voyez *Id.*

Si dans les opérations renvoyées devant un notaire, il s'élève des contestations, le notaire dressera procès-verbal des difficultés et des dires respec tifs des parties ; et au surplus, il sera procédé sui vant les formes prescrites au code de la procédure civile.

Décret du 29 germinal an 11, *promulg. le* 9 *floréal, tit.* 1 *, ch.* 6 *, sect. prem., art.* 127 *, cod. civ.*

Le juge commissaire règle le choix du déposi taire des titres communs à une hérédité, s'il y a dif ficulté sur ce choix. Voyez *titres.*

ACTION (l') EN RESCISION en fait de partage, est admise contre tout acte qui a pour objet de faire cesser l'indivision entre cohéritiers, encore qu'il fût qualifié de vente, d'échange et transaction ou de toute autre manière.

Mais, après le partage ou l'acte qui en tient lieu, l'action en rescision n'est plus admissible contre la transaction faite sur les difficultés réelles que présentoit le premier acte, même quand il n'y au roit pas eu, à ce sujet, de procès commencé.

Cette action n'est pas admise contre une vente de droits successifs faite sans fraude à l'un des co héritiers, à ses risques et périls, par ses autres cohéritiers, ou par l'un d'eux.

Décret du 29 germinal an 11 *, promulg. le 9 floréal, tit.* 1 *, ch.* 6 *, sect.* 5 *, art.* 178 et 179 *, cod. civil.*

Le défendeur à la demande en rescision peut en

arrêtér le cours, et empêcher un nouveau partage, en offrant et en fournissant au demandeur le supplément de la portion héréditaire , soit en numéraire, soit en nature. *Art.* 181. Voyez *partage.*

ACQUÉREUR (tiers) *de biens qui auroient été donnés ou légués à charge de restitution* ne pourra être troublé dans sa propriété , si l'acte par lequel le donateur ou testateur en auroit disposé à cette charge n'a pas été inscrit. Voyez *dispositions testamentaires.*

ACQUISITION de propriété. Voyez *propriété*

ADOPTANT (l') devra des alimens à l'adopté, s'il en a besoin. Voyez *obligation.*

ADOPTÉ (l') N'ACQUERRERA AUCUN DROIT DE SUCCESSIBILITÉ sur les biens des parens de l'adoptant, mais il aura sur la succession de l'adoptant les mêmes droits que ceux qu'y auroit l'enfant né en mariage, même quand il y auroit des enfans de cette dernière qualité, nés depuis l'adoption. *Décret du 2 germinal an* 11, *promulg. le* 12, *ch.* 8, *tit.* 1, *ch.* 1 , *sect.* 2 , *art.* 344.

Si l'adopté meurt sans descendans légitimes, les choses données par l'adoptant ou recueillies dans sa succession et qui existeront en nature lors du décès de l'adopté , retourneront à l'adoptant ou à ses descendans, à la charge de contribuer aux dettes et sans préjudice des droits de tiers.

Le surplus des biens de l'adopté appartiendra à ses propres parens ; et ceux ci exclueront toujours, pour les objets même spécifiés au présent article, tous héritiers de l'adoptant, autres que ses descendans. *Id.*, *art.* 345.

Si du vivant de l'adoptant, et après le décès de l'adopté, les enfans ou descendans laissés par celui-ci mouroient eux-mêmes sans postérité, l'adoptant succédera aux choses par lui données, comme il est dit en l'article précedent; mais le droit sera inhérent à la personne de l'adoptant, et non transmissible à ses héritiers, même en ligne descendante. *Id.*, *art.* 346.

L'adopté restera dans sa famille, et y conservera tous ses droits. Voyez *adoption*.

ADOPTÉ doit des alimens à l'adoptant, s'il en a besoin. Voyez *obligation*.

ADOPTION (l') N'EST PERMISE qu'aux personnes de l'un ou de l'autre sexe, âgées de plus de cinquante ans, qui n'auront à l'époque de l'adoption, ni enfans ni descendans légitimes, et qui auront au moins quinze ans de plus que les individus qu'elles se proposent d'adopter.

Décret du 2 germinal., promulg. le 12; tit. 8, *ch.* 1 *, sect. prem. art.* 337.

(Les formes de l'adoption sont à la fin.)

L'adoption de qui que ce soit, ne peut avoir lieu par plusieurs, si ce n'est par deux époux.

Hors le cas de l'article 360 ci-après, nul époux ne peut adopter qu'avec le consentement de l'autre conjoint. *Id.*, art. 338 Voyez *tuteurs officieux.*

La faculté d'adopter ne pourra être exercée qu'envers l'individu à qui l'on aura dans sa minorité, et pendant six ans au moins, fourni des secours et donné des soins non interrompus.

Ou envers celui qui auroit sauvé la vie à l'adoptant, soit dans un combat, soit en le retirant des flammes ou des flots.

Il suffira, dans ce deuxième cas, que l'adoptant soit majeur, plus âgé que l'adopté, sans enfans ni descendans légitimes ; et s'il est marié, que son conjoint consente à l'adoption. *Id.*, art. 339.

L'adoption ne pourra, en aucun cas, avoir lieu avant la majorité de l'adoptable.

Si l'adoptable, ayant encore ses père et mère, n'a point accompli sa vingt-cinquième année, il sera tenu pour l'adoption de rapporter le consentement qui y sera donné par ses père et mère ou par le survivant ; et s'il est majeur de vingt-cinq ans, de requérir leur conseil. *Id.*, art. 340.

☞ La loi ne dit pas dans quelle forme cette réquisition du conseil des père et mère sera faite. En ce cas, il faut recourir à un cas à peu près semblable, et il n'en existe pas de plus approximatif que celui du mariage. Le consentement des père et mère, pour le mariage ou l'adoption est une espèce *d'exeat* accordé au fils de famille, pour former, à part de celle à laquelle il tenoit plus directement une nouvelle famille qui en sera indépendante, ou pour faire *quasi* partie d'une autre famille ; donc la réquisition *du conseil des père et mère* pour l'adoption pourra être faite, sans inconvénient, jusqu'à ce qu'il en ait été autrement ordonné, dans la forme voulue pour les actes respectueux exigés par la loi, à l'occasion des mariages entre majeurs de 25 ou 21 ans, selon le sexe.

L'adoption conférera le nom de l'adoptant à l'adopté, en l'ajoutant au nom propre de ce dernier. *Id.*, *art.* 341.

L'adopté restera dans sa famille naturelle, et y conservera tous ses droits. *Id.*, *art.* 342. Voyez *mariage*, *adopté*.

Pour que l'adoption soit valable, les formes prescrites devant avoir été observées. Voyez *forme de l'adoption*, *à la suite de celles du divorce et de la séparation de corps ; registre.*

ADOPTIONS. Toutes adoptions faites par actes authentiques, depuis le 18 janvier 1792 (*v. st.*), jusqu'à la publication des dispositions du code civil relatives à l'adoption, seront valables, quand elles n'auroient été accompagnées d'aucune des conditions depuis imposées pour adopter et être adopté.

Decret du 25 germinal an 11, promulgué le 5 floréal, tit. 8, art. 1, code civil.

Pourra néanmoins celui qui aura été adopté en minorité, et qui se trouveroit aujourd'hui majeur, renoncer à l'adoption dans les trois mois qui suivront la publication de la présente loi.

La même faculté pourra être exercée par tout adopté aujourd'hui mineur, dans les trois mois qui suivront sa majorité.

Dans l'un et l'autre cas, la renonciation sera faite devant l'officier de l'état civil du domicile de l'adopté, et notifié à l'adoptant dans un autre délai de trois mois. *Id.*, art. 2.

Les adoptions auxquelles l'adopté n'aura point renoncé, produiront les effets suivans:

Si ces droits ont été réglés par acte ou contrat authentique, disposition entre-vifs ou à cause de mort, faits sans lésion de légitime d'enfant, transaction ou jugement passé en force de chose jugée, il ne sera porté aucune atteinte auxdits acte, contrat, disposition, transaction ou jugement, lesquels seront exécutés selon leur forme et teneur. *Id.*, art. 3.

En l'absence ou à défaut de toute espèce d'actes authentiques spécifiant ce que l'adoptant a voulu donner à l'adopté, celui-ci jouira de tous les droits accordés par le code civil, si, dans les six mois qui suivront la publication de la présente loi, l'adoptant ne se présente devant le juge de paix de son domicile, pour y affirmer que son intention n'a pas été de conférer à l'adopté tous les droits de successibilité qui appartiendroient à un enfant légitime.

Cette faculté d'affirmer l'intention, est un droit personnel à l'adoptant, et n'appartiendra point à ses héritiers. *Id.*, art. 4.

Dans le cas où l'adoptant auroit fait l'affirmation énoncée dans l'article précédent et dans le délai prescrit par cet article, les droits de l'adopté seront, quant à la successibilité, limités au tiers de ceux qui auroient appartenu à un enfant légitime. *Id.*, art. 5.

S'il résultoit de l'un des actes maintenus par l'article 3, que les droits de l'adopté fussent inférieurs à ceux accordés par le code civil, ceux-ci pourront lui être conférés en entier par une nouvelle adoption dont l'instruction aura lieu conformément aux dispositions du code, mais sans autres conditions de la part de l'adoptant, que d'être sans enfans ni descendans légitimes, d'avoir quinze ans de plus que l'adopté ; et si l'adoptant est marié, d'obtenir le consentement de l'autre époux. *Id.*, art. 6.

Les articles 341, 342, 343, 345 et 346 *du code*

civil, au titre de l'*Adoption*, sont au surplus dé-
clarés communs à tous les individus adoptés depuis le
décret du 18 janvier 1792 et autre lois y relatives.
Id., art. 7.

ADMINISTRATION (l') DU DOMAINE, qui prétendroit à la succession d'un défunt qui n'auroit
laissé ni parens successibles, ni enfans naturels,
devra faire apposer les scellés, et faire faire inventaire dans les formes prescrites pour l'acceptation
des successions, sous bénéfice d'inventaire.

Elle doit demander en justice l'envoi en possession.

Elle doit faire emploi du mobilier.

Il n'y a point de doute qu'elle ne puisse le faire
sur elle-même; ainsi il ne peut être question de
caution, ainsi que vis-à-vis des autres prétendans
à la même succession, (l'époux survivant et l'enfant naturel.)

Faute d'avoir satisfait à ces formalités, l'administration pourra être condamnée aux dommages
intérêts des héritiers, s'il s'en représentoit dans les
trois ans. (*Voyez* succession; *lorsque le défunt ne
laisse ni parens au degré successible*, &c. époux.)

ADULTÈRE. (*Voyez* formalités du divorce pour
cause déterminée, et séparation de biens étant
ensuite.)

Alienation *des biens d'un absent* ne peut avoir lieu par ceux qui en auroient été envoyés en possession provisoire. (Voyez *possession*.)

Alienation *de droits éventuels* qu'on peut avoir à une succession, n'est pas valable, fût-elle faite par contrat de mariage. (Voyez *renonciation*.)

ALIÉNATION (toute), celle même par vente avec faculté de rachat, ou par échange que fera le testateur de tout ou partie de la chose léguée, emportera la révocation des legs pour tout ce qui a été aliéné, encore que l'aliénation postérieure soit nulle, et que l'objet soit rentré dans la main du testateur.

Décret du 13 floréal an 11, promulgué le 23, tit. 2, chap. 4, section 8, art. 327 Code civil.

Alienation *du bien de mineur*, ne peut être faite qu'avec l'autorisation du conseil de famille, homologuée et dans les autres formes voulues par la loi. (Voyez *vente*.)

APPEL. Dans tous les cas où un tribunal de première instance connoîtra des actes relatifs à l'état civil, les parties intéressées pourront se pourvoir contre le jugement.

Décret du 20 ventôse an 11, promulgué le 30; titre 2, chap. 1, art. 54. Code civil.

☞ Attendu que l'appel est suspensif, nul officier public ne doit faire aucune rectification ou autre men-

tion relative à un acte de l'état civil, en vertu d'un jugement de première instance, contradictoire entre parties
civiles, qu'il ne lui ait été justifié d'un certificat en
règle qui constate que le délai d'appel est passé et qu'il
n'en a point été interjetté. Le certificat peut être donné
par l'avoué de la partie qui a obtenu le jugement, dont
la signature pourroit, pour plus de sûreté, être certifiée
par le président de la chambre de discipline, ou par le
commissaire du gouvernement près le tribunal.

Il est possible que la rectification ou mention soit
ordonnée par un jugement par défaut ; dans ce cas, il
faut que l'officier public exige un semblable certificat que
celui ci-dessus, qui constate que le délai pour former
opposition est expiré, et qu'il n'en existe pas. Quoique la
Loi ne se soit pas précisément occupé de cet incident,
la précaution indiquée n'en doit pas moins être prise
pour parer à l'inconvénient d'une mention qui pourroit
être inutile, peut-être dangereuse, et dont la radiation
devroit ou pourroit être ordonnée. Ce cas est implicitement compris dans celui de l'appel.

ASCENDANS (les) SUCCÈDENT A L'EXCLUSION
DE TOUS AUTRES, aux choses par eux données à
leurs enfans ou descendans décédés sans postérité,
lorsque les objets donnés se retrouvent en nature
dans la succession.

Si les objets ont été aliénés, les ascendans recueil-
lent le prix qui peut en être dû. Ils succèdent aussi
à l'action en reprise, que pouvoit avoir la donataire.

*Décret du 29 germinal an 11, promulgué le 9 flo-
réal ; chap. 8, section 4, art. 37, Code civil.*

Ascendans et *Collatéraux* qui succèdent ensemble, se divisent la succession par moitié, l'une pour les ascendans, l'autre pour les collatéraux. (Voyez *successions, partages.*)

Ascendans peuvent recevoir des legs de leur pupille mineur; tout autre tuteur ne le peut. (Voyez *mineurs.*)

Ascendans peuvent partager leurs biens entre leurs descendans. (Voyez *partages par pères et mères.*)

Ces partages pourront être faits par actes entre vif, ou testamentaires. (*Idem.*)

Ils pourront être attaqués pour cause de lésion de plus du quart.

Ils pourront l'être aussi dans le cas où ils résulteroient du partage et des dispositions faites par préciput, que l'un des co-partagés auroit un avantage plus grand que la loi ne le permet. (*Ibid.*)

Autorisations nécessaires à donner par le mari à la femme. (*Voyez* femme, marchande publique.)

Il n'en est pas nécessaire pour tester. (Voy. *id.*)

Avantages (tous) *mêmes réciproques* entre époux, seront perdus pour celui contre lequel le divorce aura été admis.

Celui des deux époux qui l'aura obtenu, conservera au contraire les avantages à lui faits, même ceux réciproques, quoique la réciprocité n'ait pas lieu.

S'il n'existe entre époux aucuns avantages, ou si ceux stipulés sont insuffisans pour la subsistance de celui qui a obtenu le divorce, il pourra lui être accordé, sur les biens de l'autre, une pension alimentaire. (Voyez *époux*, *divorce*.)

AIEULS et AIEULES *doivent des alimens* à leurs petits enfans qui sont dans le besoin. (*Voyez* obligations qui naissent du mariage.)

B

BELLE-FILLE, *doit des alimens* à son beau-père et à sa belle-mère dans le besoin. (*Voyez* obligations qui naissent du mariage.)

BÉNÉFICE D'INVENTAIRE (l'effet du) est de donner à l'héritier l'avantage,

1.° De n'être tenu du paiement des dettes de la succession, qu'à concurrence de la valeur des biens qu'il a recueillis; même de pouvoir se décharger du paiement des dettes en abandonnant tous les biens de la succession aux créanciers et aux légataires;

2.° De ne pas confondre ses biens personnels avec ceux de la succession, et de conserver contre elle le droit de réclamer le paiement de ses créances.

Décret du 29 germinal, promulgué le 9 floréal; titre 1, chap. 5, sect. 3., art. 92. Code civil.

BÉNEFICE D'INVENTAIRE. La déclaration d'un héritier qu'il n'entend prendre cette qualité que sous bénéfice d'inventaire, doit être faite au greffe du tribunal civil de première instance, dans l'arrondissement duquel la succession s'est ouverte; elle doit être inscrite sur le registre destiné à recevoir les actes de renonciation.

Décret du 29 germinal an 11, prom. le 9 floréal; titr. 1, chap. 5, sect. 3, art. 83. Code civil.

Cette déclaration n'a d'effet qu'autant qu'elle est précédée ou suivie d'un inventaire fidèle et exact des biens de la succession dans les formes réglées par le code de la procédure civile, et dans les délais qui seront ci-après déterminés.

Id. art. 84. (Voyez *héritier.*)

BIENS *qui n'ont pas de maître*, appartiennent à la nation.

Décret du 29 germinal an 11, prom. le 9 floréal; art. 1, n.° 2.

Il est des choses qui n'appartiennent à personne, et dont l'usage est commun, est à tous. (*Id. n.° 3.*)

(Voyez *effets jetés à la mer.*)

BIENS *du pupille*, sous la puissance d'un tuteur
officieux

officieux, ne sont sujets à aucune imputation des dépenses de son éducation. (*Voyez* tutelle officieuse.)

Biens *des orphelins mineurs*, provenant des successions de leur père ou mère, appartiennent, quant à la jouissance, au survivant de ces derniers, jusqu'à l'âge de dix-huit ans, ou jusqu'à l'émancipation, si elle a lieu avant cet âge; à l'exception, néanmoins, de ceux qu'ils peuvent acquérir par un travail et une industrie séparés; et encore de ceux qui leur seront donnés ou légués sous la condition expresse que leur père et mère n'en jouiront pas. (*Voyez* père, mère.)

Biens, *non compris dans un partage* fait par père ou mère, ou par ascendans, se partagent conformément à la loi. (*Voyez* partage par pères et mères.)

Biens *reçus par l'adopté* de l'adoptant, ou recueillis par l'adopté dans la succession de l'adoptant, retourneront à l'adoptant ou à ses descendans, si l'adopté meurt sans descendans, et si ces biens existent en nature dans sa succession. (*Voyez* Adopté.)

Biens *de l'adopté*, autres que ceux ci-dessus, appartiendront aux parens de l'adopté. (*Voy. id.*)

Biens *reçus par l'adopté*, ou recueillis par lui dans la succession de l'adoptant, s'il ne laisse aucun descendant, appartiendront, après sa mort, à ses autres parens, au préjudice des parens de l'adoptant. (*Voy. id.*)

Il en sera, ainsi qu'il est dit ci-dessus, si du vivant de l'adoptant, et après le décès de l'adopté, ses enfans ou descendans décédoient eux mêmes sans postérité.

Ce droit de l'adoptant ne pourra être transmissible à ses héritiers. (*Voyez id.*)

Biens *acquis par un condamné* depuis la mort civile encourue, et dont il se trouvera en possession au jour de sa mort naturelle appartiendront à la nation. (*Voyez* Contumax.)

Bestiaux *servant à faire valoir les terres* comprises dans les donations entre vifs, ou testamentaires desdites terres, à charge de restitution, ne pourront être vendus. (*Voyez* Vente.)

C

Capables *de tester* ou de donner entre vifs, sont les mineurs de seize ans. Ils peuvent *tester* de la moitié des biens dont la disposition est permise aux majeurs. (*Voy.* Mineurs.)

La femme mariée. Elle peut donner, avec l'assistance ou le consentement de son mari, ou par son autorisation. A défaut, par autorisation de justice.

Elle n'en a pas besoin pour tester. (*Voyez* Femme màriée.)

CAPABLES DE RECEVOIR DES DISPOSITIONS TESTAMENTAIRES OU ENTRE VIFS.

Pour être *capable* de recevoir par donation entre vifs, il suffit d'être conçu au moment de la donation.

Pour être *capable* de recevoir par testament, il suffit d'être conçu à l'époque de la mort du testateur.

Néanmoins, la donation ou le testament n'auront leur effet qu'autant que l'enfant sera né viable.

Décret du 23 floréal an 11, promulgué le même jour, chap. art. 196.

CAUTIONS; *les envoyés en possession provisoire des biens d'un absent* doivent donner cautions.

Ces cautions ne sont déchargées qu'après trente années révolues à dater de l'envoi en possession, ou que lorsqu'il s'est écoulé cent ans à dater de la naissance de l'absent. (*Voyez* Absent.)

CÉLÉBRATION *de mariage*. (*Voy.* Mariage.)

CÉLÉBRATION DE MARIAGE DES MILITAIRES faisant partie ou attachés à une armée hors le territoire de la république et de ses autres employés.

☞ Cette célébration doit être la même que pour tous les autres citoyens, excepté qu'elle peut avoir lieu partout, pourvu que ce soit devant l'officier d'attribution , pour chaque espèce de militaire ou d'employé exerçant les fonctions d'officier de l'état civil.

Elle ne peut consister que dans les déclarations respectives des époux devant cet officier et dans la rédaction de l'acte qui constate ce fait. (*Voyez* célébration , mariage , opposition , consentement , publications.)

Immédiatement après l'inscription sur le registre de l'acte de célébration du mariage , l'officier chargé de la tenue du registre en enverra une expédition à l'officier de l'état civil du dernier domicile des époux.

Décret du 20 *ventôse an* 11 , *promulgué le* 30 ; *titre* 2 , *chap.* 5 , *art.* 95. *Code civil.*

CESSION DE DROITS A UNE SUCCESSION. Toute personne, même parent du défunt, qui n'est pas son successible , et à laquelle un co-héritier auroit cédé son droit à la succession , peut être écartée du partage , soit par tous les co - héritiers , soit par un seul, en lui remboursant le prix de la cession.

Décret du 29 *germinal an* 11 , *promulgué le* 9 *flor.* *titr.* 1 , *chap.* 6 , *sect.* 1 , *art.* 131. *Code civil.*

CHANGEMENT *de domicile.* (*Voy.* Domicile.)

CHASSER. LA FACULTÉ DE CHASSER ou de pêcher est réglée par des lois particulières ; des lois de police règlent la manière d'en jouir.

Décret du 29 *germinal an* 11 , *promulgué le* 9 *floréal*; *chap.* 1 , *art.* 1 , *n.*⁰ 5. *Code civil.*

CHIRURGIEN, *docteur en chirurgie*, ou *officier de santé* ne peuvent profiter de dispositions entre vifs ou testamentaires, qu'en certains cas. (*Voyez* Dispositions.)

CO-HÉRITIER *peut demander sa part en nature des meubles et des immeubles*, s'il n'y a ni saisissans, ni opposans, et si la majorité de ses co-héritiers ne juge pas qu'il soit nécessaire de vendre pour payer les dettes. (*Voyez* Partage.)

CO - HERITIERS (les) CONTRIBUENT ENTRE EUX AU PAIEMENT DES DETTES et charges de la succession, chacun dans la proportion de ce qu'il y prend.

Décret du 26 germinal an 11, prom. le 9 flor. titr. 1, chap. 6, sect. 3, art. 160. Code civil.

CO-HERITIER (le) OU SUCCESSEUR A TITRE UNIVERSEL qui, par l'effet de l'hypothèque, a payé au-delà de sa part de la dette commune, n'a de recours contre les autres co-héritiers ou successeurs à titre universel, que pour la part que chacun d'eux doit personnellement en supporter, même dans le cas où le co-héritier qui a payé la dette, se seroit fait subroger aux droits des créanciers; sans préjudice néanmoins des droits d'un co-héritier, qui, par l'effet du bénéfice d'inventaire, aura conservé la faculté de réclamer le paiement

de sa créance personnelle, comme tout autre créancier.

Décret du 29 germinal an 11, prom. le 9 floréal; titre 1, chap. 6, sect. 3, art. 165. Code civil.

En cas d'insolvabilité d'un des co-héritiers ou successeurs à titre universel, sa part dans la dette hypothécaire est repartie sur tous les autres au marc le franc. (*Art.* 166.)

CO-HERITIERS (les) DE LA FEMME MARIÉE, ne peuvent provoquer le partage définitif d'une succession, qu'en mettant en cause le mari et la femme.

Décret du 29 germinal an 11, prom. le 9 floréal; tit. 1, chap. 6, sect. 1, art. 108. Code civil.

COLLATÉRAUX *au même degré* en concours dans une succession partagent par tête. (*Voyez* Succession, Partage.)

COLLATÉRAUX *qui succèdent avec les ascendans* se partagent la succession par moitié, l'une pour ces derniers, l'autre pour les premiers. (*Voyez* Succession, partage.)

COMMISSAIRE *du gouvernement* peut et doit demander la nullité de tous mariages prohibés du vivant des époux, et les faire condamner à se séparer. (*Voyez* Nullités de mariage)

Il doit en outre faire condamner en certain cas, l'officier de l'état civil et les époux ou les parens en l'amende (*Voy. id.*)

COMMISSAIRE *du gouvernement* peut intenter action criminelle pour fraude commise par un officier public, qui auroit privé des époux de la possibilité de justifier de la célébration légale de leur mariage.

Si cet officier public étoit décédé avant la découverte de la fraude, le commissaire du gouvernement en dirigera l'action au civil contre ses héritiers, en présence des parties intéressées, et sur leur dénonciation. (*Voy.* Possession d'état.)

COMMISSAIRE *du gouvernement doit provoquer l'interdiction pour fureur,* si elle ne l'est ni par l'époux ni par les parens.

Il peut aussi la provoquer pour imbécillité, ou démence contre un individu célibataire qui n'a point de parens. (*Voyez* interdiction.)

Il doit être présent aux interrogatoires que le tribunal doit faire subir à celui dont on demande l'interdiction. (*Voyez* idem.)

COMMISSAIRE *du gouvernement peut requérir* la nomination d'un curateur à succession vacante.(*Voy.* succession vacante.)

COMPENSATION ou soulte. (*Voyez* partage.)

COMPTE (le) DÉFINITIF DE TUTELLE sera rendu aux dépens du mineur, lorsqu'il aura atteint sa
majorité, ou obtenu son émancipation ; le tuteur
en avancera les frais.

On y allouera au tuteur toutes dépenses suffisamment justifiées, et dont l'objet sera utile.

*Décret du 5 germinal an 11, promulg. le 10,
ch. 2, sect. 9, art. 465.*

La somme à laquelle s'élèvera le reliquat dû par
le tuteur, portera intérêts sans demande, à compter
de la clôture du compte.

Les intérêts de ce qui sera dû au tuteur par le
mineur, ne courreront que du jour de la sommation de payer, qui aura suivi la clôture du compte.
Id. art. 468.

Si le compte donne lieu à des contestations, elles
seront poursuivies et jugées comme les autres contestations en matière civile. *Id.*, art. 467.

Toute action du mineur contre son tuteur, relativement aux faits de la tutelle, se prescrit par dix
ans, à compter de la majorité. *Id.*, art. 469.

COMPTE (le) *de tutelle* sera rendu au mineur
devenu majeur ou émancipé. (*Voyez* mineur émancipé).

COMPTE (le) *de tutelle rendu à un mineur* émancipé, ne pourra l'être qu'avec l'assistance d'un curateur qui lui sera nommé par un conseil de famille.
(*Voyez* mineur émancipé).

CONDAMNÉ A DES PEINES EMPORTANT MORT CIVILE perd la propriété de ses biens. Il ne peut être tuteur ni concourir à aucune opération relative à la tutelle ; il ne peut procéder en justice, ni en demandant, ni en défendant, que sous le nom et par le ministère d'un curateur spécial, nommé exprès par le tribunal où l'action est portée.

Décret du 17 ventôse an 11, promulg. le 27, tit. 1, ch. 2, sect. 2, art. 25.

CONSANGUINS (*frères ou sœurs*), en cas de partage entre frères et sœurs, prennent leur part dans la moitié de la succession échue à leur ligne. (*Voyez* partage, succession.)

CONSEIL *de famille* doit décider si la tutelle sera conservée à la mère qui va se remarier. (*Voyez* tutelle, mariage, secours.)

Il doit valider le choix d'un tuteur fait en cas de mort par la mère remariée pour les enfans de son premier lit. (*Voyez id.*)

En cas de concurrence entre deux bisayeuls de la ligne maternelle, le conseil de famille doit choisir entre eux (*Voyez* tutelle des ascendans)

Il doit nommer un tuteur ainsi qu'un subrogé-tuteur à tout mineur qui n'en a pas.

Il prononce sur les demandes en destitution de tuteur et de subrogé-tuteur.

Il peut seul autoriser le subrogé-tuteur à passer bail au tuteur des fonds appartenans au mineur, (*Voyez* tuteur.)

Il autorise le tuteur à garder en nature telle portion des meubles dépendans de la succession, qu'il juge à propos. (*Voyez* idem.)

Lors de l'entrée en exercice de toute tutelle autre que celle des père et mère, il règle, par apperçu, la somme à laquelle pourra s'élever la dépense annuelle du mineur, ainsi que celle d'administration de ses biens.

Il autorise le tuteur, même le père et la mère, à emprunter, à aliéner ou hypothéquer les immeubles du mineur. (*Voyez* tuteur.)

En cas de nécessité de vendre les biens du mineur, il indique ceux des biens qui seront vendus de préférence. (*Voyez* idem.)

Il autorise le tuteur à accepter ou répudier les successions échues au mineur. (*Voyez* idem.)

Il autorise le tuteur à former les demandes immobiliaires, relatives à un mineur. Son autorisation n'est pas nécessaire pour y défendre.

Il autorise les demandes en partages au nom du mineur, ainsi que les transactions.

Il autorise la réclusion du mineur pour mécontentemens graves dont le tuteur a à se plaindre (*Voyez* tuteurs.)

CONSEIL DE FAMILLE, RELATIF A LA TUTELLE;
causes, objets, formes de sa convocation et de sa tenue.

Lorsqu'un enfant mineur et non émancipé restera sans père ni mère, ni tuteur élu par ses père et mère, ni ascendans mâles ; comme aussi, lorsque le tuteur de l'une des qualités ci-dessus exprimées, ou dans le cas des exclusions (réglées par la loi) ou valablement excusé, il sera pourvu, par un conseil de famille, à la nomination d'un tuteur.

Décret du 5 germ. an 11, *promulg. le* 16, *tit.* 10, *ch.* 1, *sect.* 4, *art.* 399.

Ce conseil sera convoqué, soit sur la réquisition et à la diligence des parens du mineur, de ses créanciers ou d'autres parties intéressées, soit même d'office, et à la poursuite du juge de paix du domicile du mineur. Toute personne pourra dénoncer à ce juge de paix, le fait qui donnera lieu à la nomination du tuteur. (*Id.*, art. 400).

Le conseil de famille sera composé, non compris le juge de paix, de six parens ou alliés, pris, tant dans la commune où la tutelle sera ouverte, que dans la distance de deux myriamètres (4 lieues), moitié du côté paternel, moitié du côté maternel ; et en suivant l'ordre de proximité dans chaque ligne.

Le parent sera préféré à l'allié du même degré ; et parmi les parens du même degré, le plus âgé à celui qui le sera moins. *Id.*, art. 401.

Les frères germains du mineur, et les maris des sœurs germaines sont seuls exceptés de la limitation du nombre posé en l'article précédent.

S'ils sont six ou au-delà, ils seront tous membres du conseil de famille, qu'ils composeront seuls avec les veuves d'ascendans, et les ascendans valablement excusés, s'il y en a.

S'ils sont en nombre inférieur, les autres parens ne seront appelés que pour completter le conseil. *Id.*, art. 402.

Lorsque les parens ou alliés de l'une ou de l'autre ligne, se trouveront en nombre suffisant sur les lieux ou dans la distance désignée par l'article 401, le juge de paix appelera, soit des parens ou alliés domiciliés à de plus grandes distances, soit dans la commune même, des citoyens connus pour avoir eu des relations habituelles d'amitié avec le père ou la mère du mineur. *Id.*, art. 403.

Le juge de paix pourra, lors même qu'il y auroit sur les lieux un nombre suffisant de parens ou alliés, permettre de citer, à quelques distances qu'ils soient domiciliés, des parens ou alliés plus proches en degrés ou de mêmes degrés que les parens ou alliés présens, de manière toutefois que cela s'opère en retranchant quelques-uns de ces derniers, et sans excéder le nombre réglé par les précédens articles. *Id.* article 404.

Cette assemblée se tiendra de plein droit chez le juge de paix, à moins qu'il ne désigne lui-même un autre local. La présence des trois quarts au moins de ses membres sera nécessaire pour qu'elle délibère. *Id.*, art. 409.

Le conseil de famille sera présidé par le juge de paix qui y aura voix délibérative et prépondérante en cas de partage. *Id.*, art. 410.

☞ Surement les articles de la loi, et quant à ceux qui désignent de quelles sortes de parens ou amis le conseil de famille sera composé, de quel nombre il devra ou pourra l'être dans certains cas déterminés, et quant à ceux qui réglent l'exercice des fonctions du juge de paix, sont assez précis, assez clairs, assez intelligibles.

Cependant, il ne sera pas déplacé d'observer, que le juge de paix doit faire ensorte, que dans le cas où le conseil de famille devra être composé de plus de six, il le soit toujours en nombre pair de parens, attendu que lui-même, comme président, doit toujours et nécessairement former le nombre impair indispensable, pour la départition, en cas de partage absolu de la part des parens, quant à l'objet mis en délibération.

Et d'observer encore, que l'article 409, dans la disposition qui porte, que le conseil de famille ne pourra délibérer que lorsque la présence des trois quarts des parens convoqués sera effectuée, n'est pas applicable à l'assemblée qui ne doit être composée que de six parens; et qu'aucune assemblée, quelque soit le nombre des parens convoqués, ne peut délibérer qu'au nombre de six au moins sans y comprendre le juge de paix.

Ce délai pour comparoître sera réglé par le juge de paix à jour fixe ; mais de manière qu'il y ait toujours dans la citation notifiée et le jour indiqué pour la réunion du conseil, un intervalle de trois jours au moins, quand toutes les parties citées résideront dans la commune ou dans la distance de deux myriamètres (4 lieues).

Toutes les fois que, parmi les parties citées, il s'en trouvera de domiciliées au-delà de cette distance, le délai sera augmenté d'un jour par trois myriamètres. *Id.*, art. 405.

Les parens, alliés ou amis, ainsi convoqués, seront tenus de se rendre en personne, ou de se faire représenter par un mandataire spécial. Le fondé de pouvoir ne peut représenter plus d'une personne. *Id.*, art. 406.

Tout parent, allié ou ami convoqué, et qui, sans excuse légitime, ne comparoîtra point, encourra une amende qui ne pourra excéder cinquante francs, et sera prononcée sans appel par le juge de paix. *Id.* art. 407.

S'il y a excuse suffisante, et qu'il convienne soit d'attendre, soit de le remplacer ; en ce cas, comme en tout autre où l'intérêt du mineur semblera l'exiger, le juge de paix pourra ajourner l'assemblée ou la proroger. *Id.* art. 408.

☞ Puisque les parens cités pourront se faire représenter par un procureur, il faudra que la citation énonce l'objet pour lequel le conseil de famille sera convoqué.

Puisque les parens convoqués qui ne comparoîtroient pas, et ne se feroient pas excuser, seront condamnés à une amende, il ne sera pas inutile, sur-tout dans les premiers momens de la mise en activité du nouveau code, que les citations fassent mention spéciale et de l'amende, et du cas où elle sera encourue et pourra être prononcée.

Toutes les fois qu'il y aura lieu à une destitution de tuteur, elle sera prononcée par un conseil de famille, convoqué à la diligence du subrogé-tuteur, ou d'office par le juge de paix.

Celui - ci ne pourra se dispenser de faire cette convocation, quand elle sera formellement requise par un ou plusieurs parens ou alliés dudit mineur au degré de cousin-germain ou des degrés plus proches. *Id., sect.* 7, *art.* 440.

Toute délibération du conseil de famille qui prononcera l'exclusion ou la destitution du tuteur, sera motivée, et ne pourra être prise qu'après avoir entendu ou appelé le tuteur. *Id.*, art. 441.

Si le tuteur adhère à la délibération, il en sera fait mention, et le nouveau tuteur entrera aussitôt en fonctions. *Id.*, art. 442.

☞ La loi ne dit pas expressément qu'il sera sur-le-champ procédé à la nomination d'un autre tuteur ; mais elle le dit implicitement, aussi il ne pourra en être autrement.

S'il y a réclamation, le subrogé-tuteur poursuivra l'homologation de la délibération devant le tribunal de première instance, qui prononcera sauf l'appel.

Le tuteur, exclu ou destitué, peut lui-même, en ce cas, assigner le subrogé-tuteur pour se voir maintenu en la tutelle. *Même* art. 442.

Les parens ou alliés, qui auront requis la convocation, pourront intervenir dans la cause qui sera instruite et jugée comme affaire urgente. *Id.*, art. 443.

☞ Les mêmes formalités auront lieu pour la destitution du subrogé-tuteur ou du pro-tuteur.

Lors de l'entrée en exercice de toute tutelle autre que celle des père et mère, le conseil de famille réglera par apperçu, et selon l'importance des biens régis, la somme à laquelle pourra s'élever la dépense annuelle du mineur, ainsi que celle d'administration de ses biens.

Le même acte spécifiera si le tuteur est autorisé à s'aider, dans sa gestion, d'un ou de plusieurs administrateurs particuliers, salariés et gérant sous sa responsabilité. *Id., sec.* 8, *art.* 448.

Le conseil déterminera positivement la somme à laquelle commencera, pour le tuteur, l'obligation d'employer l'excédent des revenus sur la dépense : cet emploi devra être fait dans le délai de six mois,

passé

passé lequel le tuteur devra les intérêts à défaut d'emploi. *Id.*, art. 449.

Si le tuteur n'a pas fait déterminer par le conseil de famille, la somme à laquelle doit commencer l'emploi, il devra, après le délai expiré dans l'article précédent, les intérêts de toute somme non employée, *quelque modique qu'elle soit. Id.*, art. 450. (*Voyez* tuteur.)

Conseil de famille peut obliger le tuteur à fournir au subrogé-tuteur, une fois chaque année, des états de situation de sa gestion. (*Voyez* tuteur.)

Le conseil de famille décide sur la provocation d'un parent, à défaut de celle du tuteur, si un mineur peut être émancipé. (*Voyez* émancipation).

Il nomme un curateur à l'émancipé, pour recevoir son compte de tutelle. (*Voyez* mineur émancipé.)

Il autorise les emprunts à faire pour le mineur émancipé, ainsi que les ventes ou aliénations de ses immeubles. (*Voyez* émancipation).

Le conseil de famille donne son avis sur l'état de la personne dont l'interdiction est demandée.

Décret du 8 germinal an 11, *promulg. le* 18, *tit.* 11, *ch.* 2, *art.* 488. (*Voyez* interdiction).

Ceux qui auront provoqué l'interdiction ne pourront faire partie du conseil de famille; cependant l'époux ou l'épouse et les enfans de la personne dont l'interdiction sera provoquée, pourront y être admis sans y avoir voix délibérative. *Id.*, art. 489.

Le conseil de famille nomme un tuteur et un subrogé-tuteur à l'interdit. (*Voyez* interdiction ; cependant, *voyez* mari et femme, tutelle d'interdit.)

CONSENTEMENT a mariage. Le fils qui n'a pas atteint l'âge de vingt-cinq ans accomplis, la fille qui n'a pas atteint l'âge de vingt-un ans accomplis ne peuvent contracter mariage sans le consentement de leurs père et mère. En cas de dissentiment, le consentement du père suffit.

Décret du 26 ventôse an 11, prom. le 6 germ. titr. 5, chap. 1, art. 148. *Code civil.*

Si l'un des deux est mort, ou s'il est dans l'impossibilité de manifester sa volonté, le consentement de l'autre suffit. (*Id. art.* 149.)

Si le père et la mère sont morts, ou s'ils sont dans l'impossibilité de manifester leur volonté, les aïeuls et aïeules les remplacent ; s'il y a dissentiment entre l'aïeul et l'aïeule de la même ligne, il suffit du consentement de l'aïeul.

S'il y a dissentiment entre les deux lignes, ce partage emportera consentement. (*Id. art.* 150.) (*Voyez* Acte respectueux, Enfant naturel.)

S'il n'y a ni père ni mère, ni aïeul, ni aïeule, ou s'ils se trouvent tous dans l'impossibilité de manifester leur volonté, les fils ou les filles mineurs de vingt-un ans ne peuvent contracter mariage sans le consentement du conseil de famille. (*Id. art.* 154. *Voyez* Conseil de famille.)

CONSENTEMENT. IL N'Y A POINT DE MA-RIAGE, lorsqu'il n'y a point de consentement.

Décret du 26 *ventôse an* 11, *prom. le* 6 *germ, titr.* 5, *chap.* 1, *art.* 146. *Code civil.*

CONTESTATIONS *en fait de partage* sont portées devant le tribunal dans l'arrondissement duquel la succession s'est ouverte. (*Voyez* Action en partage.)

CONTRAVENTION (toute) COMMISE PAR LES OFFICIERS DE L'ÉTAT CIVIL, sera poursuivie devant le tribunal de première instance, et punie d'une amende qui ne pourra excéder cent francs.

Décret du 20 *ventôse an* 11, *promulgué le* 30 ; *titre* 2, *chap.* 1, *art.* 50. *Code civil.*

Tout dépositaire des registres sera civilement responsable des altérations qui y surviendront, sauf son recours, s'il y a lieu, contre les auteurs desdites altérations. (*Id. art.* 51.)

Toute altération, tout faux dans les actes de l'état civil, toute inscription de ces actes faite sur une feuille volante, et autrement que sur les registres à ce destinés, donneront lieu aux dommages intérêts des parties , sans préjudice des peines portées au code pénal. (*Id. art.* 53.)

Le commissaire du gouvernement près le tribunal de première instance, sera tenu de vérifier l'état des registres, lors du dépôt qui en sera fait au greffe ; il dressera un procès-verbal sommaire de la vérification , dénoncera les contraventions ou délits commis par les officiers de l'état civil, et requérera contre eux la condamnation aux amendes. (*Id. art.* 54.)

☞ Pour la vérification du commissaire du gouvernement, il faut que les officiers de l'état civil portent les deux registres destinés à chaque espèce d'acte, soit de mariages, naissances ou décès; l'article 54 ne laisse aucun doute à cet égard.

Attendu la responsabilité, infiniment honorable, sans doute, mais cependant pesante, inquiétante même, à laquelle sont sujets les officiers de l'état civil, nous croyons nécessaire de leur remettre sous les yeux, le tableau plus rapproché des formalités qu'ils sont obligés de garder pour la confection, le complément et l'authenticité desdites actes.

1°. Tout acte de l'état civil doit énoncer *l'année, le jour et l'heure* où il est reçu ; les *prénoms, noms, âges, professions et domiciles* de tous ceux qui y sont dénommés. (Art. 34 du décret précité, tit. 2, chap. 1.)

2°. Il n'y peut être *rien inséré*, soit *par note*, soit *par énonciation quelconque, que ce qui doit être déclaré par les comparans.* Art. 35.

Un acte de mariage, de naissance ou de décès ne

doit avoir d'autre objet que de certifier l'un de ces faits,
de le consigner authentiquement, et à perpétuité, dans
un registre public. Rien de ce qui y est étranger n'en
doit faire partie : le stile le plus simple, est celui qui
convient à un pareil acte.

3°. Les personnes qui peuvent se faire représenter pour
ces sortes d'actes, ne peuvent l'être qu'en vertu de procurations authentiques, c'est-à-dire, passées devant notaires. Ces procurations doivent être annexées audit acte ;
il doit être fait mention de cet annexe dans cet acte,
cette procuration doit être signée et certifiée par le
porteur ; elle doit être signée et paraphée par l'officier
public ; l'acte doit faire mention du tout, c'est le vœu
des articles 36 et 44.

4°. Les témoins nécessaires à ces actes ne doivent être
que du sexe masculin, et âgés au moins de 21 ans.
Art. 37.

5°. L'officier civil doit faire donner lecture de l'acte à
tous ceux qui y concourent, et l'acte doit faire mention de l'accomplissement de cette formalité. Art. 38.

6°. L'acte doit être signé par l'officier civil, les
comparans et les témoins ou leurs fondés de procuration, ou bien mention doit être faite de la cause
qui empêchera les témoins et les comparans de signer.
Art. 39.

Jamais l'officier public ne doit différer de signer ces
actes : il doit les signer à l'instant même, tout homme
étant mortel d'un instant à l'autre, et l'acte ne rece-
vant son complément que de sa signature.

7°. Les registres doivent être tenus doubles ; les actes
doivent y être inscrits de suite, sans aucun blanc ; les
ratures et les renvois doivent être approuvés et signés.

de la même manière que le corps de l'acte ; il ne doit être rien écrit sur ces registres, par abréviations, aucune date ne doit y mise en chiffres ; aucun acte de l'état civil ne doit être écrit sur feuille volante.

8°. Enfin, toute mention d'acte relatif à tout acte de l'état civil, doit être faite en marge de celui-ci, et l'officier civil doit en donner connoissance au commissaire du gouvernement près le tribunal de première instance.

CONVENTIONS PARTICULIÈRES NE PEUVENT DÉROGER AUX LOIX qui intéressent l'ordre public et les bonnes mœurs.

Décret du 14 *ventôse an* 11 *, prom. le* 24 *; tit.* 1 *, art.* 6. *Code civil.*

CONTUMAX. LES CONDAMNÉS PAR CONTUMACE seront, pendant cinq ans, ou jusqu'à ce qu'ils se représentent, ou qu'ils soient arrêtés, privés de l'exercice des droits civils; leurs biens seront administrés et leurs droits exercés de même que ceux des absens.

Décret du 17 *ventôse an* 11 *, promulgué le* 27 *; chap.* 2 *, sect.* 2 *, art.* 28. *Code civil.* (Voy. Absens.)

CONTUMAX. *Lorsque le condamné par contumace* se présentera volontairement dans les cinq années à compter du jour de l'exécution, ou lorsqu'il aura été saisi et constitué prisonnier dans ce délai, le jugement sera anéanti de plein droit;

l'accusé sera remis en possession de ses biens : il sera jugé de nouveau, et si par ce nouveau jugement il est condamné à la même peine, ou à une peine différente emportant également la mort civile, elle n'aura lieu qu'à compter de l'exécution du nouveau jugement.

Lorsque le condamné par contumace, qui ne se sera représenté, ou qui n'aura été constitué prisonnier qu'après les cinq ans, sera absous par le nouveau jugement, ou n'aura été condamné qu'à une peine qui n'emportera pas la mort civile, il rentrera dans la plénitude de ses droits civils pour l'avenir et à compter du jour où il aura reparu en justice; mais le jugement conservera, pour le passé, les effets qu'avoit produits la mort civile dans l'intervalle écoulé depuis l'époque de l'expiration des cinq ans, jusqu'au jour de sa comparution en justice.

Si le condamné par contumace meurt dans le délai de grâce des cinq années sans s'être représenté ou sans avoir été saisi ou arrêté, il sera réputé mort dans l'intégrité de ses droits; le jugement de contumace sera anéanti de plein droit, sans préjudice, néanmoins, de l'action de la partie civile, laquelle ne pourra être intentée contre les héritiers du condamné, que par la voie civile.

En aucun cas, la prescription de la peine ne

réintégrera le condamné dans ses droits civils pour l'avenir.

Les biens acquis par le condamné depuis la mort civile encourue, et dont il se trouvera en possession au jour de sa mort naturelle, appartiendront à la nation par droit de déshérence.

Néanmoins le gouvernement en pourra faire, au profit de la veuve, des enfans ou parens du condamné, telles dispositions que l'humanité lui suggérera.

Décret du 17 ventôse an 11, promulgué le 27; chap. 8, sect. 2, art. 29, 30, 31, 32 et 33. Code civil.

CRÉANCIERS (les) peuvent faire apposer les scellés, et y être opposants. (*Voy. Scellés*)

CRÉANCIERS PORTEURS DE TITRES EXÉCUTOIRES contre un défunt, et par conséquent contre son héritier (*Voy.* Titres.), peuvent demander, dans tous les cas, et contre tout héritier, la séparation du patrimoine du défunt, d'avec le patrimoine de l'héritier.

Décret du 19 germinal an 11, prom. le 9 floréal; tit. 1, chap. 6, sect. 3, art. 168. Code civil.

Ce droit, cependant, ne peut plus être exercé lorsqu'il y a novation dans la créance contre le défunt par l'acceptation de l'héritier pour débiteur.

Il se prescrit, relativement aux meubles, par le laps de trois ans.

A l'égard des immeubles, l'action peut être exercée tant qu'ils existent dans les mains de l'héritier. Art. 169 et 170.

CRÉANCIERS *d'un co-partageant* ne sont point admis à demander la séparation des patrimoines (du défunt et de l'héritier) contre les créanciers de la succession. Art. 171.

CRÉANCIERS (les) DE CELUI QUI RENONCE au préjudice de leur droit, peuvent se faire autoriser en justice à accepter la succession du chef de leur débiteur en son lieu et place.

Dans ce cas, la renonciation n'est annulée qu'en faveur des créanciers, et jusqu'à concurrence seulement de leurs créances, elle ne l'est pas au profit de l'héritier qui a renoncé.

Décret du 29 germinal an 11, prom. le 9 floreal; tit. 1, chap. 5, sect. 2, art. 98. Code civil.

CRÉANCIERS *d'un mineur*, peuvent lui faire nommer un tuteur, s'il n'en a pas. (Voyez *conseil de famille relatif à la tutelle, subrogé-tuteur, tutelle.*)

CRÉANCIERS *d'une succession*, ne peuvent demander la réduction d'une donation, quand elle excéderoit la quotité disponible. (*Voyez Dispositions.*)

CRÉANCIERS, *faute de transcription* des dispositions testamentaires ou faites par actes entre vifs, conservent leurs droits sur les biens légués ou donnés à charge de restitution (ou substitution) (*Voyez Dispositions testamentaires.*)

Faute d'inscriptions, ils conserveront aussi leurs droits sur les immeubles acquis par remploi, ou sur lesquels on a pris privilège, pour sûreté des deniers sujets à restitution. (*Voyez id.*)

CRÉANCIER *et légataire en même temps* peut exercer son double droit. (*Voyez Legs.*)

CRÉANCIER *peut exercer ses droits sur les biens d'un absent*, dont l'absence a été juridiquement déclarée, comme il auroit droit de le faire après son décès. (*Voyez Absence, Testament, Absent, Possession, Jugement.*)

CRÉANCIERS D'UN CO-PARTAGEANT, pour éviter que le partage ne soit fait en fraude de leurs droits, peuvent s'opposer à ce qu'il y soit procédé hors de leur présence. Ils ont le droit d'y intervenir à leurs frais ; mais ils ne peuvent attaquer un partage consommé, à moins toutes fois qu'il n'y ait été procédé sans eux et au préjudice d'une opposition qu'ils auroient formée.

Décret du 29 germinal an XI, prom. le 9 germinal, tit. 1, chap. 6, sect. 3, art. 172.

CRÉANCIER, *opposant de succession qui n'a été acceptée que sous bénéfice d'inventaire* ne peut être payé que dans l'ordre et de la manière réglés par le juge. (Voyez *héritier bénéficiaire.*)

Les créanciers non opposans qui ne se présentent qu'après l'apurement du compte et le paiement du reliquat, n'ont de recours à exercer que contre les légataires ; ce recours se prescrit par trois ans. (Voyez *idem.*)

CRÉANCIER *d'un absent,* après le jugement d'envoi en possession de ses biens, ne peut se pourvoir que contre ceux qui les possédent. (Voyez *jugement.*)

CURATEUR, *à émancipation,* doit assister le mineur émancipé, soit en demandant, soit en défendant, lorsqu'il s'agit d'actions immobiliaires Il doit de même l'assister, pour recevoir et donner décharge d'un capital mobilier et en surveiller l'emploi. (Voyez *mineur émancipé.*)

☞ Puisque le mineur émancipé peut passer seul des baux de neuf ans pour ses biens ; puisqu'il est autorisé à faire seul tous les actes d'administration ordinaire, il pourra recevoir et donner seul des quittances de ses revenus. Si la loi veut que le curateur du mineur émancipé, l'assiste à la réception, et lors de la décharge qu'il donnera d'un capital mobilier qui lui reviendroit, et qu'il en surveille l'emploi, il faut en conclure seulement que l'assistance du curateur ne sera nécessaire, que lorsque le *capital mobilier* à recevoir sera de quelqu'importance, d'une somme susceptible d'être placée, pouvant l'être à la première occasion, et seule, avec quelqu'avantage pour le mineur.

CURATEUR A SUCCESSION VACANTE est tenu, avant tout, d'en faire constater l'état par un inventaire : il en exerce et poursuit les droits; il répond aux demandes formées contre elle ; il administra sous la charge de faire verser le numéraire qui se trouve dans la succession, ainsi que les deniers provenant du prix des membles ou immeubles vendus, dans la caisse du receveur de la régie nationale, pour la conservation des droits et à la charge de rendre compte à qui il appartiendra.

Décret du 29 germinal an XI, prom. le 9 floréal, tit. 1. chap. 5, sect. 3, art. 103, cod. civil.

Les dispositions, sur les formes de l'inventaire, sur le mode d'administration et sur les comptes à rendre de la part de l'héritier bénéficiaire, sont au surplus communes aux curateurs à succession vacante. Art. 104.

Décès. (*Voyez Actes de décès, inhumation.*)

DÉCLARATIONS (les) DE NAISSANCE seront faites, dans les trois jours de l'accouchement, à l'officier de l'état civil du lieu; l'enfant lui sera présenté.

La naissance de l'enfant sera déclarée par le père, ou, à défaut du père, par les docteurs en médecine ou en chirurgie, sages-femmes, officiers de santé, ou autres personnes qui auront assisté à l'accouchement; et lorsque la mère sera accouchée hors de son domicile, par la personne chez laquelle elle sera accouchée.

L'acte de naissance sera rédigé de suite en présence de deux témoins.

L'acte de naissance énoncera le jour, l'heure et le lieu de la naissance, le sexe de l'enfant, et les prénoms qui lui seront donnés, les prénoms, noms, profession et domicile des père et mère, et ceux des témoins.

Décret du 20 ventôse an 11, prom. le 30; titr. 2, chap. 2, art. 55, 56, et 57.

☞ Les personnes qui doivent ou peuvent seules faire les déclarations de naissance, le nombre de deux témoins dont elles doivent être assistées, toutes les formalités prescrites par les articles ci-dessus, sont de la plus grande importance, et pour le maintien des mœurs et pour la sûreté et la tranquillité des familles, l'officier public ne doit rien négliger ou omettre de ce qu'elles exigent à cet égard.

Le terme de trois jours assigné par l'art. 55 ci-dessus, paroît être prohibitif. Passé ce terme, il ne doit plus être question que de reconnoissance d'enfant. (Voyez *ce mot.*)

DÉCLARARION *de décès.* (Voyez Acte de décès, Inhumation.)

DELAI POUR FAIRE INVENTAIRE est de trois mois, à compter du jour de la succession, et pour délibérer sur la qualité à prendre dans toute succession, de quarante jours ensuite, ou du jour de la clôture de l'inventaire. (*Voyez Héritier.*)

Pendant la durée des délais pour faire inventaire, et pour délibérer, l'héritier ne peut être contraint à prendre qualité, et il ne peut être obtenu contre lui de condamnation ; s'il renonce lorsque les délais sont expirés ou avant, les frais par lui faits légitimement jusqu'à cette époque, sont à la charge de la succession.

Après l'expiration des délais ci-dessus, l'héritier, en cas de poursuite dirigées contre lui, peut en demander un nouveau que le tribunal saisi de la contestation accorde ou refuse, suivant les circonstances.

Les frais de poursuites, dans le cas de l'article

précédent, sont à la charge de la succession, si l'héritier justifie, ou qu'il n'a pas eu connaissance du décès, ou que les délais ont été insuffisans, soit à raison de la situation des biens, soit à raison des contestations survenues : s'il n'en justifie pas, les frais restent à sa charge personnelle.

L'héritier conserve néanmoins, après l'expiration des délais accordés par l'article 85, même de ceux donnés par le juge, conformément à l'article 88 (ci-dessus), la faculté de faire encore inventaire, et de se porter héritier bénéficiaire, s'il n'a pas fait, d'ailleurs, acte d'héritier, ou s'il n'existe pas contre lui de jugement passé en force de chose jugée, qui le condamne en qualité d'héritier pur et simple.

Décret du 29 *germinal an* 11 *, prom. le* 9 *floréal; titre.* 1 *, chap.* 5 *, sect.* 3 *, art.* 85 *,* 86 *,* 87 *,* 88 *,* 89 *et* 90*. Code civil.*

Délivrance *de legs.* (Voyez *légataires.*)

Demande *en réduction de donation* ou *de legs,* même en nullité de ces derniers, ne peut avoir lieu qu'autant que le donateur ou testateur aura surpassé, dans ses libéralités, à quelque titre que ce soit, la portion de ses biens, dont la loi lui laisse la libre disposition. (*Voyez Disposition; Dispositions testamentaires et entre vifs.*)

DEMANDE *en révocation de donation* contre les héritiers du donataire pour cause d'ingratitude, ne peut avoir lieu. (*Voy. Ingratitude.*)

Cette demande, pour empêcher le droit des tiers sur tout immeuble, objet de la donation, à compter du jour où elle aura lieu, devra être inscrite au bureau des hypothèques, en marge de la transcription de la donation. (*Voy. ibid.*)

DÉMENCE est une cause d'interdiction. (*Voy. ce dernier mot.*)

DENIERS *trouvés comptants*, lors de l'inventaire fait après décès d'un testateur donataire qui aura fait une disposition à l'un ou l'autre de ces titres, à la charge de restitution, par le légataire ou donataire, à un autre auquel le loi le permet, devront être employés dans les trois mois, selon qu'il aura été ordonné par le testateur ou donateur, et selon les effets, à asseoir l'emploi qu'il aura lui-même désigné ou en immeubles, ou en privilège sur immeubles.

Il en sera de même pour les deniers provenant de la vente des immeubles si elle a lieu.

Et de ceux provenant des effets actifs et des recouvremens.

L'emploi devra avoir lieu dans les trois mois au plus tard. (*Voy. Substitution.*)

L'emploi

L'emploi doit être fait en présence du tuteur nommé pour l'exécution (Voy. *id.*)

DETTES *de succession.* Par qui se payent. (Voy. *Co-héritier, légataire universel, Héritier, Immeubles, Titres.*)

DETTES payées pour un co-héritier, l'obligent au rapport. (Voyez *Rapport.*)

DISPENSES POUR SE MARIER DANS LES DE-GRÉS PROHIBÉS par l'art. 157 du prem. liv. du code civil (entre oncle et nièce, tante et neveu), se-ront délivrées par le gouvernement sur le rapport du grand-juge.

Arrêté du gouvernement, du 20 prairial an 11, art. 1.

Le commissaire du gouvernement près le tribu-nal de première instance de l'arrondissement dans lequel les impétrants se proposent de célébrer le mariage, lorsqu'il s'agira des dispenses dans les degrés prohibés, mettra son avis au pied de la pétition tendante à obtenir ces dispenses, et elle sera en-suite adressée au grand-juge. *Id.*, art. 2.

☞ Il faudra conséquemment que la pétition qui devra être remise au grand-juge, soit d'abord communiquée au commissaire du gouvernement ; en conséquence, il devra lui en être adressée une particulière, à l'effet d'avoir son avis.

L'Arrêté du gouvernement, portant la dispense

dans les degrés prohibés, sera, à la diligence du commissaire du gouvernement, et en vertu d'ordonnance du président, enregistré au greffe du tribunal civil de l'arrondissement dans lequel le mariage sera célébré.

Une expédition de cet arrêté, dans laquelle il seta fait mention de l'enregistrement, demeurera annexée à l'acte de célébration de mariage. *Id*. art. 5.

☞ De cet article, il faut conclure que l'arrêté de dispense obtenu du gouvernement, il faudra se pourvoir encore par voie de pétition auprès du commissaire du gouvernement, pour qu'il veuille bien requérir l'ordonnance du président ; et que cette ordonnance obtenue, il faudra faire faire cet enregistrement, et en requérir un certificat du greffier.

Le mariage peut être célébré dans la commune ou réside la future épouse, ou dans celle du futur époux. La décence, l'usage, veulent qu'il ait ordinairement lieu dans la commune où réside la future épouse ; cependant, il peut arriver qu'il ait lieu dans le domicile du futur époux. Dans ce dernier cas, comme il est probable, d'après l'usage, que le futur époux, pour obtenir la dispense, se sera pourvu devant le tribunal de première instance du domicile de la future épouse, il faudra bien se garder de se pourvoir, pour obtenir l'ordonnance du président et l'enregistrement au greffe, ailleurs que devant le commissaire du tribunal de l'arrondissement où le mariage devra être célébré, c'est-à-dire, devant le commissaire du tribunal de l'arrondissement où est situé le domicile du futur époux.

Dans ce cas, ce pourvoi devra être motivé, par pétition expresse, sur l'intention bien arrêtée des époux, de faire la déclaration de leur mariage devant l'officier civil du domicile du futur époux.

DISPENSES POUR SE MARIER AVANT DIX-HUIT ANS RÉVOLUS pour les hommes et QUINZE ANS RÉVOLUS pour les femmes, seront délivrées par le gouvernement, sur le rapport du grand-juge.

Arrêté du gouvernement du 20 prairial an 11, art. 1.

Le commissaire du gouvernement près le tribunal de première instance dans lequel l'impétrant a son domicile, lorsqu'il s'agira de dispense d'âge, mettra son avis au pied de la pétition tendante à obtenir ces dispenses, et elle sera ensuite adressée au grand-juge. *Id.*, art. 2.

> ☞ Il faudra conséquemment que la pétition qui devra être remise au grand-juge, soit d'abord communiquée au commissaire du gouvernement; en conséquence, il devra lui en être adressée une particulière, à l'effet d'avoir son avis. (Voyez *les précédentes : l'ordonnance et l'enregistrement sont les mêmes.*)

DISPENSES *de la seconde publication* de bancs, dont il est question dans l'art. 163 du prem. livre du code civil (publication pour mariage) seront accordées, s'il y a lieu, au nom du gouvernement, par son commissaire près le tribunal de première instance dans l'arrondissement duquel les impétrants se proposent de célébrer leur mariage; et il sera rendu compte, par ce commissaire, au grand-juge, ministre de la justice, des causes graves qui auront donné lieu à chacune de ces dispenses.

Arrêté du gouvernement, du 20 prairial an 11, art. 3.

La dispense d'une seconde publication de bancs sera déposée au secrétariat de la commune où le mariage sera célébré ; le secrétaire en délivrera une expédition, dans laquelle il sera fait mention du dépôt, et qui demeurera annexée à l'acte de célébration de mariage. *Id.*, art. 4.

DISPENSÉS DE TUTELLE.

Sont dispensés de la tutelle :

1.º Les membres des autorités établies par les titres 2, 3 et 4 de l'acte constitutionnel ;

Les *Consuls*, le *Secrétaire d'état*, les *Sénateurs*, les *Législateurs*, les *Tribuns*, les *Ministres*, les *Conseillers d'état*, les *Ambassadeurs*, les *Envoyés du gouvernement auprès des différentes Puissances ;* toute personne faisant partie du corps du gouvernement, où concourant immédiatement à l'exercice de son action, dirigeant en commandement supérieur expressément délégué.

2.º Les Juges au tribunal de cassation ; les Commissaires et Substituts près le même tribunal.

3.º Les Commissaires de la comptabilité nationale.

4.º Les Préfets.

5.º Tout citoyen exerçant une fonction publique dans un département autre que celui où la tutelle s'établit.

Décret du 5 germinal an 11, promulgué le 16 ; titre 10, chapitre 2, sect. 6, art. 421. (Voyez Excuses.).

Sont également dispensés de la tutelle, les militaires en activité de service, et tous autres citoyens qui remplissent, hors du territoire de la république, une mission du gouvernement. *Id. art.* 422.

Si la mission est non authentique et contestée, la dispense ne sera prononcée qu'après que le gouvernement se sera expliqué par la voie du ministre dans le département duquel se placera la mission articulée comme excuse. *Id.*, art. 423.

(*Cependant*) *les citoyens* de la qualité exprimée aux articles précédens, qui ont accepté la tutelle postérieurement aux fonctions, services ou missions qui en dispensent, ne seront plus admis à s'en faire décharger pour cette cause. *Id.*, art. 424.

Ceux, au contraire, à qui lesdites fonctions, services ou missions auront été conférés postérieurement à l'acceptation et gestion d'une tutelle, pourront, s'ils ne veulent la conserver, faire convoquer dans le mois un conseil de famille pour y être procédé à leur remplacement.

Si, à l'expiration de ses fonctions, services ou

missions, le nouveau tuteur réclame sa décharge, ou que l'ancien redemande la tutelle, elle pourra lui être rendue par le conseil de famille. *Id.*, art. 425.

DISPENSE *de rapport à succession.* (Voyez *dispotions testamentaires* & *entre-vifs*, *donation*, *legs.*)

DISPOSITION *de ses biens* peut avoir lieu par testament ou donation entre-vifs.

A défaut d'ascendant, (c'est-à-dire de père et de mère, ou de grand'père et de grand'mère dans les deux lignes), et de descendans, c'est-à-dire, de fils ou filles et de descendans d'eux) en légitime mariage seulement) toute disposition par testament ou par donation entre-vifs, peut épuiser la totalité des biens du testateur ou donateur.

Si le donateur ou testateur laisse un enfant légitime, il ne pourra disposer de ses biens que pour la moitié au plus.

S'il en laisse deux, il ne pourra disposer que du tiers.

S'il en laisse trois, il ne pourra disposer que du quart.

Si le défunt laisse un ou plusieurs ascendans dans chacune des lignes paternelle ou maternelle, (c'est-à-dire, s'il laisse un ayeul paternel et maternel en même temps, ou s'il ne laisse que l'un ou l'autre seulement) il pourra disposer en la faveur de tous les deux, ou de celui qui restera seul, de la moitié de tous ses biens : les collatéraux, en quelque degré, et dans quelque nombre qu'ils se trouvent, n'auront, en ce cas, droit qu'à l'autre moitié. (Voyez *donation*, *testament*.)

DISPOSITIONS. LA QUOTITÉ DISPONIBLE pourra être donnée en tout ou en partie, soit par acte entre-vifs, soit par testament, aux enfans ou autres successibles du donateur, sans être sujette au rapport par le donataire ou légataire venant à la succession, pourvu que la donation ait été faite expressément à titre de préciput ou hors part.

La déclaration que le don ou legs est à titre de préciput ou hors part, pourra être faite, soit par l'acte qui contiendra la disposition, soit postérieurement, dans la forme des dispositions entre-vifs ou testamentaires.

Décret du 13 *floréal an* 11, *promulgué le* 23, *tit.* 2, *ch.* 2, *sect.* 1, *art.* 209.

DISPOSITIONS. LES DISPOSITIONS SOIT ENTRE VIFS, SOIT A CAUSE DE MORT, qui excéderont la qualité disponible, (c'est-à-dire, la moitié, le tiers ou le quart des biens du testateur ou du donateur, selon les circonstances relatives existantes à son décès) seront réductibles à cette quotité, lors de l'ouverture de la succession.

Décret du 13 *floréal an* 11, *promulgué le* 23, *tit.* 2, *ch.* 2, *sect.* 2, *art.* 210.

La réduction des dispositions entre vifs ne pourra être demandée que par ceux au profit desquels la loi fait la réserve., par leurs héritiers et ayant-cause; les donataires, les légataires, ni les créanciers du défunt, ne pourront demander cette réduction ni en profiter. *Id.*, art. 211.

☞ Il y a eu oubli dans la rédaction; il devroit probablement y avoir après *entrevifs*, ces mots, *ou testamentaires*. La faculté de requérir la réduction sur l'une et l'autre de ces donations, quoiqu'il ne soit question dans l'art. ci-dessus, que de celle entrevifs, résulte du texte des articles qui suivent.

La réduction se détermine en formant une masse de tous les biens existans au décès du donateur ou *testateur* : on y réunit fictivement ceux dont il a été disposé par donations entre vifs, d'après leur état, *à l'époque des donations*, et leur valeur au temps du décès du donateur; on calcule sur tous ses biens, après en avoir déduit les dettes, quelle est, eu égard à la qualité des héritiers qu'il laisse, la quotité dont il a pu disposer. *Id.*, art. 212.

Il n'y aura jamais lieu à réduire les donations entre vifs, qu'après avoir épuisé la valeur de tous les biens compris dans les dispositions testamentaires; et lorsqu'il y aura lieu à cette réduction, elle se fera en commençant par la dernière donation, et de suite, en remontant des dernières aux plus anciennes. Art. 213.

Si la donation entre vifs réductible a été faite à l'un des successibles, il pourra retenir sur les biens donnés, la valeur de la partie qui lui appartiendroit, comme héritiers dans les biens disponibles, *s'ils sont de la même nature.* Art. 214.

Lorsque la valeur des donations entre vifs excédera ou égalera la quotité disponible, toutes les dispositions testamentaires seront caduques. Art. 215.

Lorsque les dispositions testamentaires excéderont soit la quotité disponible, soit portion de cette quotité, qui resteroit après avoir réduit la valeur des donations entre-vifs, la réduction sera faite au marc le franc, sans aucune distinction entre les legs universels et les legs particuliers. Art. 216.

Néanmoins, dans tous les cas où le testateur aura expressément déclaré qu'il entend que tel legs soit acquité de préférence aux autres, cette préférence aura lieu; et le legs qui en sera l'objet, ne sera réduit qu'autant que la valeur des autres ne rempliroit pas la réserve légale. Art. 217.

Le donataire restituera les fruits de ce qui excédera la disposition disponible, à compter du jour du décès du donateur, si la demande en réduction a été faite dans l'année, sinon du jour de la demande. Art. 218.

Les immeubles à recouvrer par l'effet de la réduction, le seront sans charge de dettes ou hypothèques, créées par le donataire. Art. 219.

D

L'action en réduction ou revendication pourra être exercée par les héritiers contre les tiers détenteurs des immeubles, faisant partie des donations, et aliénés par les donataires de la même manière et dans le même ordre que contre les donataires eux-mêmes, et discussion préalablement faite de leurs biens. Cette action devra être exercée suivant l'ordre des dates des aliénations, en commençant par la plus récente. *Art.* 220.

DISPOSITION. Si la disposition *par acte entre-vifs ou par testament*, est d'un usufruit ou d'une rente viagère dont la valeur excède la quotité disponible, les héritiers au profit desquels la loi fait une réserve, auront l'option ou d'exécuter cette disposition, ou de faire abandon de la propriété disponible.

Décret du 13 floréal an 11, promulgué le 23, tit. 2, ch. 2, sect. prem., art. 207.

☞ Par exemple, un testateur ou donateur aura légué ou donné à prendre dans sa succession une rente viagère ou un usufruit, dont la quotité outre-passeroit la moitié, le tiers ou le quart de la totalité de ses biens.

Alors les héritiers devront, s'ils le veulent, servir cet usufruit ou cette rente, ou ils pourront s'en libérer, en abandonnant au légataire ou donataire, la moitié, le tiers ou le quart des biens du testateur ou donateur dont ce dernier auroit pu disposer, selon le cas où les circonstances de son décès, relativement à ses ascendans ou descendans, et quant au nombre qu'il en auroit laissé. (Voyez *partage*, *rapport et donation*.)

DISPOSITION AU PROFIT D'UN INCAPABLE SERA NULLE, soit qu'on la déguise sous la forme de contrat onéreux, soit qu'on la fasse sous le nom de personne interposée, seront réputées personnes interposées les père et mère, les enfans et descendans, et l'époux de la personne incapable. *Art.* 201.

DISPOSITIONS (les) TESTAMENTAIRES sont ou universelles, ou à titre universel, ou à titre particulier.

Chacune de ces dispositions, soit qu'elle ait été faite sous la dénomination d'héritier, soit qu'elle ait été faite sous la dénomination de legs, produira son effet, suivant les règles établies pour les legs universels, pour les legs à titre universel, et pour les legs à titre particulier.

Décret du 13 *floréal an* 11, *promulgué le* 23, *titre* 2, *ch.* 4, *sect.* 3, *art.* 291. (Voyez *legs*.)

DISPOSITION (la) PAR LAQUELLE UN TIERS SEROIT APPELÉ à recueillir le don, l'hérédité ou le legs, dans le cas où le donataire, l'héritier ou le légataire ne le recueilleroit pas, ne sera point regardée comme une substitution, et sera valable.

Il en sera de même de la disposition entre-vifs

ou testamentaire, par laquelle l'usufruit sera donné à l'un , et la nue propriété à l'autre.

Dans toute disposition entre-vifs ou testamentaire, les conditions impossibles, celles qui seront contraires aux lois ou aux mœurs seront réputées non écrites.

Décret du 13 floréal an 11, promulgué le 23, tit. 2, art. 188, 189 et 190.

Dispositions *testamentaires* peuvent être faites à charge de restitution (ou de substitution) qui peut en être grévé. (Voyez *substitution.*)

DISPOSITIONS testamentaires-faites a charge de restitution ou substitution seront à la diligence, soit du grévé, soit du tuteur nommé, pour l'exécution , rendues publique ; savoir, quant aux immeubles, par la transcription sur le registre au bureau des hypothèques du lieu de la situation ; et quant aux sommes colloquées avec privilège sur les immeubles, par l'inscription sur les biens affectés au privilège.

Décret du 13 floréal an 11, promulgué le 23, tit. 2, ch. 5, art. 558.

Défaut (le) *de transcription* de l'acte contenant la disposition, pourra être apposé par les créanciers et tiers acquéreurs, même aux mineurs et interdits , sauf le recours contre le grévé et le tuteur à l'exécution, et sans que les mineurs ou interdits puissent être restituées contre ce défaut de transcription, quand même le grévé et les tuteurs se trouveroient insolvables. *Art.* 359.

DÉFAUT (le) *de transcription* ne pourra être suppléé ni regardé comme ouvert, par la connoissance que les créanciers ou le tiers acquéreur pourroient avoir eue de la disposition par d'autres voies que celle de la transcription. *Art.* 360.

DONATAIRES (les) *ou légataires, ou même les héri-tiers légitimes* de celui qui aura fait la disposition, ni pareillement leurs donataires, légataires ou hé-ritiers, ne pourront, en aucun cas, opposer aux appelés le défaut de transcription ou inscription.

Si le grévé est mineur, il ne pourra, dans le cas même de l'insolvabilité de son tuteur, être restitué contre l'exécution des règles qui sont prescrites à ce tuteur. *Art.* 363.

DISPOSITION (toute) TESTAMENTAIRE sera caduque, si celui en faveur de qui elle est faite n'a pas survécu au testateur.

Décret du 13 *floréal an* 11 , *promulgué le* 23 , *tit.* 11, *ch.* 4, *sect.* 8 , *art.* 328.

DISPOSITION (toute) *testamentaire faite sous une condition* dépendante d'un évènement incertain, et tel que, dans l'intention du testateur, cette disposi-tion ne doive être exécutée qu'autant que l'évènement arrivera ou n'arrivera pas sera caduque, si l'héritier institué ou le légataire décéde avant l'accomplissement de la condition.

CONDITION (la) *qui, dans l'intention du testateur,* ne fait que suspendre l'exécution de la disposition n'empêchera pas l'héritier institué ou le légataire d'avoir un droit acquis et transmissible à ses héritiers. *Id.*, art. 329 et 330.

DISPOSITION (la) *testamentaire sera caduque*, lorsque l'héritier institué ou le légataire la répudiera, ou se trouvera incapable de la recueillir. *Id.*, art. 332.

DISPOSITIONS, *les docteurs en médecine* ou en chirurgie, les officiers de santé et les pharmaciens qui auront traité une personne pendant la maladie dont elle meurt, ne pourront profiter des dispositions entrevifs ou testamentaires qu'elles auroient faites en leur faveur, pendant le cours de cette maladie.

Sont exceptées : 1°. Les dispositions rémunératoires faites à titre particulier, eu égard aux facultés du disposant et aux services rendus.

2°. Les dispositions universelles, dans le cas de parenté jusqu'au quatrième degré inclusivement, pourvu toutefois que le décédé n'ait pas d'héritier en ligne directe, à moins que celui, au profit de qui la disposition a été faite, ne soit lui-même du nombre de ces héritiers.

Les mêmes règles seront observées à l'égard du ministre du culte. *Idem*, art. 193.

Dispositions (les) *entrevifs ou par testament, au profit des hospices* des pauvres d'une commune ou d'établissemens d'utilité publique, n'auront leur effet, qu'autánt qu'elles seront autorisées par un arrêté du gouvernement. *Idem*, art. 200.

> ☞ Il y a surement erreur dans la rédaction. L'autorisation du gouvernement n'est pas nécessaire pour disposer ; elle ne l'est que pour donner effet à la disposition. Il faut donc lire, au lieu de *n'auront leur effet qu'autant quelles seront autorisées*, n'auront leur effet qu'autant qu'il sera autorisé.

DISPOSITIONS testamentaires sont révocables. Les mêmes causes qui suivant l'art. 244, et les deux premières dispositions de l'art 245 du présent tit., (le titre 2,) autoriseront la demande en révocation de la donation entrevifs, seront admises pour la demande en révocation des dispositions testamentaires.

Décret du 13 floréal an XI, promulgué le 23, tit. 2, chap. 4, sect. 8, art. 335, cod. civil.

Ces causes sont l'inexécution des conditions apposées à la disposition, selon l'art. 244.

Si, 1°. le légataire a attenté à la vie du testateur.

2°. S'il s'est rendu coupable envers lui de sévices, délits ou injures graves, selon l'art. 245.

Si cette demande est fondée sur une injure grave, faite à la mémoire du testateur, elle doit être intentée dans l'année, à compter du jour du délit. *Idem*, art. 336.

Dᴵsᴘosɪᴛɪoɴs ᴇɴᴛʀᴇvɪғs oᴜ ᴛᴇsᴛᴀᴍᴇɴᴛᴀɪʀᴇs ; *on ne pourra disposer au profit d'un étranger, que,* dans le cas où cet étranger pourroit disposer au profit d'un français. Chap. 1 , art. 202.

Dɪssoʟᴜᴛɪoɴ *du mariage.* (Voy. *mariage.*)

Dɪsᴛɪɴcᴛɪoɴs *de naissance* n'ont pas lieu en France. (Voyez *français, femme.*)

Dɪvᴇʀᴛɪssᴇᴍᴇɴᴛ *des effets d'une succession,* rend la renonciation nulle. (Voyez *renonciation.*)

Il fait décheoir du bénéfice d'inventaire. (Voy. *héritiers.*)

DIVORCE ; ʟᴇ ᴍᴀʀɪ ᴘoᴜʀʀᴀ ᴅᴇᴍᴀɴᴅᴇʀ ʟᴇ ᴅɪvoʀcᴇ pour cause d'adultère de sa femme.

Decret du 30 *ventose an XI, prom. le* 10 *germinal, tit.* 5, *chap.* 1 , *art.* 223, *cod. civil.*

La femme pourra demander le divorce pour cause d'adultère de son mari, lorsqu'il aura tenu sa concubine dans la maison commune. *Id.*, art. 224.

Les époux pourront réciproquement demander le divorce pour excès, sévices ou injures graves, de l'un d'eux envers l'autre. *Idem* , art. 225.

La

La condamnation de l'un des époux à une peine infamante, sera pour l'autre époux une cause de divorce. *Idem*, art. 226.

Le consentement mutuel et persévérant des époux exprimé de la manière prescrite par la loi, sous les conditions, et après les épreuves qu'elle détermine, prouvera suffisamment que la vie commune leur est insupportable, et qu'il existe, par rapport à eux, une cause péremptoire de divorce. *Idem*, art. 227. (Voyez *formalités du divorce.*)

En cas de demande en divorce, l'administration des enfans restera au mari, s'il n'en est autrement ordonné par justice. (Voyez *enfans.*)

Divorce de consentement mutuel ne sera pas admis si le mari n'a pas vingt-cinq ans, ou si la femme est mineure de vingt-un ans.

Le divorce de consentement mutuel ne sera admis qu'après deux ans de mariage.

Il ne pourra l'être après vingt ans de mariage, ni lorsque la femme aura quarante-cinq ans.

Dans aucun cas, le consentement mutuel des époux ne suffira, s'il n'est autorisé par leur père et mère, ou par leurs autres ascendans vivans, suivant les règles prescrites par l'article 150, chapitre 1er. du tit. du mariage (*). *Idem*, chap. 3,

____

(*) Il y a sûrement erreur dans le texte. Il est à présumer que l'art. 172 ci-dessus, exige le consentement

art. 269, 270, 271 et 272 (Voyez *formalités du divorce de consentement mutuel*. Voyez *mariage, consentement*.)

DIVORCE *s'opère de droit*, par la condamnation de l'un des époux, à des peines emportant mort civile. (Voyez *mort civile*.)

DIVORCE *ne pourra être prononcé par l'officier de l'état civil*, que d'après un jugement définitif qui y aura admis la partie qui le requérera, ou dans des délais déterminés.

Lorsqu'il y aura opposition utile à un jugement par défaut; lorsqu'il y aura appel, lorsque sur le jugement d'appel il y aura pourvoi en cassation, qui ne seront pas jugés, le jugement ne pourra être considéré comme définitif. (Voyez *formalités du divorce.*)

> *Nota.* L'opposition formée à un jugement par défaut, au-delà des trois mois qui suivront, à compter de la signification, ne sera pas recevable;
>
> Je crois que l'officier de l'état civil, ne pourra néanmoins pas prononcer le divorce, sans jugement, ou au moins sans ordonnance de référé, ou sans un certificat du commissaire du gouvernement, qui déclare que le

des père et mère, s'ils existent; et l'art. 150 du chapitre mariage, ne parle que des ayeuls ou ayeules au défaut des père et mère décédés. Ces articles qui parlent du consentement des père et mère, sont les articles 148 et 149 du même chapitre. (Voyez *consentement.*)

jugement doit être regardé comme devant passer en force de chose jugée.

Le délai pour se pourvoir en cassation contre un jugement en dernier ressort, sera aussi de trois mois; ainsi la prononciation du divorce ne pourra avoir lieu, même en vertu d'un jugement définitif d'appel, qu'après que ces trois mois se seront écoulés, sans pourvoi, et sur certificat du tribunal de cassation qu'on ne s'est pas pourvu. (Voyez *formalités du divorce.*)

La prononciation du divorce ne pourra non plus avoir lieu, si le requérant ne justifie d'une sommation faite à l'autre époux, de se présenter aussi devant l'officier de l'état civil, à l'effet d'y être présent. (Voyez *formalités du divorce.*)

DIVORCE. Les époux qui divorceront pour quelque cause que ce soit ne pourront plus se réunir.

Décret du 30 *ventose an* **XI**, *prom. le* 10 *germinal, titre* 5, *chapitre* 4, des effets du divorce, artic. 289, *code civil.*

Dans le cas de divorce prononcé pour cause déterminée, la femme divorcée ne pourra se remarier que dix mois après le divorce prononcé. *Idem,* art. 290.

DIVORCE (dans le cas de) PAR CONSENTEMENT MUTUEL, aucun des deux époux ne pourra contracter un nouveau mariage que trois ans après la prononciation du divorce. *Idem*, art. 291.

DIVORCE, DANS LE CAS DE DIVORCE ADMIS EN JUSTICE POUR CAUSE D'ADULTÈRE, l'époux coupable ne pourra jamais se marier avec son complice.

La femme adultère sera condamnée par le même jugement, et sur la réquisition du ministère public, à la réclusion, dans une maison de correction, pour un temps déterminé, qui ne pourra être moindre de trois mois, ni excéder deux années.

Décret du 30 ventose an XI, prom. le 10 germinal, tit. 5, chap. 4; des effets du divorce, art. 292. (Voyez *époux*, *avantage*.)

* DIVORCES, TOUS DIVORCES PRONONCÉS par des officiers de l'état civil, ou *autorisés* par jugement avant la publication du titre du code civil, relatif au divorce, auront leur effet, conformément aux lois qui existoient avant cette publication.

A l'égard des demandes formées antérieurement à la même époque, elles continueront d'être instruites, les divorces seront prononcés, et auront leurs effets, conformément aux lois qui existoient lors de la demande.

Décret du 27 germinal an XI, promulgué le 6 floréal, article unique.

Dol *ou violence*, donnent lieu à rescision de partage. (Voyez *partage*. (

Dol *pratiqué envers un majeur*, et sans lequel il n'eut accepté une succession qui lui étoit dévolue, est un moyen de revenir contre son acceptation. (Voyez *acceptation, majeur.*)

DOMICILE (le) DE TOUT FRANÇAIS, quant à l'exercice de ses droits civils, est au lieu où il a son principal établissement.

Décret du 23 ventose an XI, promul. le 3 germinal, tit. 3, art. 102, cod. civil.

Le changement de domicile s'opérera par le fait d'une habitation réelle dans un autre lieu, joint à l'intention d'y fixer son principal établissement. *Id.,* art. 103.

La preuve de l'intention résultera d'une déclaration expresse, faite, tant à la municipalité du lieu qu'on quittera, qu'à celle du lieu où on aura transféré son domicile. *Idem*, art. 104.

A défaut de déclaration expresse, la preuve de l'intention dépendra des circonstances. *Id.*, art. 105.

Le citoyen appelé à une fonction publique temporaire et révocable conservera le domicile qu'il avoit auparavant, s'il n'a pas manifesté l'intention conttaire. *Idem*, art. 106.

L'acceptation de fonctions conférées à vie, emportera translation immédiate du domicile du fonctionnaire dans le lieu où il doit exercer ces fonctions. *Idem*, art. 117. (Voyez *femme mariée*, *mineur*, *interdit*, *succession*, *actes*, *majeurs.*)

DOMICILE *pour mariage.* (Voyez *mariage.*)

DOMESTIQUE *à qui il est dû* des gages par une succession , et qui est légataire , peut faire valoir son double titre. (Voyez *legs.*)

DONATAIRE, *ne peut demander la réduction d'une donation* , quand elle excéderoit la quotité disponible. (Voyez *dispositions.*)

DONATAIRE *peut exercer tous ses droits* sur les biens d'un absent, dont l'absence aura été juridiquement déclarée. (Voyez *absent*, *testament*, *absence*, *époux*, *possession*, *jugement.*)

DONATAIRE, *qui n'étoit pas héritier présomptif* lors de la donation, mais qui se trouve successible au jour de l'ouverture de la succession , doit le rapport, s'il y a lieu, à moins que le donateur ne l'en ait dispensé. (Voyez *donations.*)

DONATAIRES *de biens donnés ou légués à charge de restitution*, ne peuvent opposer aux appelés le défaut de transcription ou d'inscription. (Voyez *dispositions testamentaires.*)

DONATIONS. ON NE PEUT DISPOSER DE SES BIENS A TITRE GRATUIT que par donation entre-vifs, ou par testament dans les formes établies.

Décret du 13 floréal an XI, promulg. le 23, tit. 4, art. 183, code civil.

La donation entrevifs est un acte, par lequel le donateur se dépouille actuellement et irrévocablement de la chose donnée en faveur du donataire qui l'accepte. *Idem*, art. 184.

Toute disposition entrevifs ou testamentaire contenant des conditions impossibles ou contraires aux mœurs est valable; ces conditions seules ne le sont pas. (Voyez *disposition*.)

Pour faire une donation entrevifs, il faut être sain d'esprit. *idem*, chap. 1, art. 191.

Toutes personnes peuvent disposer et recevoir, par donation entrevifs, excepté celles que la loi en déclare incapables. *Idem*, art. 192. (Voyez *capables, mineur, femme mariée, tuteur, enfans naturels, médecins, ministres du culte.*)

Les libéralités par donation ne pourront excéder la moitié des biens du donateur, s'il ne laisse à son décès qu'un enfant légitime.

Le tiers, s'il laisse deux enfans;

Le quart, s'il en laisse trois ou un plus grand nombre.

Sont compris dans l'article précédent, sous le nom d'enfans, les descendans en quelque degré que ce soit; néanmoins ils ne sont comptés que pour l'enfant qu'ils représentent dans la succession du disposant. *Idem*, chap. 1, sect. 1ere., art. 203 et 204.

Les·libéralités par donation entrevifs ne pourront excéder la moitié des biens, si, à défaut d'enfant, le défunt, laisse un ou plusieurs ascendans dans chacune des lignes paternels ou maternelles, et les trois quarts, s'il ne laisse descendant que dans une ligne.

Les biens ainsi réservés au profit des ascendans, seront par eux recueillis dans l'ordre où la loi les appelle à succéder. Ils auront seuls droit à cette réserve, dans tous les cas où un partage en concurrence avec des collatéraux, ne leur donneroit pas la quotité de biens à laquelle elle est fixée. *Idem*, art. 205.

> ☞ Ce cas peut exister, lorsqu'il n'y a plus, lors du décès du donateur, qu'un des ayeuls d'une seule ligne, et pour héritiers que des collatéraux; aux termes de la loi, l'ayeul ne doit avoir que le quart de la succession; (Voyez *partage*.) mais au moyen de la libéralité dont il est ici question, il aura la moitié.

A défaut d'ascendants et de descendants, les libéralités par donation, pourront épuiser la totalité de biens. *idem*, art. 206. (Voyez *dispositions*.)

DONATION; TOUS ACTES PORTANT DONA-
TION seront passés devant notaires, dans la forme
ordinaire des contrats, et il en restera minute sous
peine de nullité.

*Décret du 13 floréal an XI, promulgué le 23,
chap. 3, tit. 2, sect. 1, art. 221, cod. civil.*

La donation entrevifs n'engagera le donateur, et
ne produira aucun effet que du jour qu'elle aura
été acceptée en termes exprès.

L'acceptation pourra être faite du vivant du donateur, par un acte postérieur et authentique, dont
il restera minute; mais alors la donation n'aura
d'effet à l'égard du donateur, que du jour de l'acte
qui constatera que cette acceptation lui aura été signifiée. *Id.*, art. 222. (Voyez *majeur, femme mariée,
mineur, interdit, sourd et muet, hospices.*)

DONATION *ne peut être faite à un condamné* à des
peines emportant mort civile, si ce n'est pour cause
d'alimens. Il n'en peut faire aucune. (Voyez *mort
civile.*)

DONATION *entrevifs peut être faite à ses enfans,
et frères ou sœurs, à charge de rendre* les biens donnés à leurs enfans au premier degré, ou, par représentation, aux descendans de ces enfans, si ceux-ci
meurent avant que la restitution doive avoir lieu.
(Voyez *substitution.*)

DONATION (la) ENTREVIFS NE POURRA COMPRENDRE QUE LES BIENS PRÉSENS du donateur. Si elle comprend des biens à venir, elle sera nulle à cet égard.

Toute donation entrevifs, faite sous des conditions dont l'exécution dépend de la seule volonté du donateur, *sera nulle.*

Elle sera pareillement nulle, si elle a été faite sous la condition d'acquitter d'autres dettes ou charges que celles qui existoient à l'époque de la donation, ou qui seroient exprimées, soit dans l'acte de donation, soit dans l'état qui devroit y être annexé. (Voyez *donations d'effets mobiliers.*)

Décret du 13 *floréal an XI*, *promul. le* 23, *tit.* 2, *chap.* 3, *sect.* 1, *articles* 233, 234 *et* 235, *cod. civil.*

En cas que le donateur se soit réservé la liberté de disposer d'un effet compris dans la donation, ou d'une somme fixe sur les biens donnés, s'il meurt sans en avoir disposé, ledit effet ou ladite somme appartiendra aux héritiers du donateur, nonobstant toutes clauses et donations à ce contraires. *Idem*, art. 236.

Les quatre articles précédens ne s'appliquent point aux donations dont est mention aux chap. 7 et 8, du présent titre. (Aux donations par contrat de mariage, faite aux époux ou aux enfans à naître, ni aux dispostions permises entre époux, soit par contrat de mariage, soit durant le mariage.)

DONATIONS (toutes) ENTREVIFS FAITES par personnes qui n'avoient point d'enfans ou de descendans actuellement vivans dans le temps de la donation, de quelque valeur que ces donations puissent être, et à quelque titre qu'elles ayent été faites, et encore qu'elles fussent mutuelles ou rémunératoires, même celles qui auroient été faites en faveur de mariage, par autres que par les ascendans aux conjoints, ou par les conjoints l'un à l'autre, demeureront révoquées de plein droit, par la survenance d'un enfant *légitime* du donateur, même d'un posthume, ou par la *légitimation* d'un enfant naturel, *par mariage subséquent,* s'il est né depuis la donation.

Décret du 13 *floréal an XI, promulgué le* 23, *tit.* 2, *chap.* 3, *sect.* 2, *art.* 250, *cod. civ.*

Cette révocation aura lieu, encore que l'enfant du donateur ou de la donatrice fut conçu au temps de la donation. *Idem,* art. 251.

La donation demeurera également révoquée, lors même que le donataire seroit entré en possession des biens donnés, et qu'il y auroit été laissé par le donateur, depuis la survenance d'enfant, sans néanmoins que le donataire soit tenu de restituer les fruits par lui perçus, de quelque nature qu'ils soient, si ce n'est du jour que la naissance de l'enfant légitime, ou sa légitimation, par mariage subséquent lui aura eté notifiée par exploit, ou autre acte en bonne forme, et ce, quand même la demande pour rentrer dans les biens donnés, n'auroit été formée que postérieurement à cette notification. *Idem*, art. 252.

Les biens compris dans la donation révoquée de plein droit, rentreront dans le patrimoine du donateur, libres de toutes charges et hypothèques du chef du donataire, sans qu'ils puissent demeurer affectés, même subsidiairement à la restitution de la dot de la femme de ce donataire, de ses reprises ou autres conventions matrimoniales; ce qui aura lieu, quand même la donation auroit été faite en faveur du mariage du donataire, et insérée dans le contrat, et que le donateur se seroit obligé, comme caution, par la donation, à l'exécution du contrat de mariage. *Idem*, art. 253.

Les donations ainsi révoquées ne pourront revivre, ou avoir de nouveau leur effet, ni par la mort de l'enfant du donateur, ni par aucun acte confirmatif; et si le donateur veut donner les mêmes biens au donataire, soit avant ou après la mort de l'enfant, par la naissance duquel la donation aura été révoquée, il ne le pourra faire que par une nouvelle disposition. *Idem*, art. 254.

Toute clause, par laquelle le donateur auroit renoncé à la révocation de la donation pour survenance d'enfans, sera regardée comme nulle et ne produira aucun effet. *Idem*, art. 255.

Le donataire, ses héritiers ou ayant cause, ou autres détenteurs des choses données, ne pourront opposer la prescription, pour faire valoir la donation révoquée par la survenance d'enfant, qu'après une possession de trente années, qui ne pourront commencer à courir que du jour de la naissance du dernier enfant du donateur, même posthume, et ce, sans préjudice des interruptions, tel que de droit. *Idem*, art. 256.

DONATION (la) DUEMENT ACCEPTÉE sera parfaite, par le seul consentement des parties, et la propriété des objets donnés, sera transférée au donataire, sans qu'il soit besoin d'autre tradition.

Décret du 13 floréal an XI, prom. le 3, tit. 2, chap. 3, sect. 1, art. 228, cod. civil.

Lorsqu'il y aura donation de biens susceptibles d'hypothèques, la transcription des actes contenant la donation et l'acceptation, ainsi que la notification de l'acceptation qui auroit eu lieu par acte séparé, devra être faite au bureau des hypothèques dans l'arrondissement desquels les biens seront situés. *Idem*, art. 229.

Cette transcription sera faite à la diligence du mari, lorsque les biens auront été donnés à la femme; et si le mari ne remplit pas cette formalité, la femme pourra y faire procéder sans autorisation.

Lorsque la donation sera faite à des mineurs ou

des interdits, ou à des établissemens publics, la transcription sera faite à la diligence des tuteurs, curateurs ou administrateurs. *Idem*, art. 230.

Le défaut de transcription pourra être opposé, par toute personne ayant intérêt, excepté toutes fois celles qui sont chargées de faire faire cette transcription ou leurs ayant cause, et le donateur, *Idem*, art 231.

Les mineurs, les interdits, les femmes mariées, ne seront point restitués contre le défaut d'acceptation ou de transcription des donations, sauf leurs recours contre les tuteurs ou maris, s'il y échet, et sans que la restitution puisse avoir lieu, dans le cas même où lesdits maris ou tuteurs se trouveroient insolvables. *Idem*, art. 232.

DONATION. IL EST PERMIS AU DONATEUR DE FAIRE LA RÉSERVE à son profit, ou de disposer au profit d'un autre, de la jouissance ou de l'usufruit des biens immeubles donnés.

Décret du 13 floréal an XI, prom. le 23, tit. 2, chap. 3, sect. 1, art. 239, cod. civil.

Le donateur pourra stipuler le droit de retour des objets donnés, soit pour le cas du prédécès du donataire seul, soit pour le cas du prédécès du donataire et de ses descendans.

Ce droit ne pourra être stipulé qu'au profit du donateur seul.

L'effet du droit de retour sera de résoudre toutes les aliénations du bien donné, et de les faire revenir au donateur franc et quitte de toutes charges et hypothèques, sauf néanmoins l'hypothèque de la dot et des conventions matrimoniales, si les autres biens de l'époux donataire ne suffisent pas, et dans le cas seulement ou la donation lui auroit été faite par le même contrat de mariage, duquel résultent ces droits d'hypothèques. *Idem*, art. 241 et 242.

DONATION D'EFFETS MOBILIERS (tout acte de) ne sera valable que pour les effets dont un état estimatif, signé du donateur et du donataire, ou de ceux qui acceptent pour lui, aura été annexé à la minute de la donation.

Décret du 13 floréal an XI, promulgué le 23, tit. 2, chap. 3, sect. 1, art. 238, cod. civ.

Lorsque la donation d'effets mobiliers aura été faite avec réserve d'usufruit, le donataire sera tenu à l'expiration de l'usufruit, de prendre les effets donnés qui se trouveront en nature, dans l'état où ils seront; et il aura action contre les donateurs ou ses héritiers, pour raison des objets non existans, jusqu'à concurrence de la valeur qui leur aura été donnée dans l'état estimatif. *Idem*, art. 240.

DONATION (la) FAITE AU MINEUR ne pourra être acceptée par le tuteur qu'avec l'autorisation du conseil de famille.

Elle aura, à l'égard du mineur, le même effet qu'à l'égard du majeur.

Décret du 5 germinal an XI, promulgué le 16, tit. 10, chap. 2, sect. 8, art. 457, code civil.

DONATION ENTREVIFS faite à l'héritier, et qui ne l'a pas été par préciput et hors part ou avec dispense de rapport, y est sujette lors du partage de la succession du donateur.

Dans le cas même où elle auroit été faite par préciput et hors part, et avec dispense de rapport, l'héritier venant à partage, ne peut la retenir que jusqu'à concurrence de la portion disponible.

Lorsque le don d'un immeuble fait à un successible avec dispense du rapport, excède la portion disponible, le rapport de l'excédent se fait en nature, si le retranchement de cet excédent peut s'opérer commodément.

Dans le cas contraire, si l'excédent est de plus de la moitié de la valeur de l'immeuble, le donataire doit rapporter l'immeuble en totalité, sauf à prélever sur la masse la valeur de la portion disponible; si cette portion excède la moitié de la valeur de l'immeuble, le donataire peut retenir l'immeuble en totalité, sauf à moins prendre et à récompenser ses co-héritiers en argent ou autrement.

Décret du 29 germinal an XI, prom. le 9 floréal,
titre

art. 1, *chap.* 6, *sect.* 2, *art.* 156, *cod. civ.* (Voyez *rapport.*)

DONATION (la) ENTRE VIFS NE POURRA ÊTRE RÉVOQUÉE que pour cause d'inexécution des conditions sous lesquelles elle aura été faite, pour cause d'ingratitude et pour cause de survenance d'enfans.

Décret du 13 *floréal an XI, prom. le* 23, *tit.* 2, *chap.* 3, *sect.* 2, *art.* 243, *cod. civil.* (Voyez *ingratitude, inexécution des conditions,* &c. *survenance d'enfant.*)

En cas de survenance d'enfant, la donation ainsi révoquée ne pourra revivre, ni avoir de nouveau son effet, sans nouvel acte de donation. La légitimation par mariage subséquent d'un enfant naturel né depuis la donation, vaut survenance. (Voy. *Ce dernier mot.*)

DONATIONS PERMISES EN FAVEUR DE MARIAGE DES TIERS. Ces donations ne pourront être attaquées ni déclarées nulles, sous prétexte de défaut d'acceptation.

Décret du 13 *floréal an XI, promulgué le* 23, *tit.* 2, *chap.* 7, *art.* 376, *code civil.*

Toute donation faite en faveur du mariage, sera caduque, si le mariage ne s'en suit pas. *Idem,* art. 378.

DONATION (toute) *entrevifs de biens présens,* quoique faite par contrat de mariage aux époux,

G

ou à l'un d'eux, sera soumise aux règles générales prescrites pour les donations faites à ce titre.

Elle ne pourra avoir lieu au profit des enfans à naître, si ce n'est dans le cas énoncé au chap. 6.

Les cas énoncés au chap. 6, est le partage qui pourroit avoir lieu de la part des pères et mères ou des ascendans entre les enfans. (Voyez *partage par père et mère.*)

DONATION DE TOUT OU PARTIE DES BIENS QUE LES PÈRES ET MÈRES, les autres ascendans, les parens collatéraux des époux, et même les étrangers laisseront à leur décès, pourront avoir lieu, tant au profit des dits époux, qu'au profit des enfans à naître de leur mariage, dans le cas où le donateur survivroit à l'époux donataire.

Pareille donation, quoique faite seulement au profit des époux, ou de l'un d'eux, sera toujours dans ledit cas de survie du donateur, présumée faite au profit des enfans et descendans à naître du mariage. *Idem*, art. 371.

La donation faite dans la forme portée au précédent article, sera irrévocable, en ce sens seulement, que le donateur ne pourra plus disposer à titre gratuit des objets compris dans la donation, si ce n'est pour somme modique, à titre de récompense ou autrement. *Idem*, art. 372.

DONATION (la) PAR CONTRAT DE MARIAGE

pourra être faite cumulativement des biens présens et à venir, en tout ou en partie, à la charge qu'il sera annexé à l'acte un état des dettes et charges du donateur existantes, au jour de la donation, auquel cas il sera libre au donataire lors du décès du donateur de s'en tenir aux biens lors présens, en renonçant au surplus des biens du donateur.

Si l'état dont est mention au précédent article n'a point été annexé à l'acte de donation des biens présens et à venir, le donataire sera obligé d'accepter ou de répudier cette donation pour le tout. En cas d'acceptation, il ne pourra réclamer que les biens qui se trouveront existans au jour du donateur, et il sera soumis au paiement de toutes les dettes et charges de la succession. *Idem*, art. 373 et 374.

DONATION (la) PAR CONTRAT DE MARIAGE, ENFAVEUR DES ÉPOUX ET DES ENFANS à naître de leur mariage, pourra encore être faite, à condition de payer indistinctement toutes les dettes et charges de la succession du donateur, ou sous d'autres conditions, dont l'exécution dépendroit de sa volonté, par quelques personnes que la donation soit faite.

Le donataire sera tenu d'accomplir ces conditions, s'il n'aime mieux renoncer à la donation; et en cas que le donateur, par contrat de mariage, se soit réservé la liberté de disposer d'un effet compris dans la donation de ses biens présens, ou d'une somme fixe à prendre sur les mêmes biens, l'effet ou la somme, s'il meurt sans en avoir disposé, seront censés compris dans la donation, et appartiendront au donataire ou à ses héritiers. *Id.*, art. 375.

Donations (les) *faites à l'un des époux* dans les termes des articles 371, 373 et 375 ci-dessus, deviendront caduques, si le donateur survit à l'époux donataire et à sa postérité. *Id.*, art. 378.

Donations (toutes les) *faites aux époux* par leur contrat de mariage seront, lors de l'ouverture de la succession du donateur, réductibles à la portion dont la loi lui permettoit de disposer. *Id.*, art. 379.

DONATIONS ENTRE ÉPOUX. Les époux pourront, par contrat de mariage, se faire réciproquement, ou l'un d'eux l'un à l'autre, telles donations qu'ils jugeront à propos sous les conditions ci-après exprimées.

Décret du 13 *floréal, promulg. le* 23, *tit.* 11, *chap.* 1, *art.* 380, *cod. civil.*

DONATION (toute) *entrevifs de biens présens,* faite entre époux, par contrat de mariage, ne sera point censée faite sous la condition de survie du donataire, si cette condition n'est formellement exprimée, et elle sera soumise à toutes les règles et formes prescrites pour ces sortes de donations. *Id.*, art. 381.

Donation (la) *de biens à venir ou de biens présens et à venir, faite entre époux*, par contrat de mariage, soit simple, soit réciproque, sera soumise aux règles établies à l'égard des donations pareilles qui leur sont faites par un tiers, sauf qu'elle ne sera point transmissible aux enfans issus du mariage, en cas de décès de l'époux donataire, avant l'époux donateur. *Id.*, art. 382. (Voyez *donations permises par des tiers en faveur de mariage.*)

L'époux pourra, soit par contrat de mariage, soit pendant le mariage, pour le cas où il ne laisseroit point d'enfans, ni descendans, disposer en faveur de l'autre époux, en propriété, de tout ce dont il pourroît disposer en faveur d'un étranger, et en outre, de l'usufruit de la totalité de la portion dont la loi prohibe la disposition au préjudice des héritiers.

Et pour le cas ou l'époux donateur laisseroit des enfans ou descendans, il pourra donner à l'autre époux, ou un quart en propriété et un autre quart en usufruit, ou la moitié de tous ses biens en usufruit seulement. *Id.*, art. 383.

Toutes donations faites entre époux, pendant le mariage, quoique qualifiés entre vifs, seront toujours révocables.

La révocation pourra être faite par la femme sans y être autorisée par le mari, ni par la justice.

Ces donations ne seront point révoquées par la survenance d'enfans. *Id.*, art. 385.

Les époux ne pourront pendant le mariage, se faire, ni par acte entre vifs, ni par testament aucune donation mutuelle et réciproque par un seul et même acte. *Idem*, art. 386.

L'homme ou la femme qui ayant des enfans d'un autre lit, contractera un second ou subséquent mariage, ne pourra donner à son nouvel époux qu'une part d'enfant légitime le moins prenant, sans que, dans aucun cas, ces donations puissent excéder le quart des biens. *Idem*, art. 387.

Les époux ne pourront se donner indirectement au-delà de ce qui leur est permis par les dispositions ci-dessus.

Toute donation déguisée, ou faite à personnes interposées, sera nulle. *Idem*, art. 388.

Seront réputées faites à personnes interposées, les donations de l'un des époux aux enfans, ou à l'un des enfans de l'autre époux issus d'un autre mariage; et celles faites par le donateur aux parens dont l'autre époux sera héritier présomptif au jour de la donation, encore que ce dernier n'ait point survécu à son parent donataire. *Idem*, art. 389. (Voyez *mineur.*)

DONS ET LEGS FAITS AU FILS DE CELUI QUI SE TROUVE SUCCESSIBLE à l'époque de l'ouverture de la succession, sont toujours réputés faits avec dispense de rapport.

Décret du 29 germin. an XI, prom. le 9 floréal, tit. 1, chap. 6, sect. 2, art. 137, code civil.

DONS FAITS AUX CONJOINTS D'UN ÉPOUX SUCCESSIBLE sont réputés faits avec dispense de rapports.

Décret du 8 germinal an XI, prom. le 9, tit. 1, chap. 6, sect. 2, art. 139, cod. civil.

Dons faits conjointement à deux époux, dont l'un est successible, et l'autre ne l'est pas, n'est sujet à rapport que pour moitié par le premier; tel est le texte de la loi.

Si les dons et legs sont faits conjointement à deux époux, dont l'un seulement est successible; celui-ci en rapporte la moitié.

Si les dons sont faits à l'époux successible, il les rapporte en entier. *Idem, idem.*

Le rapport ne se fait qu'à la succession du donateur. *Idem,* art. 140. (Voyez *rapport.*)

DOT *ne peut être reprise, encore que pour le capital* seulement, sur les biens grévés de substitution, qu'en cas d'insuffisance des biens libres, et si le testateur l'a ordonné. (Voyez *femmes.*)

DROIT *d'un créancier porteur de titres exécutoires contre un défunt.* Il peut faire mettre les scellés,

demander la séparation du patrimoine du défunt
d'avec celui de l'héritier; il se prescrit relativement
aux meubles, par le laps de trois ans; empêcher
par opposition qu'on ne procède au partage en
fraude de ses droits; survenir à tout partage.

A l'égard des immeubles, l'exercice peut en avoir
lieu, tant qu'ils existent dans les mains de l'héritier; et si les biens sont substitués, tant qu'il
n'y a pas d'inscription à raison de la substitution.

Ces droits se perdent par novation du titre, sur
le défunt, souscrite par l'héritier.

Ils n'existent pas, quant aux créanciers d'un co-
partageant, contre ceux de la succession.

Ces droits sont conservés sur les immeubles
acquis des deniers substitués, par défaut de transcription.

Sur les immeubles affectés à l'emploi de ces deniers, même par privilége, à défaut d'inscription.

Néanmoins le donataire, son légataire, l'héritier
du donataire, son légataire, ou donataire ne peuvent
l'opposer. (Voyez *tous ces mots.*)

Droit *échu à un absent;* pour l'exercer, il
faut prouver son existence à l'instant de l'ouverture dudit droit; faute de cette preuve, le demandeur sera non-recevable. (Voyez *absent, possession.*)

DROITS CIVILS ; LEUR EXERCICE est indépendant de la qualité de citoyen.

Décret du 17 ventose, promulgué le 27, tit. 1, chap. 1, art. 7, cod. civil. (Voyez *enfans.*)

☞ L'exercice en est suspendu, à l'égard des condamnés par contumace, à des peines emportant mort civile, pendant cinq ans, ou jusqu'à ce qu'ils se représentent, ou qu'ils soient arrêtés pendant ce délai. (Voy. *condamnés.*)

L'exercice s'en perd par la mort civile. (Voy. *ce dernier mot.*)

DROITS CIVILS, tout français en jouit.

Décret du 17 ventose an XI, prom. le 27, tit. 1, chap. 1, art. 8, code civil.

DROITS CIVILS *ne peuvent s'exercer en France,* qu'autant qu'on y réside sous l'empire de la loi. (Voyez *femme, français, enfant, étranger, immeubles.*)

E

EFFETS CIVILS DU MARIAGE. Le mariage qui a été déclaré nul, produit néanmoins les effets civils, tant à l'égard des époux, qu'à l'égard des enfans, lorsqu'il a été contracté de bonne foi.

Décret du 26 ventose an XI, promulgué le 6 germinal, tit. 5, chap. 1, art. 195, cod. civil.

Si la bonne foi n'existe que de la part de l'un des époux, le mariage ne produit les effets civils qu'à l'égard de cet époux, et des enfans issus du mariage. *Idem*, art. 196.

Effets *et suite du partage.* (Voyez *partage.*)

EFFETS jettés a la mer, ou qui en sont rejettés ; les droits sur les effets jetés à la mer, sur les effets que la mer rejette, de quelque nature qu'ils puissent être, sur les plantes et herbages qui croissent sur les rivages de la mer, sont réglés par des lois particulières. Il en est de même des choses perdues, dont le maître ne se représente pas.

Décret du 29 germinal, promulgué le 9 floréal, art. 1 *, cod. civil.*

ENFANT (l') conçu pendant le mariage a pour père le mari.

Décret du 2 germinal an XI, promulgué le 12*, tit.* 7*, chap.* 1 *, art.* 306 ; (néanmoins voyez *mari, légitimité, filiation, possession d'état.*)

ENFANT a tout age doit honneur et respect à ses père et mère.

Il reste sous leur autorité, jusqu'à sa majorité ou son émancipation.

Le père seul exerce cette autorité durant le mariage.

Décret du 3 germinal an XI, promulgué le 13 *, tit.* 9 *, art.* 365*,* 366 *et* 367. (Voyez *majorité.*) (Voyez *père et mère.*)

ENFANT (l') *ne peut quitter la maison paternelle* sans la permission de son père, si ce n'est pour enrôlement volontaire après l'âge de dix-huit ans révolus. *Idem*, art. 368. (Voyez *père*, *mère*.)

ENFANT NÉ D'UN FRANÇAIS EN PAYS ÉTRAN-GER est français.

Décret du 17 ventose an XI, promulgué le 27, tit. 1, chap. 1, art. 10, cod. civ.

Enfant, tout individu né en France d'un étranger, pourra dans l'année qui suivra l'époque de sa majorité, réclamer la qualité de Français, pourvu que, dans le cas où il résideroit en France, il déclare que son intention est d'y fixer son domicile, et que dans le cas où il résideroit en pays étranger, il fasse sa soumission de fixer en France son domicile, et qu'il l'établisse dans l'année, à compter de l'acte de sa soumission. *Idem*, art. 9, cod. civ.

ENFANT (tout) *né en pays étranger* d'un Français qui auroit perdu la qualité de Français, pourra toujours recouvrer cette qualité en remplissant les qualités prescrites par l'article 9. *Idem*, art. 10, code civil.

ENFANT NÉ SUR MER. S'il naît un enfant pendant un voyage de mer, l'acte de naissance sera dressé dans les vingt-quatre heures, en présence du père, s'il est présent, et de deux témoins pris parmi les officiers du bâtiment, ou à leur défaut, parmi les hommes de l'équipage.

Cet acte sera rédigé, savoir, sur les bâtimens de l'État, *par l'officier d'administration de la marine,* et sur les bâtimens appartenant à un armateur ou négociant, par *les capitaine, maître* ou *patron* du navire.

L'acte de naissance sera inscrit à la suite du rôle de l'équipage.

Décret du 20 ventose an XI, promulgué le 30, chap. 4, art. 59, cod. civ.

Au premier port où le bâtiment abordera, soit de relâche ou pour toute autre cause que celle de son désarmement ou déchargement, les *officiers de l'administration de la marine, capitaines, maîtres* ou *patrons,* seront tenus de déposer deux expéditions authentiques des actes de naissance qu'ils auront rédigés, savoir, dans un port français, au bureau des préposés à l'inscription maritime, et dans un port étranger, entre les mains du commissaire des relations commerciales.

L'une de ces expéditions restera déposée au bureau de l'inscription maritime ou à la chancellerie du commissariat, l'autre sera envoyée au ministre de la marine, qui fera parvenir une copie de lui certifiée de chacun desdits actes à l'officier de l'état civil du domicile du père de l'enfant, ou de la mère, si le père est inconnu; cette copie sera de suite inscrite sur les registres. *Idem*, art. 60.

A l'arrivée du bâtiment dans le port du désarmement ou du déchargement, le rôle d'équipage sera déposé au bureau du préposé de l'inscription maritime, qui enverra une inscription de l'acte de naissance de lui signé à l'officier de l'état civil du domicile du père de l'enfant ou de la mère, si le père est inconnu; cette expédition sera de suite inscrite sur les registres. *Idem*, art. 61.

       ☞ *Nota*. Si le ministre de la marine avoit déjà envoyé copie de cet acte, et qu'il fut déjà inscrit sur le registre de l'état civil, je crois pouvoir assurer qu'il ne seroit pas nécessaire de l'inscrire une seconde fois; qu'il suffiroit de faire mention de ce *duplicata* et de le joindre à la première copie reçue, & *vice versâ*.

ENFANT *de moins de seize ans* commencés, ou plus âgé, qui aura donné à son père, durant le mariage, ou à sa mère survivante, des sujets de mécontentement très-graves, ou mineur en tutelle, pourra, jusqu'à sa majorité ou son émancipation, être détenu (Voyez *père, mère, tuteur.*)

ENFANT DE PLUS DE SEIZE ANS DÉTENU (à la réquisition de son père ou de sa mère) pourra adresser un mémoire au commissaire du gouvernement près le tribunal d'appel. Ce commissaire se fera rendre compte par le tribunal de première ins-

tance, et fera son rapport au président du tribunal d'appel, qui, après en avoir donné avis au père,
et après avoir recueilli tous les renseignemens,
pourra révoquer ou modifier l'ordre délivré par le
président du tribunal de première instance.

*Décret du 3 germinal an 11, promulgué le 13,
tit. 9, art. 376, code civil.*

ENFANS *doivent des alimens à leurs père et mère,
ayeuls et ayeules* dans le besoin. (Voyez *obligations qui naissent du mariage.*)

ENFANT N'A PAS D'ACTION CONTRE SES PÈRE
ET MÈRE, pour un établissement par mariage ou
autrement.

*Décret du 26 ventôse an 11, promulgué le 6 ger-
minal, titre 5, chap. 5, art. 198, code civil.*

ENFANS (les) OU LEURS DESCENDANS, SUC-
CÈDENT A LEURS PÈRE ET MÈRE, AYEULS OU
AYEULES, OU AUTRES ASCENDANS, sans distinction
de sexe, ni de primogéniture, et encore qu'ils soient
issus de différens mariages.

Ils succèdent par égale portion et par tête, quand
ils sont tous au même degré, et appellés de leur
chef; ils succèdent par souche, lorsqu'ils viennent
tous ou en partie par représentation.

*Décret du 29 germinal an 11, prom. le 9 floréal ;
chap. 2, sect. 3, art. 35, code civil.* (Voy. *partage.*)

ENFANS, auront de plein droit la propriété de la moitié des biens de chacun des
deux époux dont le divorce aura eu lieu par
consentement mutuel, à compter du jour de
leur première déclaration : les père et mère conserveront néanmoins la jouissance de cette moitié,
jusqu'à la majorité de leurs enfans, à la charge de
pourvoir à leur nourriture, entretien et éducation,
conformément à leur fortune et à leur état.

*Décret du 30 ventose an XI, promulgué le 10 ger-
minal, tit. 5, ch. 4,* des effets du divorce, *art. 299,
cod. civil*

ENFANT *au premier degré du donateur ou testateur peut être grévé de restitution* ou (substitution)
mais seulement au profit de tous ses enfans nés ou
à naître, et sans préférence d'âge ou de sexe. (Voy.
substitution.)

ENFANS *autres que les incestueux ou les adultérins,* même ceux décédés, *peuvent être légitimés.*
pour l'avantage de leurs descendans (Voyez *légitimation.*)

ENFANT *d'abord simple donataire entre vifs,* à
qui il sera fait une nouvelle libéralité, soit par testament, mais à charge de restitution à ses enfans,
des premiers biens donnés, ne peut pas diviser les
deux dispositions, s'il a accepté la seconde, quand
même il y renonceroit ensuite, et offriroit de rendre
ce qui en est l'objet. (Voyez *substitution.*)

ENFANS *issus d'un commun mariage, dont le père
sera absent*, demeureront sous la surveillance de la
mère, quant à leur éducation et administration de
leurs biens. (Voyez *mère*.)

ENFANS *d'absent*, dont les autres héritiers présomptifs auront partagé les biens en vertu d'envoi en possession définitif, pourront dans les trente ans, de
cet envoi en possession, redemander ses biens. Il
leur seront rendus, comme ils l'auroient été à lui-
même, s'il s'étoit remontré. (Voyez *possession*.)

ENFANS *mineurs orphelins* ont la jouissance des
biens qu'ils peuvent acquérir du produit de leur
travail et de leur industrie. (Voyez *père, mère*.)

ENFANS NÉS DE MARIAGE DONT LA DISSOLU-
TION AURA EU LIEU PAR LE DIVORCE, admis en
justice, ne seront privés d'aucuns des avantages
qui leur étoient assurés par les lois ou par les conventions matrimoniales de leurs père et mère; mais
il n'y aura d'ouverture aux droits des enfans, que
de la même manière et dans les mêmes circonstances où ils se seroient ouverts, s'il n'y avoit pas
eu de divorce.

*Décret du 30 ventose an 11, promulgué le 10 ger-
minal, tit. 5, ch. 4, des effets du divorce, art. 298.*

ENFANS, L'ADMINISTRATION PROVISOIRE DES
ENFANS, (en cas de demande en divorce) restera

au

au mari demandeur ou défendeur, à moins qu'il n'en soit autrement ordonné par le tribunal, sur la demande, soit de la mère, soit de la famille, ou du commissaire du gouvernement, pour le plus grand avantage des enfans.

Décret du 11 ventose an 11, tit. 5, chap. 6, sect. prem., art. 261, code civil.

ENFANS (les) SERONT CONFIÉS A L'ÉPOUX QUI A OBTENU LE DIVORCE, à moins que le tribunal, sur la demande de la famille, ou du commissaire du gouvernement, n'ordonne pour le plus grand avantage des enfans, que tous ou quelques-uns d'eux seront confiés aux soins, soit de l'autre époux, soit d'une tierce personne.

Décret du 30 ventose an 11, prom. le 10 germinal, tit. 5, ch. 4, des effets du divorce, art. 296, code civil.

Quelque soit la personne à laquelle les enfans seront confiés, les père et mère conserveront respectivement le droit de surveiller l'entretien et l'éducation de leurs enfans, et seront tenus d'y contribuer à raison de leurs facultés. *Id.*, art. 297.

ENFANT *issu d'un mariage contracté par con-damnés* à des peines emportant mort civile, *est illégitime.* (Voyez *mort civile, succession, testament, donation.*)

ENFANT *incestueux ou adultérin* ne peut être ni

légitimé par mariage subséquent, ni reconnu. (Voy. *légitimation, reconnoissance d'enfans.*)

ENFANT (un) NE SERA JAMAIS ADMIS A LA RECHERCHE, SOIT DE LA PATERNITÉ, SOIT DE LA MATERNITÉ, dans le cas, ou suivant l'art. 329, la reconnoissance n'est pas admise.

Décret du 12 germinal an 11, promulg. le 12, tit.7, ch. 3, sect. 2, art. 336, code civil. (Voyez *enfant incestueux ou adultérin, légitimation.*)

ENTANS TROUVÉS; toute personne qui aura trouvé un enfant nouveau né, sera tenu de le remettre à l'officier de l'état civil, ainsi que les vêtemens et autres effets trouvés avec l'enfant, et de déclarer toutes les circonstances du lieu et du temps où il aura été trouvé.

Il en sera dressé un procès-verbal détaillé, qui énoncera, en outre, l'âge apparent de l'enfant, les noms qui lui seront donnés, l'autorité civile à laquelle il sera remis; le procès-verbal sera inscrit sur les registres.

Décret du 20 ventose an 11, promulgué le 30, chap. 2, art. 58, cod. civil.

☞ Toutes les précautions à prendre et indiquées dans cet article, sont en faveur de l'enfant; l'officier civil ne doit avoir que lui en vue dans l'acte auquel il donne lieu. Il doit borner à lui seul l'exercice de son ministère, sans aucune autre considération, et sans néanmoins rien faire qui donne lieu à la recherche, surtout du père; il ne doit que lui conserver des moyens de reconnoître un jour son enfant, s'il le veut.

ENFANT NATUREL, SERA RECONNU PAR UN ACTE AUTHENTIQUE, lorsqu'il ne l'aura pas été par son acte de naissance.

Décret du 2 germinal an XI, prom. le 12, tit. 7, chap. 3, sect. 2, art. 328, cod. civil. (Voyez *recon-noissance.*)

ENFANT NATUREL *légalement reconnu*, est assimilé, quant au mariage, aux fils de famille. (Voyez *consentement, mariage, acte respectueux.*)

Il n'est cependant pas *héritier*, mais il est successible. (Voyez *ci-après.*)

ENFANS (les) NATURELS NE SONT POINT HÉRITIERS, la loi ne leur accorde de droits sur les biens de leur père ou mère décédés, que lorsqu'ils ont été légalement reconnus. Elle ne leur accorde aucun droit sur les biens des parens de leur père ou mère.

Décret du 29 germinal an 11, prom. le 9 floréal, tit. 1, chap. 4, sect. 1, art. 46. Code civil.

Le droit de l'enfant naturel, sur les biens de ses père ou mère décédés, est regié, ainsi qu'il suit :

Si le père ou la mère a laissé des enfans légitimes, le droit est d'un tiers de la portion héréditaire que l'enfant naturel auroit eue, s'il eut été légitime.

Il est de la moitié, lorsque les père et mère ne laissent pas de descendans, mais bien des ascendans, ou des frères ou sœurs.

Il est des trois quarts, lorsque les père ou mère ne laissent ni descendans, ni ascendans, ni frères, ni sœurs. *Id.* art. 47.

ENFANT (l') *naturel* a droit à la totalité des biens, lorsque ses père et mère ne laissent pas de parens au degré successible. *Id.* art. 48.

En cas de prédécès de l'enfant naturel, ses enfans ou descendans peuvent réclamer les droits fixés par les articles précédens. *Id.*, art. 49. (Voyez *rapport à succession.*)

Toute réclamation est interdite aux enfans naturels, lorsqu'ils ont reçu du vivant de leur père ou de leur mère, la moitié de ce qui leur est attribué, par les articles précédens, avec déclaration expresse de la part de leur père ou mère, que leur intention est de réduire l'enfant naturel à la portion qu'ils lui ont assignée.

Dans le cas où cette portion seroit inférieure à la moitié de ce qui devroit revenir à l'enfant naturel, il ne pourra réclamer que le supplément nécessaire pour parfaire cette portion. *Id.*, art. 51.

Les dispositions des art. 47 *et* 48, *ci-dessus, ne sont pas applicables* aux enfans adultérins ou incestueux.

La loi ne leur doit que des alimens. *Idem ,* art. 52.

Enfans *incestueux ou adultérins , n'héritent, ni ne succèdent.* La loi ne leur accorde que des alimens. (Voyez *enfans naturels.*)

Ces alimens sont réglés eu égard aux facultés du père ou de la mère, au nombre et à la qualité des héritiers légitimes.

Lorsque le père ou la mère de l'enfant adultérin ou incestueux lui aura fait apprendre un art mécanique, ou lorsque l'un d'eux lui aura assuré des alimens de son vivant , l'enfant ne pourra élever de réclamation contre leurs successions. *Idem ,* articles 53 et 54. (Voyez *succession de l'enfant naturel.*)

ENFANT NATUREL reconnu ne pourra réclamer les droits d'enfant légitime ; les droits des enfans naturels seront réglés au titre des successions.

Décret du 2 germinal an 11 *, promulg. le* 12 *, tit.* 7 *, ch.* 3 *, sect.* 2 *, art.* 332 *, cod. civil.* (Voyez *paternité , maternité.*).

Enfans naturels *succèdent à défaut d'héritiers légitimes,* au préjudice de l'époux et de la république. (Voyez *successions.*)

Par cette dénomination, la loi n'entend pas parler

des enfans incestueux ou adultérins. Ceux-ci ne succèdent pas; ils n'ont droit qu'à des alimens.

La loi n'entend aussi parler, que des enfans naturels reconnus. (Voyez *plus bas.*)

Dans ce cas, l'enfant naturel doit faire apposer les scellés et faire faire inventaire dans les formes prescrites pour l'acceptation des successions, sous bénéfice d'inventaire.

Il doit demander l'envoi en possession au tribunal de première instance;

Il doit faire emploi du mobilier et donner caution, pour assurer la restitution, dans le cas où il se présenteroit des héritiers dans les trois ans; faute de quoi il pourroit être condamné aux dommages intérêts, s'il s'en représente. (Voyez *succession*, (*lorsque le défunt ne laisse ni parens au degré sucessible,* &c. ,) *époux.*

ENFANS NATURELS, NE POURRONT, PAR DONATION ENTREVIFS OU PAR TESTAMENT, RIEN RECEVOIR au-delà de ce qui leur est accordé au titre des successions.

Décret du 13 floréal an 11 , promulgué le 23; chap. 1 , art. 198 , code civil.

Il n'est question que des enfans naturels qui, aux termes de la loi, pouvoient être reconnus, et l'auront été. (Voyez *enfant non reconnu, paternité.*)

ENFANS NATURELS. L'état et les droits des enfans nés hors mariage, dont les pères et mères sont morts depuis la promulgation de la loi du 12 brumaire an 2 jusqu'à la promulgation des titres du code civil sur la *Paternité et la Filiation*, et sur les *Successions*, seront réglés de la manière prescrite par ces titres.

Décret du 14 floréal an 11, promulgué le 24.

Néanmoins, les dispositions entre-vifs ou testamentaires, antérieures à la promulgation des mêmes titres du code civil, et dans lesquelles on auroit fixé les droits de ces enfans naturels, seront exécutées, sauf la réduction à la quotité disponible aux termes du code civil, et sauf aussi un supplément, conformément à l'article 51 de la loi sur les *successions*, dans le cas où la portion donnée ou léguée seroit inférieure à la moitié de ce qui devroit revenir à l'enfant naturel, suivant la même loi. *Id.*, art. 2.

Les conventions et les jugemens passés en force de chose jugée, par lesquels l'état et les droits desdits enfans naturels auroient été réglés, seront exécutés selon leur forme et teneur. *Id.*, art. 3.

ENFANT NATUREL, qui n'a point été reconnu, et celui qui, après l'avoir été, a perdu ses père et mère, ou dont les père et mère ne peuvent manifester leur volonté, ne pourra, avant l'âge de vingt-cinq ans révolus, se marier qu'après avoir obtenu le consentement d'un tuteur *ad hoc* qui lui sera nommé.

Décret du 26 ventose an 11, promulgué le 6 germinal, tit. 5, chap. 1, art. 153, code civil. (Voyez *acte respectueux.*)

EMANCIPATION. Le mineur est émancipé de plein droit par le mariage.

Décret du 5 germinal an 11, prom. le 16, tit. 10, chap. 3, art. 470, code civil.

Le mineur même non marié, pourra être émancipé par son père, ou à défaut de père, par sa mère, lorsqu'il aura atteint l'âge de quinze ans révolus.

Cette émancipation s'opérera par la seule déclaration du père ou de la mère, reçue par le juge de paix, assisté de son greffier. *Id.*, art. 471.

Le mineur resté sans père ni mère, pourra aussi, mais seulement à l'âge de dix-huit ans accomplis, être émancipé, si le conseil de famille l'en juge capable.

En ce cas, l'émancipation résultera de la délibération qui l'aura autorisée, et de la déclaration que le juge de paix, comme président du conseil de famille, aura faite dans le même acte que le mineur est émancipé. *Id.*, art. 472.

Lorsque le tuteur n'aura fait aucune diligence pour l'émancipation du mineur, dont il est parlé dans l'article précédent, et qu'un ou plusieurs parens de ce mineur, au degré de cousins-germains ou à des degrés plus proches, le jugeront capable d'être émancipé, ils pourront requérir le juge de paix de convoquer le conseil de famille, pour délibérer à ce sujet.

Le juge de paix devra déférer à cette réquisition. *Idem*, art. 473.

☞ En se référant à ce qui est statué à l'égard des maris, des sœurs germaines, relativement aux conseils de famille, où ils doivent être admis, au préjudice des autres parens, ceux-ci peuvent provoquer l'émancipation.

EMPRUNT *à la charge du mineur*, ne peut avoir lieu qu'avec l'autorisation du conseil de famille, homologuée. (Voyez *tuteur.*)

ENLÈVEMENT (dans le cas d') LORSQUE L'ÉPOQUE DE CET ENLÈVEMENT se rapportera à celle de la conception, le ravisseur pourra être sur la demande des parties intéressées, déclaré père de l'enfant.

Décret du 2 germinal an 11, promulgué le 12, tit. 7, chap. 3, sect. 2, art. 334, code civil.

☞ Le jugement devra valoir titre authentique de reconnoissance. (Voyez *reconnoissance.*)

ÉPOUX, SE DOIVENT MUTUELLEMENT fidélité, secours et assistance.

Décret du 26 ventose an 11, prom. le 6 germ. titr. 5, chap. 6, art. 206, code civil.

Époux, *dont le consentement n'auroit pas été libre lors de son mariage*, ou qui l'auroit contracté par erreur, peut en demander la nullité; mais cette demande ne sera plus recevable, toutes les fois qu'il y aura eu co-habitation continuée, pendant six mois, depuis qu'il aura acquis sa pleine liberté, ou que l'erreur aura été par lui reconnue. (Voyez *nullité*.)

Époux (l') *seul dont le consentement n'a pas été libre, ou qui a contracté mariage par erreur*, peut l'attaquer, pourvu qu'il n'y ait pas eu co-habitation continuée, pendant six mois, depuis que l'époux a acquis sa liberté, ou que l'erreur a été par lui reconnue. (Voyez *nullité*.)

Il le peut aussi, pour défaut de publications. (Voyez *idem*.)

Époux, *ne peut demander la nullité de son mariage*, faute de consentement requis toutes les fois que le mariage a été depuis approuvé tacitement ou expressément par ceux dont le consentement étoit nécessaire, ou lorsqu'il s'est écoulé une année sans réclamation de leur part, depuis la connoissance qu'ils ont eue du mariage, ou depuis qu'il a atteint l'âge compétent pour consentir par lui-même au mariage. (Voyez *nullités, mariage.*)

Époux, *peut demander la nullité de tout mariage prohibé*, (voyez *nullités ;*) néanmoins, il ne le peut pour défaut d'âge, lorsqu'il s'est écoulé six mois, depuis qu'il a acquis l'âge compétent, ou lorsque la femme qui n'avoit point acquis cet âge a conçu avant l'échéance des six mois. (Voyez *nullités*, *mariage*.)

ÉPOUX, *dont le mariage est subsistant, peut demander la nullité du second*, qu'auroit pu contracter l'autre époux. (Voyez *mariage*, *nullités*.)

ÉPOUX COMMUN EN BIENS, POURRA, EN CAS D'ABSENCE juridiquement déclarée, accepter ou renoncer à la communauté.

S'il opte pour la continuation de la communauté, il pourra empêcher l'envoi provisoire, et l'exercice provisoire de tous les droits subordonnés à la condition du décès, et prendre et conserver, par préférence, l'administration des biens de l'absent.

Si l'époux, demande la dissolution provisoire de la communauté, il exercera ses reprises, et tous ses droits légaux et conventionnels, à la charge de donner caution pour les choses susceptibles de la restitution.

La femme, en optant pour la continuation de la communauté, conservera le droit d'y renoncer ensuite.

Décret du 24 ventôse an 11, promulgué le 4 germinal, titre 4, chap. 3, art. 124, code civil.

ÉPOUX (l') *d'un condamné à des peines emportant mort civile*, peut exercer les droits et actions auxquels la mort donneroit ouverture. (Voyez *mort civile.*)

ÉPOUX DONT LE CONJOINT ABSENT n'a point laissé de parens habiles à lui succéder, pourra demander l'envoi en possession provisoire de ses biens.

Décret du 24 ventôse an 11, prom. le 4 germinal, titr. 4, chap. 3, sect. 3, art. 140, code civil. (Voyez *absent, possession.*)

ÉPOUX *qui ont des enfans ou descendans légitimes,* ne peuvent faire acte d'adoption envers qui que ce soit.

Ils ne le peuvent non plus, s'ils ont moins de cinquante ans ; et s'ils n'ont encore au moins quinze ans de plus que ceux qu'ils se proposent d'adopter.

Ils ne peuvent exercer cette faculté, qu'envers un individu auquel ils auront dans sa minorité, et pendant six ans, au moins, fourni des secours ou des soins non interrompus, ou envers un individu qui aura sauvé la vie à l'un d'eux, dans un combat, ou qui l'aura retiré des flammes ou des flots. Dans ce cas, l'âge des époux sera indifférent, pourvu que l'adoptable soit majeur, et plus âgé que l'adoptant qui lui aura une aussi grande obligation.

Ils ne pourront exercer cette faculté, si l'adoptable n'est majeur de vingt-cinq ans, sans le consentement de ses père et mère, ou du survivant d'eux.

Si l'adoptable a plus de vingt-cinq ans, les époux ne pourront faire acte d'adoption envers lui, s'il ne rapporte acte qui constate, qu'il a requis le conseil de ses père et mère ou du survivant. (*Voyez adoption.*)

ÉPOUX PEUT PROVOQUER L'INTERDICTION de l'autre époux, pour imbécillité, démence ou fureur, même lorsque cet état présente des intervalles lucides.

Décret du 8 germinal an XI, prom. le 18, tit. 11, chap. 2, art. 484, cod. civil.

ÉPOUX *ne succèdent* qu'à défaut d'héritiers légitimes et d'enfans naturels reconnus. (*Voyez successions, enfant naturel, paternité.*)

ÉPOUX *survivant*, lorsque le défunt ne laisse ni parens au degré successible, ni enfans naturels, (légalement reconnus) les biens de la succession appartiennent au conjoint non divorcé qui lui survit.

Mais le conjoint survivant qui prétendroit à la succession, sera tenu de faire apposer les scellés, et de faire faire inventaire dans les formes prescrites pour l'acceptation des successions sous bénéfice d'inventaire.

Il devra demander l'envoi en possession, en justice ;

Faire emploi du mobilier, donner caution, pour

assurer la restitution, au cas qu'il se représente des héritiers dans les trois ans.

Faute de ce, s'il s'en représentoit, il pourroit être condamné en leurs dommages, intérêts. (Voy. *succession*, (*lorsque le défunt ne laisse ni parent au degré successible*, &c.)

Époux *divorcés* ne pourront pas être remariés ensemble. (Voyez *divorce*.)

Époux *divorcés par consentement mutuel* ne pourront contracter un nouveau mariage, que trois ans après le divorce prononcé. (Voyez *divorce, enfans.*)

Époux *jugé coupable d'adultère*, et dont le divorce aura été admis en justice, pour cette cause, ne pourra jamais se marier avec son complice. (Voy. *divorce.*)

ÉPOUX CONTRE LEQUEL LE DIVORCE AURA ÉTÉ ADMIS, perdra tous les avantages que l'autre époux lui avoit faits, soit par leur contrat mariage, soit depuis le mariage contracté.

L'époux qui aura obtenu le divorce, conservera les avantages à lui faits par l'autre époux, encore qu'ils aient été stipulés réciproques, et que la réciprocité n'ait pas lieu.

Si les époux ne s'étoient fait aucun avantage, ou si ceux stipulés ne paroissoient pas suffir pour assurer la subsistance de l'époux qui a obtenu le divorce, le tribunal pourra lui accorder , sur les biens de l'autre époux , une pension alimentaire , qui ne pourra excéder le tiers des revenus de cet autre époux. Cette pension sera révocable, dans le cas où elle cesseroit d'être nécessaire.

Décret du 30 ventose an 11 , promulgué le 10 germinal, tit. 5 , chap. 4 , art. 293 , 294 et 295 , des effets du divorce.

Époux *peuvent se faire par contrat de mariage ,* telle donation qu'ils jugeront à propos. (Voyez *donation entre époux.*)

Estimation *d'immeubles à partager ,* doit avoir lieu par experts.

Estimation pour même cause, doit être faite à juste prix et sans crue. (Voyez *partage.*)

ÉTRANGER (l') jouira en France des mêmes droits civils , que ceux qui sont ou seront accordés aux Français , par les traités de la nation à laquelle cet étranger appartiendra.

Décret du 17 ventose an 11 , promulg. le 27 , tit. 1, ch. 1, art. 11 , code civil. (Voyez *droits civils, enfans.*)

ÉTRANGER (l') non résidant en France pourra y être cité devant les tribunaux, pour les obligations qu'il aura contractées avec un Français, ou pour celles qu'il aura contractées envers des Français, hors de la France.

Décret du 17 ventose an 11, promulgué le 27, tit. 1, chap. 1, art. 14, code civil. (Voyez loix.)

ÉTRANGER (l') QUI AURA ÉTÉ ADMIS A ÉTABLIR SON DOMICILE EN FRANCE, y jouira de tous les droits civils, tant qu'il continuera d'y résider.

Décret du 17 ventose an XI, promulgué le 27, tit. 1, chap. 1, art. 13, cod. civil. (Voyez droits civils, français.)

ÉTRANGÈRE (l') QUI AURA ÉPOUSÉ UN FRANÇAIS, suivra la condition de son mari.

Décret du 27 ventose an XI, prom. le 17, tit. 1, ch. 1, art. 12, cod. civ. (Voyez droits civils, français, enfant, femme, mariage.)

ÉTRANGER N'EST ADMIS A SUCCÉDER aux biens que son parent, étranger ou français possède dans le territoire de la république, que dans les cas et de la manière dont un Français succède à son parent possédant des biens dans le pays de cet étranger, conformément aux dispositions relatives à la *jouissance des droits civils.*

Décret du 29 germinal an 11, prom. le 9 floréal; titre 1, chapitre 2, art. 16, code civil. (Voyez indignes.)

ÉTRANGER *n'est capable de recueillir* les fruits

d'une

d'une déposition entrevifs ou testamentaire faite à son profit, qu'autant qu'il peut lui-même, selon les lois de son pays ou les traités, disposer de même en faveur d'un Français. (Voyez *dispositions.*)

ÉTRANGER, EN TOUTE MATIÈRE, AUTRE QUE CELLE DE COMMERCE, l'étranger demandeur sera tenu de donner caution pour le paiement des frais et dommages - intérêts, à moins qu'il ne possède en France des immeubles, pour assurer ce paiement.

Décret du 17 ventose an 11, promulgué le 27, tit. 1, chap. 1, art. 16, cod. civil.

EXCLUS DE LA TUTELLE, la condamnation à une peine afflictive ou infamante, emporte de plein droit l'exclusion de la tutelle, elle emporte de même la destitution, dans le cas où il s'agiroit d'une tutelle antérieurement déférée.

Décret du 5 germinal an 11, promulg. le 16, tit. 10, ch. 2, art. 437.

Sont aussi exclus de la tutelle, et même destituable, s'ils sont en exercice.

1.º Les gens d'une inconduite notoire ;

2.º Ceux dont la gestion attesteroit l'incapacité ou l'infidélité.

Tout individu qui aura été exclus ou destitué d'une

tutelle, ne pourra être membre d'un conseil de famille. *Id.*, art. 438 et 439.

EXCLUS de succéder. Pour succéder, il faut exister, (naturellement et civilement dans la société) à l'instant de l'ouverture de la succession.

Ainsi sont incapables de succéder :

1.º Celui qui n'est pas encore conçu;

2.º L'enfant qui n'est pas né viable ;

3.º Celui qui est mort civilement.

Décret du 29 germinal an 11, promulg. le 9 floréal, ch. 2, art. 15 cod. civil.

L'enfant naturel non reconnu. (Voyez *enfant naturel non reconnu, paternité.*)

EXCUSES d'accepter la tutelle.

☞ Ces excuses devront être proposées, aussitôt la nomination, au conseil de famille, si la personne nommée tuteur y est présente, ou à un autre qui sera convoqué exprès à sa diligence, dans le délai de trois jours, à compter de la notification qui lui aura été faite de ladite délibération.

Si le tuteur nommé est présent, à la délibération (du conseil de famille) qui lui défère la tutelle, il devra, *sur-le-champ, et sous peine d'être déclaré non recevable dans toute réclamation ultérieure*, proposer ses excuses, sans lesquels le conseil de famille délibérera.

Décret du 5 germinal an 11, promulg. le 16, tit. 10, ch. 2, sect. 6, art. 432.

Si le tuteur nommé n'a pas assisté à la délibération qui lui a déféré la tutelle, il pourra faire convoquer le conseil de famille pour délibérer sur ses excuses.

Ses diligences à ce sujet, devront avoir lieu, dans le délai de trois jours, à partir de la notification qui lui aura été faite de sa nomination, lequel délai sera augmenté d'un jour par trois miriamètres de distance du lieu de son domicile, à celui du l'ouverture de la tutelle ; passé ce délai, il sera non recevable. *Id., art.* 433.

Si ses excuses sont rejettées, il pourra se pourvoir devant les tribunaux pour les faire admettre ; mais il sera pendant ce litige, tenu d'administrer provisoirement. *Id.*, art. 434.

S'il parvient à se faire exempter de la tutelle, ceux qui auront rejetté l'excuse, pourront être condamnés aux frais de l'instance.

S'il succombe, il y sera condamné lui-même. *Id.*, art. 435.

☞ Les excuses d'accepter les fonctions de tuteur doivent avoir pour motifs, ceux qui se trouvent consignés dans les articles de la loi qui vont suivre.

Tout citoyen non allié (du mineur) ne peut être forcé d'accepter la tutelle, que dans le cas où il n'existeroit pas dans la distance de quatre miria mètres , des parens ou alliés en état de gérer la tutelle. *Id.* art. 426.

Tout individu âgé de soixante-cinq accomplis, peut refuser d'être tuteur, celui qui aura été nommé avant cet âge , pourra à soixante-dix-ans se faire décharger de la tutelle. *Id.* , art. 427.

Tout individu atteint d'une infirmité grave et duement justifiée, est dispensé de la tutelle.

Il pourra même s'en faire décharger, si cette infirmité est survenue depuis sa nomination, *Idem*, art. 428.

Deux tutelles sont pour toutes personnes une juste dispense d'en accepter une troisième.

Celui qui , époux et père, sera déjà chargé d'une tutelle, ne pourra être tenu d'en accepter une seconde, excepté celle de ses enfans. *Id.*, art. 429.

Ceux qui ont cinq enfans légitimes sont dispensés de toute tutelle. autre que celle desdits enfans.

Les enfans morts en activité de service dans les armées de la République, seront toujours comptés pour opérer cette dispense.

Les autres enfans morts ne seront comptés, qu'autant qu'ils auront eux-mêmes laissé des enfans actuellement existans. *Id.*, art. 430.

La survenance d'enfans, pendant la tutelle, ne pourra autoriser à l'abdiquer. *Id.*, art. 431. (Voyez *incapacité de la tutelle.*)

EXÉCUTEURS testamentaires. *Le testateur pourra* nommer un ou plusieurs exécuteurs testamentaires.

Il pourra leur donner la saisie du tout ou seulement d'une partie de son mobilier; mais elle ne pourra durer au-delà de l'an et jour, à compter de son décès.

S'il ne la leur a pas donnée, ils ne pourront l'exiger.

Décret du 13 *floréal an* 11, *promulgué le* 23, *tit.* 2, *ch.* 4, *sect.* 7, *art.* 314, *code civil.* (Voyez *héritier.*)

Celui qui ne peut s'obliger ne peut pas être exécuteur testamentaire. *Idem,* art. 316, (Voyez *femme mariée, mineur.*)

Les exécuteurs testamentaires feront apposer les scellés, s'il y a des héritiers mineurs, interdits ou absents.

Ils feront faire en présence de l'héritier présomptif, ou lui duement appellé, l'inventaire des biens de la succession.

Ils provoqueront la vente du mobilier, à défaut de deniers suffisans pour acquitter les legs.

Ils veilleront à ce que le testament soit exécuté; et ils pourront, en cas de contestation sur son exécution, intervenir pour en soutenir la validité.

Ils devront, à l'expiration de l'année du décès du

testateur, rendre compte de leur gestion. *Idem*, art. 320.

S'il y a plusieurs exécuteurs testamentaires qui aient accepté, un seul pourra agir au défaut des autres; et ils seront solidairement responsables du compte du mobilier qui leur a été confié, à moins que le testateur n'ait divisé leurs fonctions, et que chacun d'eux ne se soit renfermé dans celle qui lui étoit attribuée. *Idem*, art. 322.

Les pouvoirs de l'exécuteur testamentaire ne passeront point à ses héritiers. *Idem*, art. 321.

Les frais faits par les exécuteurs testamentaires pour l'apposition des scellés, l'inventaire, le compte et les autres frais relatifs à ses fonctions, seront à la charge de la succession. *Idem*, art. 323.

EXPERTS *pour estimation* d'immeubles à partager, doivent être choisis, ou nommés d'office. (Voyez *partage*.

EXERCICE (l') *de fonction publique*, temporaire ou révocable, ne prouve pas le changement de domicile, si celui qui exerce les fonctions n'a pas manifesté d'intention à cet égard. (Voyez *domicile*.)

EXTRAIT (les) DÉLIVRÉS CONFORMES AUX REGISTRES, et légalisés par le président du tribunal de première instance, ou par le juge qui le remplacera, feront foi jusqu'à inscription de faux.

☞ Toute personne pourra se faire délivrer par les dépositaires de l'état civil, des extraits de ces registres.

Décret du 30 ventose an XI, promulgué le 30, tit. 2, ch. 1, art. 45, code civil.

EXTRAIT *de publication pour mariage. (Voyez publications.)*

F

FEMME *de moins de quinze ans révolus* ne peut contracter mariage, sans dispense d'âge. (Voyez *mariage.*)

FEMME DOIT OBÉISSANCE A SON MARI.

Décret du 26 ventose an 11, prom. le 6 germinal, tit. 5, chap. 6, art. 207, code civil.

FEMME EST OBLIGÉE D'HABITER avec le mari, et de le suivre par-tout où il trouve à propos de résider. Le mari est obligé de la recevoir, et de lui fournir tout ce qui est nécessaire pour le besoin de la vie, selon ses facultés et son état.

Décret du 26 ventose an 11, prom. le 6 germinal, tit. 5, chap. 6, art. 208, code civil.

FEMME (la) MARIÉE n'a point d'autre domicile que celui de son mari.

Décret du 23 ventose an 11, promulgué le 3 germinal, tit. 3, art. 108, code civil.

Femme *ne peut quitter le domicile de son mari,* même dans le cas de divorce, qu'en vertu de permission ou d'autorisation de justice. (Voyez *formalités du divorce.*)

FEMME (une) **française qui épousera un étranger** suivra la condition de son mari.

Si elle devient veuve elle recouvre la qualité de Française, pourvu qu'elle réside en France ou qu'elle y rentre avec l'autorisation du gouvernement, et en déclarant qu'elle veut s'y fixer.

Décret du 17 ventose an 11, promulgué le 27, titre 1, chap. 2, sect. prem., art. 19, code civil. (Voyez *Français.*)

FEMME (la) **ne peut contracter un nouveau mariage** qu'après dix mois révolus, depuis la dissolution du précédent.

Décret du 26 ventose an 11, promulgué le 6 germinal, tit. 5, chap. 8, art. 222, code civil.

FEMME, même majeure, ne peut ester en jugement ni contracter qu'après s'être fait autoriser par le juge, lorsque le mari est frappé d'une condamnation emportant peine afflictive ou infamante, encore qu'elle n'ait été prononcée que par contumace, pendant la durée de la peine. En ce cas, le juge peut donner l'autorisation, sans que le mari ait été entendu ou appellé.

Décret du 26 ventose an 11, promulgué le 6 germinal, tit. 5, chap. 6, art. 215, code civil.

Si le mari est interdit, ou absent, le juge peut, en connoissance de cause, autoriser la femme, soit pour ester en jugement, soit pour contracter. *Id.* art. 216.

Si le mari est mineur, l'autorisation du juge est nécessaire à la femme, soit pour ester en juge-ment, soit pour contracter. *Idem*, art. 218.

Toute autorisation générale, même stipulée par contrat de mariage, n'est valable que quant à l'ad-ministration des biens de la femme. *Idem*, art. 218. (Voyez *nullité.*)

FEMME NE PEUT ESTER EN JUGEMENT sans l'au-torisation de son mari, quand même elle seroit marchande publique, ou non commune, ou sé-parée de biens.

Décret du 26 ventose an 11, promulgué le 6 ger-minal, tit. 5, chap. 6, art. 209, code civil.

Si le mari refuse d'autoriser sa femme à ester en jugement, le juge peut donner l'autorisation. *Idem*, art. 212. (Voyez *marchande publique.*)

L'autorisation du mari n'est pas nécessaire, lorsque la femme est poursuivie en matière criminelle ou de police. *Id.*, art. 210.

FEMME MÊME NON COMMUNE OU SÉPARÉE DE BIENS, ne peut donner, aliéner, hypothéquer, acquérir à titre gratuit ou onéreux, sans le concours du mari dans l'acte, ou sans son consentement par écrit.

Décret du 26 ventose an XI, promulgué le 6 germinal, tit. 5, chap. 6, art. 211, code civil.

Si le mari refuse d'autoriser sa femme à passer un acte, la femme peut faire citer son mari directement devant le tribunal de première instance de l'arrondissement du domicile commun, qui peut donner ou refuser son autorisation, après que le mari aura été entendu ou duement appellé en la chambre du conseil. *Id.*, art. 213.

FEMME MARIEE NE POURRA ACCEPTER UNE DONATION sans le consentement de son mari, en cas de refus du mari, sans autorisation de la justice.

Décret du 13 floréal an 11, promulgué le 23, titre 2, chap. 3, section prem., art. 224, code civil.

FEMME MARIEE NE POURRA DONNER ENTRE VIFS, sans l'assistance ou le consentement spécial de son mari, ou sans y être autorisée par la justice.

Décret du 13 floréal an 11, promulgué le 23, chap. 1ᵉʳ., art. 195, code civil.

Elle n'aura besoin ni du consentement de son mari, ni de l'autorisation de la justice, pour disposer par testament. *Ibid.*

FEMMES (les) MARIÉES NE PEUVENT PAS VALABLEMENT ACCEPTER UNE SUCCESSION, sans l'autorisation de leur mari, ou de justice, conformément aux dispositions de la loi, *sur les droits et les devoirs respectifs des époux.*

Décret du 29 germinal, promulgué le 9 floréal; titre 1, chap. 5, sect. 1, art. 66. Code civil.

FEMMES (les) DE GRÉVÉS (DE RESTITUTION DE BIENS à eux donnés ou légués) ne pourront avoir sur les biens à rendre, de recours subsidiaires en cas d'insuffisance des biens libres, que pour le capital des biens dotaux, et dans le cas seulement ou le testateur l'auroit expressément ordonné.

Décret du 13 floréal an 11, promulgué le 23, tit. 2, chap. 5, art. 343, code civil.

FEMME MARIÉE NE POURRA ACCEPTER L'EXÉCUTION TESTAMENTAIRE, qu'avec le consentement de son mari.

Si elle est séparée de biens, soit par contrat de mariage, soit par jugement, elle le pourra avec le consentement de son mari, ou à son refus, autorisée par la justice.

Décret du 13 floréal an 11, promulgué le 23, titre 2, ch. 4, sect. 7, art. 318, code civil.

FEMME (la) POURRA ÊTRE NOMMÉE TUTRICE DE SON MARI (interdit), en ce cas, le conseil de famille réglera la forme et les conditions de l'administration, sauf le recours devant les tribunaux, de la part de la femme qui se croiroit lésée, par l'arrêté de sa famille.

Décret du 8 germinal an 11, *promulgué le* 18, *titre* 11, *chap.* 2, *art.* 501, *code civil.*

☞ La rédaction de cet article n'est pas claire. Il en résulte bien que la femme pourra être, ou ne pas être nommée tutrice de son mari; mais dans lequel de l'un de ces cas, le conseil de famille réglera-t-il la forme et les conditions de l'administration. Cette *administration* ne peut avoir pour objet que le personnel de l'interdit; car celle de ses biens est réglée d'avance par la loi : la femme tutrice ne pourra pas plus abuser à cet égard, qu'à l'égard du bien de ses enfans; les effets et les suites de la tutelle d'un interdit ne devant être que les mêmes de toute autre tutelle.

Dès que *l'administration* dont il peut seulement être ici question, n'a de rapport qu'au personnel, ce seroit faire injure à la femme, que de la faire régler quant à elle; et surement les législateurs n'ont pas eu cette intention.

D'un autre côté, si l'on prend cet article en totalité, et ainsi qu'il est rédigé, l'injure faite à la femme devient plus criante; car il en faut nécessairement conclure, que le conseil de famille ne réglera la forme et les conditions de *l'administration*, que dans le cas où la femme seroit nommée tutrice, et que ce réglement n'auroit pas lieu quant à tout autre; car, dans le sens de la rédaction de l'article, telle qu'elle est, la loi ne dit rien, quant aux étrangers.

Sauf le recours devant les tribunaux, de la part de

la femme. Cette disposition, dans le sens de l'article actuel n'a aucun objet, et ne peut en avoir aucun.

Si la femme est nommée tutrice, elle ne pourra décemment au moins refuser la tutelle. D'ailleurs, la tutelle d'un interdit est assimilée à celle du mineur, la tutelle du mineur ne peut être refusée par la mère ; le droit de refuser une tutelle de mineur, n'est donné qu'aux étrangers à la famille, ainsi le recours de la femme aux tribunaux ne peut avoir lieu, quant à sa nomination, reste donc le réglement *d'administration*; mais puisque la loi le veut, er le veut impérieusement, le recours sera inutile.

D'après cette discussion, il semble qu'il est prouvé que l'article ne peut rester tel qu'il est.

Qu'au lieu de dire, *la femme pourra être*, il faut dire : *la femme pourra ne pas être nommée tutrice de son mari.*

Cette rédaction rétablit tout le sens que doit avoir l'article, et relativement à la femme et relativement aux étrangers.

Relativement à la femme, si elle n'est pas nommée tutrice, et qu'elle s'en trouve lésée, c'est-à-dire, offensée, elle se pourvoira devant les tribunaux.

A l'égard de tout autre, la disposition qui veut que le conseil de famille règle la forme et les conditions de l'administration est sage. Ils ne peuvent s'en plaindre, parce qu'il peut y avoir du danger pour l'interdit, de faire autrement.

Cette nouvelle rédaction ne prête à aucun inconvénient. Il en résulte que, si c'est la femme qui est tutrice, la loi s'en remet, à l'égard de son mari, pour l'administration de son personnel à l'amitié qu'elle lui doit, qu'elle lui porte, et l'intérêt qu'il doit lui inspirer.

Elle lui donne cette administration, sans condition, comme elle lui donne, sans condition, l'administration du personnel de ses enfans mineurs, cette confiance honore également, et la législation et les mœurs. Dans l'état où se trouve la rédaction actuelle, elle choque les uns et les autres.

FEMME *divorcée pour cause détermnée* ne pourra se marier que dix mois après le divorce. (Voyez *divorce.*)

FEMME ADULTÈRE, *dont le divorce aura été admis en justice pour cette cause*, sera condamnée par le même jugement, et sur la réquisition du minis-tère public, à la réclusion, dans une maison de correction. (Voyez *divorce, séparation de corps.*)

FEMME *séparée pour toute autre cause que l'adul-tère*, pourra après trois ans, demander le divorce; si son mari persiste dans sa séparation d'avec elle. (Voyez *de la séparation de corps*, à la suite des for-malités du divorce.)

FRAIS *de nourriture, entretien, éducation, appren-tissage, équipement ordinaire, nôces, présent d'usage* ne sont pas sujet à rapport. (Voyez *rapport.*)

FRAIS *de scellés et d'inventaire* d'une succession bénéficiaire, sont à la charge de cette succession. (Voyez *héritier bénéficiaire.*)

FRAIS *d'inventaire à cause de substitution* ou restitution de biens à venir, sont supportés par ceux compris en la dispostion, soit entrevifs, soit testamentaire qui l'a ordonnée. (Voyez *inventaire.*)

FRAIS *de demande en délivrance de legs à titre particulier* seront à la charge de la succession. (Voyez *legs particulier*) C'est le seul legs qui jouisse de cette faveur. (Voyez *legs universel, legs à titre universel et légataires à ces deux titres.*) Il n'y en est pas question.

FRANÇAIS (le) QUI SANS AUTORISATION DU GOUVERNEMENT prendroit du service militaire chez l'étranger, ou s'affilieroit à une corporation militaire étrangère, perdra sa qualité de Français.

Il ne pourra rentrer en France qu'avec la permission du gouvernement, et recouvrer la qualité de Français, qu'en remplissant les qualités imposées à l'étranger pour devenir citoyen; le tout, sans préjudice des peines prononcées par la loi criminelle contre les Français qui ont porté ou qui porteront les armes contre leur patrie.

Décret du 17 ventose an XI, promulgué le 27, titte I, chap. 2, sect. prem. art. 21, code civil. (Voyez *étranger.*)

FRANÇAIS (un) POURRA ÊTRE TRADUIT devant un tribunal de France, pour des obligations par lui contractées en pays étrangers, même avec un étranger.

Décret du 17 ventose an XI, promulgué le 27, titre 1, chap. 1, art. 15, code civil. (Voyez *lois, Français.*)

FRANÇAIS (le) QUI AURA PERDU SA QUA-LITÉ DE FRANÇAIS pourra toujours la recouvrer en rentrant en France avec l'autorisation du gouvernement; en déclarant qu'il veut s'y fixer, et qu'il renonce à toutes distinctions contraires à la loi française.

Décret du 17 ventose an XI, promulgé le 27, titre 1, chap. 2, sect. prem. art. 18, code civil.

Les individus qui recouvreront la qualité de Français, dans les cas prévus par les art. 10, 18 et 19, ne pourront s'en prévaloir qu'après avoir rempli les conditions qui lui sont imposées par ces articles, et seulement pour l'exercice des droits ouverts à leur profit depuis cette époque. *Idem,* art. 20. (Voyez *enfant, femmes.*)

FRANÇAIS (la qualité de) SE PERD;

1.º Par la naturalisation en pays étranger;

2.º Par l'acceptation, non autorisée par le gouvernement, de fonctions publiques, conférées par un gouvernement étranger;

3.º Par l'affiliation à toute corporation étrangère qui exigera des distinctions de naissance;

4.º

4.º. Enfin, par tout établissement fait en pays étranger, sans esprit de retour.

Les établissemens de commerce ne pourront jamais être considérés, comme ayant été faits sans esprit de retour.

Décret du 17 ventose an XI, promulgué le 27, titre 1, chap. 2, sect. prem., art. 17, code civil.

FRAUDE, *commise par un officier public*, afin de priver des époux du moyen de justifier de la célébration légale de leur mariage donne lieu à l'action criminelle. (Voyez *possession d'état, registres.*)

FRÈRES, *consanguins.* (Voyez *ce dernier mot.*)

FRÈRES *germains.* (Voyez *ce dernier mot.*)

FRÈRES *utérins.* (Voyez *ce dernier mot.*)

FRÈRES ET SŒURS OU LEURS DESCENDANS, EN CAS DE PRÉDÉCÈS DES PÈRE ET MÈRE D'UNE PERSONNE MORTE SANS POSTÉRITÉ sont appelés à l'exclusion des ascendans et des autres collatéraux.

Ils succèdent, ou de leur chef ou par représentation.

Décret du 29 germinal an 11, promulgué le 9 floréal, chap. 2, sect. 5, art. 40, code civil. (Voyez *succession, partage, représentation.*)

FRÈRES ET SŒURS *de différents lits* appellés à recueillir une succession en font deux parts égales, une pour la branche paternelle, une pour la branche maternelle. (Voyez *succession, partage, frères et sœurs, consanguins et utérins.*)

K

Frères *du donateur ou testateur*, peuvent être gré‑ vés de substitution, mais seulement en faveur de tous leurs enfans nés ou à naître, et sans préférence d'âge ou de sexe. (Voyez *substitution*.)

Frère, *d'abord simple donataire entrevifs*, à qui il sera fait une une nouvelle libéralité, par dona‑ tion ou testament, à charge de restitution des pre‑ miers biens donnés, et qui aura accepté cette se‑ conde libéralité, ne pourra les diviser, quand bien même il offriroit d'abandonner et remetre les objets de cette seconde libéralité. (Voyez *substitution*.)

FILIATION des enfans légitimes se prouve par les actes de naissance inscrits sur le registre de l'état civil.

Décret du 2 germinal an XI, promulgué le 12, tit. 7, chap. 2, art. 313, code civil.

A défaut de ce titre, la possession constante de l'état d'enfant légitime suffit. *Id.*, art. 314. (Voyez *possession d'état.*)

Filiation *peut se prouver* par écrit et témoins, à défaut de titre de naissance ou de possession cons‑ tante d'état. (Voyez *possession d'état.*)

L'action en réclamation d'état, est imprescrip‑ tible. (Voyez *possession d'état, action.*)

FILS venant de son chef à la succession du donateur, n'est pas tenu de rapporter le don fait à son père, même quand il auroit accepté la succession de celui-ci ; mais si le fils ne vient que par représentation, il doit rapporter ce qui avoit été donné à son père, même dans le cas où il auroit répudié sa succession.

Décret du 29 germinal an XI, prom. le 9 floréal, tit. 1, chap. 6, sect. 2, art. 138, code civil.

FONCTIONS (l'acceptation de) *conférées à vie* emporte translation de domicile. (Voyez *domicile.*)

FOU *ou atteint de démence*, ne peut ni *donner*, ni *tester*. (Voyez *testament*, *donation*.)

FRUITS ET INTÉRÊTS DE CHOSES SUJETTES A RAPPORT, ne sont dus, qu'à compter du jour de l'ouverture de la succession.

Décret du 29 germinal an XI, prom. le 9 floréal, tit. 1, chap. 6, sect. 2, art. 146, code civil.

FURIEUX, *ne peut* ni *donner*, ni *tester*. (Voyez *testament*, *donation*.)

FURIEUX *doit être interdit*. (Voyez *interdiction*, commissaire du gouvernement.)

GARANTIE *d'un co-héritier vis-à-vis d'un autre,* *pour éviction* d'un bien qui lui est échu par partage a lieu, s'il n'y a stipulation contraire entr'eux; elle cesse, si c'est par sa faute qu'il l'a soufferte. (Voyez *partage.*)

GARANTIE PAR PARTAGE, DE LA SOLVABILITÉ DU DÉBITEUR D'UNE RENTE, ne peut être exercée que dans les cinq ans qui suivent ce partage.

Il n'y a pas lieu à garantie de l'insolvabilité du débiteur, quand elle n'est survenue que depuis le partage consommé.

Décret du 29 germinal an XI, prom. le 9 floréal, tit. 1, chap. 6, sect. 4, art. 176, code civil.

GRÉVÉ *de substitution* ou restitution, doit faire emploi de tous deniers provenant de la donation ou legs qui lui a été faite, à charge de restitution. (Voyez *substitution, deniers.*)

GREFFIER *du juge de paix est dépositaire des testaments faits en mer,* qui lui sont adressés par le ministre de la marine. (Voyez *testaments faits en mer.*)

GENDRE, *doit des aliments à son beau-père et à sa belle-mère.* (Voyez *obligations qui naissent du mariage.*)

Germains, *frères ou sœurs*, partagent par égale portion la succession qui leur est échue. (Voyez *succession*, *partage*.)

H

Héritiers *légitimes* sont les enfans et descendans du défunt, (provenus de mariage) ses ascencendans et ses collatéraux, frères et sœurs, neveux et petits neveux, par représentation des frères et sœurs, jusqu'au douzième degré. (Voyez *successions*, *représentations*, *enfans naturels*.)

Héritier, *le condamné à des peines emportant mort civile, ne peut être héritier.*

Ses héritiers peuvent exercer les droits et actions auxquels sa mort donneroit ouverture. (Voyez *mort civile*.)

HÉRITIER a trois mois pour faire inventaire à compter du jour de l'ouverture de la succession.

Il a de plus, pour délibérer sur son acceptation ou sur sa renonciation, un délai de quarante jours, qui commence à courir du jour de l'expiration des trois mois donné pour l'inventaire, ou du jour de la clôture de l'inventaire, s'il a été terminé avant les trois mois.

Si cependant il existe dans la succession des

objets suscesptibles de dépérir ou dispendieux à conserver, l'héritier peut, en sa qualité d'habile à succéder, et sans qu'on puisse en induire de sa part une acceptation, se faire autoriser par justice à procéder à la vente de ces effets.

Cette vente doit être faite par officier public, après les affiches et publications réglées, par le code de la procédure civile.

Décret du 29 germinal an 11, promulgué le 9 floréal, tit. 1, section 3, art. 85 et 86. (Voyez délai.)

HÉRITIERS (les) SONT TENUS DES DETTES et charges de la succession, personnellement pour leur part et portion virile, et hypothécairement pour le tout ; sauf leurs recours, soit contre leurs co-héritiers, soit contre les légataires universels, à raison de la part pour laquelle ils doivent y contribuer.

Décret du 29 germinal an XI, promulgué le 9 floréal, tit. 1, chap. 6, sect. 3, art. 163, code civil.

HÉRITIERS DE CELUI A QUI UNE SUCCESSION EST ÉCHUE, ET QUI EST DÉCÉDÉ sans l'avoir répudiée, ou sans l'avoir acceptée expressément ou tacitement, peuvent l'accepter ou la répudier de son chef.

Si ces héritiers ne sont pas d'accord pour accepter ou pour répudier la succession, elle doit être acceptée sous bénéfice d'inventaire.

Décret du 29 *germinal an XI, prom. le 9 floréal, tit. 1, chap.* 5*, sect. prem., art.* 71 *et* 72*, code civil.*

HÉRITIER (l') POURRA FAIRE CESSER LA SAISINE (TESTAMENTAIRE), en offrant de remettre aux exécuteurs testamentaires, une somme suffisante pour le paiement des legs mobiliers, ou en justifiant de ce paiement.

Décret du 13 *floréal an XI, promulgué le* 13*, tit.* 2*, chap.* 4*, sect.* 1*, art.* 316*, cod. civil.*

HÉRITIERS *ayant droit à la réserve* de la loi en leur faveur, sont saisis de plein droit, par la mort, de la totalité de l'hérédité d'un défunt, quand même il auroit fait par testament un legs universel en faveur de qui que ce soit.

Le légataire doit leur demander la délivrance de son legs à l'amiable ou en justice. (Voyez *legs universel, légataire universel.*)

HÉRITIERS, *ou leurs ayant cause, ont seuls droit de demander* la réduction des donations entre vifs, excédantes la quotité disponible. (Voyez *dispositions.*)

HÉRITIER QUI RENONCE, est censé n'avoir jamais été héritier. (Voyez *renonciation.*)

Héritiers (les) *qui auroient diverti ou recélé* des effets d'une succession, sont déchus de la faculté d'y renoncer : ils demeurent héritiers pures et simples, nonobstant leur renonciation, sans pouvoir prétendre aucune part dans les objets divertis ou recélés.

Décret du 29 germinal an XI, promulg. le 9 floréal, tit. 1, chap. 5, sect. prem., art. 82, code civil.

HÉRITIER qui renonce a la succession, peut retenir le don entrevifs, ou réclamer le legs à lui fait, jusqu'à concurrence de la portion disponible.

Décret du 29 germinal an 11, prom. le 9 floréal, tit. 1, chap. 6, sect. 2, art. 135, code civil.

Héritiers *pourront contester, toute reconnoissance d'enfant naturel* faite par le père ou la mère. (Voyez *reconnoissance.*)

Héritiers. *Les héritiers d'un mari mort, avant d'avoir fait sa réclamation contre la naissance contestée d'un enfant, issu de son mariage,* peuvent l'exercer à sa place, pourvu que la mort du mari soit arrivée dans l'intervalle du temsps où il auroit pu la faire lui-même. (Voyez *mari.*)

Héritiers *d'un enfant dont l'état a été supprimé,* et mort sans l'avoir réclamé, peuvent intenter pour lui et pour eux l'action qui y compéte.

Si cette action a été intentée par cet enfant, ils peuvent la suivre, quand, comment, dans quelles occasions, dans quels délais ? (Voyez *possession d'état.*)

HÉRITIER BÉNÉFICIAIRE est chargé d'administrer les biens de la succession, et doit rendre compte de son administration aux créanciers et aux légataires.

Il ne peut être contraint sur ses biens personnels, qu'après avoir été mis en demeure de présenter son compte, et faute d'avoir satisfait à cette obligation.

Après l'apurement du compte, il ne peut être contraint sur ses biens personnels, que jusqu'à concurrence des sommes dont il se trouve reliquataire.

Décret du 29 germinal an XI, prom. le 9 floréal, tit. 1, chap. 5, sect. 3, art. 93, code civil.

Il n'est tenu que des fautes graves dans l'administration dont il est chargé. *Id.*, art. 94.

Il ne peut vendre les meubles de la succession, que par le ministère d'un officier public, aux enchères, et après les affiches et publications accoutumées.

S'il les représente en nature, il n'est tenu que de la dépréciation ou de la détérioration causée par sa négligence. *Id.* art. 95.

Il ne peut vendre les immeubles que dans les formes prescrites par le code de la procédure civile; il est tenu d'en déléguer le prix aux créanciers hypothécaires qui se sont faits connoître. *Id.*, art. 96.

Il est tenu, si les créanciers ou autres personnes intéressées l'exigent, de donner caution bonne et solvable de la valeur du mobilier, compris dans l'inventaire, et de la portion du prix des immeubles non-délégué aux créanciers hypothécaires.

Faute par lui de fournir cette caution, les meubles sont vendus, et le prix est déposé, ainsi que la portion du prix non-délégué des immeubles pour être employé à l'acquit des charges de la succession. *Id.*, art. 97.

S'il y a des créanciers opposans, l'héritier bénéficiaire ne peut payer que dans l'ordre et de la manière réglée par le juge.

S'il y a des créanciers opposants, il paie les créanciers et les légataires, à mesure qu'ils se présentent. *Idem*, art. 98.

Les créanciers non-opposans qui ne se présentent qu'après l'apurement du compte et le paiement du reliquat, n'ont de recours à exercer que contre les légataires.

Dans l'un et l'autre cas, le recours se prescrit par le laps de trois ans, à compter du jour de l'apurement du compte et paiement du reliquat.

Les frais de scellés, s'il en a été apposé, d'inventaire et de compte, sont à la charge de la succession. *Idem*, art. 99 et 100.

HÉRITIER qui s'est rendu coupable de recèle, ou qui a omis sciemment et de mauvaise foi, de comprendre dans l'inventaire des effets de la succession, est déchu du bénéfice d'inventaire.

Décret du 29 germinal an XI, promulgué le 23 floréal, tit. 1, chap. 5, sect. 3, art. 335, code civil.

HÉRITIERS (les) DU TESTATEUR, OU AUTRES DÉBITEURS D'UN LEGS (particulier) seront tenus personnellement de l'acquitter, chacun au *prorata* de la part et portion dont ils profiteront dans la succession.

Ils en seront tenus hypothécairement pour le tout, jusqu'à concurrence de la valeur des immeubles de la succession dont ils seront détenteurs.

Décret du 13 floréal an XI, promulgué le 23, tit. 2, chap. 4, sect. 6, art. 306, cod. civ. (Voyez *legs.*)

HÉRITIERS *du donateur*, ne peuvent demander contre le donataire, la révocation d'une donation entre vifs pour cause d'ingratitude, si le donateur ne la pas intentée, lui-même de son vivant, à moins qu'il ne soit décédé dans l'année du délit (Voyez *ingratitude.*)

HÉRITIERS, *leurs donataires ou légataires ne peuvent en aucun cas opposer* aux appellés à restitution de biens donnés ou légués à cette charge, le défaut de transcription ou d'inscription. (Voyez *dispositions testamentaires.*)

HÉRITIERS *d'un tuteur*, ne prennent pas sa charge ; mais ils sont responsable de sa gestion, et doivent administrer jusqu'à la nomination d'un nouveau tuteur. (Voyez *tutelle*, *tuteur*, *subrogé-tuteur.*)

HÉRITIERS *du tuteur officieux* qui seroit mort avant d'avoir adopté son pupille, devront fournir à ce dernier, des moyens de subsister durant sa minorité, s'il n'y a été antérieurement pourvu. (Voyez *tuteur officieux.*)

HÉRITIERS *de l'adoptant décédé*, *l'adoption non-consommée*, pourront la contester. (Voyez *formes de l'adoption*, après celles des divorces.)

HÉRITIERS, *de l'adoptant*, *après le décès de l'adopté*, *ou après le décès de ses enfans ou descendans sans postérité*, n'ont aucun droit à ses biens. (Voy. *adopté.*)

HOMOLOGATION *de la décision du conseil de famille*, par laquelle un tuteur aura été destitué, sera poursuivie à la diligence du subrogé-tuteur, si le tuteur destitué n'y adhère pàs, et forme quelque réclamation contre elle. (Voyez *tuteur*, *conseil de famille.*)

Homologation aura encore lieu, quant aux délibérations de conseil de famille, lorsqu'il s'agira de vendre par nécessité ou pour l'avantage évident du mineur, quelques-uns de ses immeubles. (Voyez *tuteur.*)

Il en sera de même pour emprunt, aliénation ou hypothéque. (Voyez *idem.*)

Homologation a aussi lieu pour les délibérations du conseil de famille, relatives aux transactions dans lesquelles les mineurs ont été parties. (Voyez *transactions, tuteur.*)

Homologation a lieu pour les mêmes délibérations, relatives aux emprunts, ventes ou aliénations à faire par un émancipé. (Voyez *émancipation.*)

HOSPICES. Les donations faites au profit des hospices des pauvres d'une commune ou d'établissemens d'utilité publique, seront acceptées par les administrateurs de ces communes ou établissemens, après y avoir été duement autorisés (par le gouvernement.)

Décret du 1 3 floréal an XI, prom. le 2 3, tit. 2, chapitre 3, sect. prem., art. 2 2 7, code civil.

☞ Cette acceptation ainsi faite devra être notifiée au donateur, elle sera alors parfaite. Faute de ce, elle n'auroit aucun effet.

Cette notification vaudra tradition.

Si la donation est de biens immeubles, la transcription devra en être faite, au bureau des hypothèques de l'arrondissement des biens, à la diligence des administrateurs.

Le défaut de transcriprion pourra être apposé par toute personne ayant intérêts auxdits biens. (*Voyez donation, donation d'effets mobiliers.*)

HYPOTHÈQUES. *Les biens d'un absent* ne peuvent être hypothéqués par ceux qui en ont obtenu l'envoi en possession provisoire. (Voyez *possession.*)

HYPOTHÈQUE *sur les biens d'un mineur,* ne peut être constituée, qu'avec autorisation du conseil de famille, homologuée. (Voyez *tuteur.*)

HYPOTHÈQUE *sur immeuble légué,* le légataire particulier en est tenu. (Voyez *légataire.*)

HYPOTHÈQUES *des tiers sur biens donnés par donation entre-vifs,* n'a aucun effet contre le donateur qui a révoqué cette donation, pour cause d'inexécution des conditions sous laquelle elle avoit été faite.

Hypothèques semblables, n'ont également lieu sur les mêmes biens, en cas de révocation de donation par survenance d'enfant; même pour dot, reprises et conventions matrimoniales dans aucun cas. (Voyez *ingratitude* , *inexécution* , *survenance d'enfant.*)

I

Iᴍʙᴇ́ᴄɪʟᴇ *doit être interdit.* (Voyez *interdiction.*)

IMMEUBLES (les) sᴏɴᴛ ʀᴇ́ɢɪs ᴇɴ Fʀᴀɴᴄᴇ par les lois françaises, quelques soient les personnes qui les possèdent.

Décret du 14 *ventose an* 11 , *promulgué le* 24 , *tit.* 1 , *art.* 3 , *code civil.*

IMMEUBLES (lorsque des) ᴅ'ᴜɴᴇ sᴜᴄᴄᴇssɪᴏɴ sᴏɴᴛ ɢʀᴇ́ᴠᴇ́s de rentes par hypothèque spéciale, chacun des cohéritiers peut exiger que les rentes soient remboursées et les immembles rendus libres, avant qu'il soit procédé à la formation des lots : si les cohéritiers partagent la succession dans l'état en laquelle elle se trouve, l'immeuble grévé doit être estimé au même taux que les autres immeubles : il est fait déduction du capital de la rente sur le prix total ; l'héritier dans le lot duquel tombe cet immeuble, demeure seul chargé du service de la rente, et il doit en garantir ses cohéritiers.

Décret du 29 *germinal an* XI, *prom. le* 9 *floréal* , *tit.* 2 , *chap.* 6 , *sect.* 3 , *art.* 162 , *cod. civil.*

Iɴᴄᴀᴘᴀʙʟᴇs *de faire des dispositions* , *testamen-*

taires ou *entrevifs*, et *de recevoir par ces mêmes dispositions.* (Voyez *mineur*, *femme mariée*, *tuteur*, *médecins*, &c.

INCAPACITÉ DE TUTELLE. Ne peuvent être tuteurs, ni membres des conseils de famille.

1.º Les mineurs excepté le père ou la mère ;

2.º Les interdits ;

3.º Les femmes autres que la mère et les ascendantes ;

4.º Tous ceux qui ont, ou dont les père ou mère, ont avec le mineur un procès dans lequel l'état de ce mineur, sa fortune ou une partie notable de ses biens, sont compromis.

Décret du 5 germinal an XI, promulgué le 16, tit. 10, chap. 2, sect. 7, art. 436, cod. civ.

INDIGNES (sont) DE SUCCÉDER, et comme tels exclus des successions :

1.º Celui qui seroit condamné pour avoir donné ou tenté de donner la mort au défunt ;

2.º Celui qui a porté contre le défunt, une action capitale, jugée calomnieuse ;

3.º L'héritier majeur qui instruit du meurtre du défunt, ne l'a pas dénoncé à la justice.

Décret du 29 germinal an XI, promul. le 9 floréal, tit. 1, chap. 2, art. 17, cod. civil.

Le défaut de dénonciation ne peut être opposé

aux

aux ascendans et descendans du meurtrier, ni à ses alliés au même degré, ni à son époux, ou à son épouse, ni à ses frères ou sœurs, ni à ses oncles et tantes, ni à ses neveux et nièces. *Idem*, art. 18.

Les enfans de l'indigne, venant à la succession de leur chef, et sans le secours de la représentation, ne sont pas exclus pour la faute de leur père; (Voyez *renonciation.*) mais celui-ci ne peut, en aucun cas, réclamer sur les biens de cette succession l'usufruit que la loi accorde aux père et mère, sur les biens de leurs enfans. *Idem*, art. 20.

INDIVISION *de biens de succession*. Nul ne peut être contraint de demeurer dans l'indivision. (Voy. *partage*.)

INEXÉCUTION DES CONDITIONS SOUS LES-QUELLES A ÉTÉ FAITE UNE DONATION, est une cause de révocation. (Voyez *donation*.)

Dans le cas de la révocation, pour cause d'inexécution des conditions, les biens rentreront dans la main du donateur, libres de toutes charges et hypothèques du chef du donataire, et le donateur aura contre les tiers détenteurs des immeubles donnés, tous les droits qu'il auroit contre le donataire lui-même.

Décret du 13 floréal an XI, promulgué le 3, tit. 2, chap. 3, sect. 2, art. 244, code civil.

L

La révocation pour cause d'inexécution des conditions, n'aura jamais lieu de plein droit. *Idem*, art. 246.

Inégalité *des lots, en cas de partage*, se compense par un retour en rente ou en argent. (Voyez *partage.*)

INGRATITUDE, est une des causes de révoquer toute donation. (Voyez *donation.*)

Les donations, en faveur de mariage, ne seront pas révocables pour cause d'ingratitude.

Décret du 13 *floréal, promulgué le* 23 *, tit.* 1 *, chap.* 3 *, sect.* 2 *, art.* 249 *, cod. civil.*

La donation entrevifs ne pourra être révoquée, pour cause d'ingratitude, que dans les cas suivans:

1.° *Si le donataire* a attenté à la vie du donateur;

2.° *S'il s'est rendu* coupable envers lui de sévices, délits ou injures graves ;

3°. *S'il lui refuse des aliments.*

La révocation pour cause d'ingratitude, n'aura jamais lieu de plein droit. *Idem*, art. 246.

La demande en révocation pour cause d'ingratitude, devra être formée dans l'année, à compter du jour du délit imputé par le donateur au donataire, ou du jour, que le délit aura pu être connu par le donateur.

Cette révocation ne pourra être demandée par le

donateur, contre les héritiers du donataire, ni par les héritiers du donateur contre le donataire, à moins que dans ce dernier cas, l'action n'ait été intentée par le donateur, ou qu'il ne soit décédé dans l'année du délit. *Idem*, art. 247.

La révocation (de donation entrevifs) *pour cause d'ingratitude*, ne préjudiciera ni aux aliénations faites par le donataire, ni aux hypothèques et autres charges réelles, qu'il aura pu imposer sur l'objet de la donation, pourvu que le tout soit antérieur à l'inscription qui auroit été faite de l'extrait de la demande en révocation, en marge de la transcription prescrite par l'art. 229. (Voyez *donation*.)

Dans le cas de révocation, le donataire sera condamné à restituer la valeur des objets aliénés, eu égard au temps de la demande et des fruits, à compter du jour de cette demande. *Id.*, art. 248.

INHUMATION (aucune) NE SERA FAITE sans autorisation, sur papier libre et sans frais, de l'officier de l'état civil, qui ne pourra le délivrer qu'après s'être transporté auprès de la personne décédée, pour s'assurer du décès.

Aucune inhumation ne peut être faite que vingt-quatre heures après le décès, hors les cas prévus par le réglement de police.

Décret du 20 ventose an XI, promulgué le 30, tit. 2, chap. 4, art. 77, cod. civ.

Lorsqu'il y aura des signes ou indices de mort violente, ou d'autres circonstances qui donneront lieu de le soupçonner, on ne pourra faire l'inhumation qu'après qu'un officier de police, assisté d'un docteur en médecine ou en chirurgie, aura dressé procès-verbal de l'état du cadavre, et des circonstances y relatives, ainsi que des renseignemens qu'il aura pu recueillir sur les prénoms, nom, âge, profession, lieu de naissance et domicile de la personne décédée. *Idem*, art. 81. (Voyez *actes de décès.*)

☞ *Tout officier de l'état civil*, les maire et adjoints qui en exercent les fonctions, doivent avoir le plus grand soin, d'examiner avec la plus grande attention de quel genre de mort le cadavre a été atteint.

Si ce genre est naturel, accidentel ou violent, il importe essentiellement à la sûreté, à la tranquillité publique, que ces observations soient exactement faites.

Si la mort du cadavre a été forcée, c'est un crime dont les auteurs doivent être recherchés, et punis pour la sûreté des autres.

Si la mort n'a été qu'accidentelle, elle peut avoir pour cause, des imprudences qu'il est bon de rendre publiques, pour les faire éviter par la suite.

Elle peut aussi avoir pour cause, les effets tardifs ou les suites de rixes, de batteries, de vengeances particulières qu'il faut empêcher, autant qu'il est possible, pour le maintien de la tranquillité. A cet égard, les officiers de l'état civil doivent concourir à l'observation des lois de police, qui obligent les médecins et chirurgiens à faire, à la police, la déclaration des blessés qu'ils auroient pansés, et des maladies qu'ils auroient soignées, et à l'occasion desquelles ils auroient pu prendre quelque soupçon inquiétant ou relatif à la sûreté, à la tranquillité publique. Aucune considération ne doit empêcher les officiers de l'état civil de requérir, dans tous ces cas, la présence de l'officier de police.

Pour constater le décès de qui que ce soit, l'officier de l'état civil doit être averti aussitôt qu'il est arrivé ou qu'on en a pris la présomption, le cadavre doit lui être représenté, dans le lieu même où le décès est arrivé, et dans le même état où il étoit à l'instant même du décès. Plus d'une famille a causé, sans s'en douter, la mort réelle des personnes qui lui étoient chères, et qui n'étoient qu'en léthargie, pour les avoir, aussitôt qu'elle a pris le soupçon de leur décès, mises à l'air, nues, sur la paille, et hors de toute couverture qui auroit entretenu ou rappelé la chaleur vitale.

Inscription *qui n'aura pas été faite*, en conséquence de l'emploi de deniers, fait selon qu'il aura été ordonné par le donateur ou testateur, ou, à défaut de son ordonnance, en immeuble, ou sur immeuble par privilége, et provenant de sa succession ou de la vente de ses meubles, de ses effets actifs ou de recouvrement. (Voyez *dispositions testamentaires*, *tuteur*.)

INTERDICTION. Le majeur qui est dans un état habituel d'imbécillité, de démence ou de fureur, doit être interdit, même lorsque cet état présente des intervalles lucides.

Décret du 8 germinal an XI, promulgué le 18, tit. 11, chap. 2, art. 483, code civil.

Qui peut l'a provoquer ? (Voyez *parens, époux.*)

Dans le cas de fureur, si l'interdiction n'est provoquée, ni par l'époux, ni par les parens, elle doit l'être par le commissaire du gouvernement qui, dans le cas de l'imbécillité ou de démence, peut aussi la provoquer contre un individu, qui n'a ni époux, ni épouse, ni parens. *idem,* art. 485.

Toute demande en interdiction, sera portée devant le tribunal de première instance. *Idem,* art. 486.

Les faits d'imbécillité, de démence ou de fureur, seront articulés par écrit. Ceux qui poursuivront l'interdiction présenteront les témoins et les pièces. *idem,* art. 487.

Le tribunal ordonnera, que le conseil de famille formé, selon le mode déterminé à la section 4 du chap. 2, du titre *de la minorité,* &c., donne son avis sur l'état de la personne dont l'interdiction est demandée. *Idem,* art. 488.

Qui pourra assister à ce conseil de famille, et y avoir voix délibérative. (Voyez *conseil de famille.*)

Après avoir reçu l'avis du conseil de famille, le tribunal interrogera le défendeur à la chambre du conseil; s'il ne peut s'y présenter, il sera interrogé dans sa demeure par l'un des juges, à ce commis, assisté du greffier. Dans tous les cas, le commissaire du gouvernement sera présent à l'interrogatoire. *Idem*, art. 490.

Après le premier interrogatoire, le tribunal commettra, s'il y a lieu, un administrateur provisoire, pour prendre soin de la personne et des biens du défendeur. *Idem*, art. 491.

Le jugement sur une demande en interdiction, ne pourra être rendu qu'à l'audience publique, les parties entendues ou appellées. *Idem*, art. 492.

En rejettant la demande en interdiction, le tribunal pourra néanmoins, si les circonstances l'exigent, ordonner que le défendeur ne pourra désormais plaider, transiger, emprunter, recevoir un capital mobilier, ni en donner décharge, aliéner, ni grever ses biens d'hypothèques, sans l'assistance d'un conseil qui lui sera nommé par le même jugement. *Idem*, art. 493.

En cas d'appel du jugement, rendu en première instance, le tribunal d'appel pourra, s'il le juge nécessaire, interroger de nouveau, ou faire interroger par un commissaire, la personne dont l'interdiction est demandée. *Idem*, art. 494.

Aucun jugement en matière d'interdiction, ne

pourra être rendu en cause d'appel, que sur les conclusions du commissaire du gouvernement. *Id.*, chap. 3 , art. 509.

Tout jugement portant interdiction ou nomination d'un conseil, sera à la diligence des demandeurs, levé, signifié à partie, et inscrit dans les dix jours, sur les tableaux qui doivent être affichés dans la salle de l'auditoire, et dans les études des notaires de l'arrondissement. *Idem*, chap. 2 , art. 195.

L'interdiction ou la nomination d'un conseil aura son effet du jour du jugement. *Idem*, art. 196. (Voyez *actes.*)

S'il n'y a pas d'appel du jugement d'interdiction rendu en première instance, ou, s'il est confirmé sur l'appel, il sera pourvu à la nomination d'un tuteur et d'un subrogé-tuteur, à l'interdit, suivant les règles prescrites au titre de *la minorité,* et l'administrateur provisoire cessera ses fonctions et rendra compte au tuteur, s'il ne l'est pas lui-même. *Idem*, art. 499.

L'interdit est assimilé au mineur pour sa personne et pour ses biens : les lois sur la tutelle des mineurs, s'appliqueront à la tutelle des interdits. *Id.*, art. 503.

Les revenus d'un interdit doivent être essentiellement employés à adoucir son sort, et à accélérer sa guérison. Selon le caractère de sa maladie et l'état de sa fortune, le conseil de famille pourra arrêter, qu'il sera traité dans son domicile, ou qu'il sera placé dans une maison de santé, et même dans un hospice. *Idem*, art. 504.

INTERDICTION (l') *cesse avec les causes qui l'ont déterminées :* néanmoins la main-levée ne sera prononcée qu'en observant les formalités prescrites pour parvenir à l'interdiction, et l'interdit ne pourra reprendre l'exercice de ses droits, qu'après le jugement de main-levée. *Idem*, art. 506. (Voyez *mariage d'un enfant interdit.*)

INTERDICTION *de l'un des co-héritiers* nécessite le partage en justice de toute succession. (Voyez *partage.*)

INTERDIT A UN TUTEUR ET UN SUBROGÉ-TUTEUR qui lui sont nommés, après le jugement définitif qui a prononcé son interdiction. Ces tuteur et subrogé-tuteur sont nommés comme pour les mineurs, par le conseil de famille : ils ont les mêmes fonctions. (Voyez *interdiction, mari, femme.*)

Nul, à l'exception des époux, et des ascendans et descendans ne sera tenu de conserver la tutelle d'un interdit au-delà de dix ans, à l'expiration de ce délai, le tuteur pourra demander et devra obtenir son remplacement.

Décret du 8 germinal an XI, promulgué le 18, tit. 11, chap. 2, art. 502, cod. civil.

INTERDIT (le majeur) AURA SON DOMICILE CHEZ SON CURATEUR.

Décret du 23 ventose an 11, promulgué le 3 germinal, tit. 3, art. 108, code civil.

INTERDIT NE PEUT ACCEPTER une donation que par son tuteur.

Décret du 13 floréal an XI, prom. le 23, tit. 2, chap. 3, sect. 1, art. 225, cod. civil. (Voyez *tuteur, conseil de famille, mineur, donations, donations d'effets mobiliers.*)

INTÉRÊTS *de reliquat du compte de tutelle*, sont dus aux mineurs, à compter de la clôture du compte de tutelle. (Voyez *compte de tutelle, action.*)

Intérêts de ce qui sera dû au tuteur, par le mineur, ne coureront que du jour de la sommation de payer qui aura suivi la clôture du compte. (Voyez *idem.*)

INTÉRÊTS *de choses sujettes à rapport.* ((Voyez *fruits.*)

INVENTAIRE *après décès*, doit être fait par l'héritier, dans le cas où il est nécessaire, dans les trois mois de l'ouverture de la succession. (Voyez *héritier*.)

INVENTAIRE *des biens échus par succession à un mineur*, doit être fait dans les dix jours de la nomination du tuteur, connue de lui, à sa requète, en présence du subrogé-tuteur. (Voyez *tuteur*.)

INVENTAIRE *doit précéder ou suivre* immédiatement la déclaration de l'héritier, qu'il n'entend prendre cette qualité que *sous bénéfice d'inventaire;* autrement cette déclaration n'a pas d'effet. (Voyez *héritier, délai.*)

INVENTAIRE *doit être fait après l'absence juridiquement déclarée*, par ceux qui auroient obtenu l'envoi en possession provisoire de ses biens, même par la femme qui en auroit gardé l'administration. (Voyez *possession, époux, vente.*)

INVENTAIRE POUR CAUSE DE SUBSTITUTION. Après le décès de celui qui aura disposé à la charge de restitution, il sera procédé dans les formes ordinaires, à l'inventaire de tous les biens et effets qui composeront sa succession, excepté néanmoins le cas où il ne s'agiroit que d'un legs particulier.

Cet inventaire contiendra la prisée, à juste prix, des meubles et effets mobiliers.

Décret du 13 *floréal an XI, prom. le* 23 *, tit.* 2, *chap.* 5 *, art.* 347 *, cod. civil.*

Il sera fait à la requête du grévé de restitution, et dans le délai fixé au titre des *successions*, (c'est-à-dire, dans les trois mois qui suivront le décès du testateur) (Voyez *héritier.*) en présence du tuteur nommé pour l'exécution. Les frais seront pris sur les biens compris dans les dispositions. *Idem*, art. 348. (Cependant, voyez *scellés.*)

Si l'inventaire n'a pas été fait à la requête du grévé, dans le délai ci-dessus, il y sera procédé dans le mois suivant, à la diligence du tuteur nommé pour l'exécution, en présence du grévé ou de son tuteur. *Id.*, art. 349.

S'il n'a point été satisfait aux deux articles précédens, il sera procédé au même inventaire, à la diligence des personnes désignées en l'article 46, (à la requête de tout parent des appellés majeurs, mineurs ou interdits, même d'office, à la diligence du commissaire du gouvernement, Voyez *substitution.*) en y appellant le grévé, ou son tuteur ou le tuteur nommé pour l'exécution. *Id.*, art. 350.
(Voyez *vente.*)

JUGEMENT (le) DE DÉCLARATION D'ABSENCE
ne sera rendu qu'un an après le jugement qui aura
ordonné l'enquête.

*Décret du 24 ventose an 11 , promulgué le 4 ger-
minal , tit. 4 , ch. 2 , art. 119 , code civil.*

Après le jugement de déclaration d'absence ,
toute personne qui auroit des droits à exercer contre
l'absent , ne pourra les poursuivre que contre ceux
qui auront été envoyés en possession des biens ,
ou qui en auront l'administration légale. *Idem ,*
chap. 3 , art. 134.

JUGES (les) NE PEUVENT REFUSER DE JUGER ,
sous prétexte de système de l'obscurité ou de l'insuffisance de la loi , sans s'exposer à être poursuivi
comme coupable de déni de justice.

*Décret du 14 ventose an XI , prom. le 24 , tit. 1 ,
art. 4 , code civil.*

Néanmoins , il leur est défendu de prononcer
par voie de disposition générale ou réglementaire ,
sur les causes qui leur sont soumises. *Même décret,*
art. 5 , *code civil.*

JUGE DE PAIX , *présidera le conseil de famille , relatif à la tutelle à déférer.* Il y aura voix délibérative et prépondérante , en cas de partage. (Voyez
conseil de famille , relatif à la tutelle.)

☞ Le juge de paix est, non-seulement le président de ces conseils de famille, mais il en est, dans certains cas, l'ordonnateur principal, nécessaire et unique. Quant a certaine préférence de parens à autres de même degré; alors, il ne sauroit trop apporter de sagesse, de prudence et d'impartialité dans cette préférence, qui ne doit cependant avoir lieu que dans le plus grand intérêt du mineur, et lui être toujours subordonnée. (Voyez *idem.*)

JUGE DE PAIX, *doit mettre les scellés d'office* sur les effets d'une succession dont l'héritier est absent, mineur ou interdit. (Voyez *scellés.*)

JUGE DE PAIX, *doit, d'office faire nommer un tuteur* à tous mineurs qui n'en ont pas. (Voyez *tutelle, conseil de famille relatif à la tutelle.*)

JUGE DE PAIX, *doit recevoir le serment de l'expert* nommé pour faire l'estimation des meubles, que les père ou mère ayant la jouissance légale des biens de leurs enfans mineurs, voudront garder en nature. (Voyez *tuteur.*)

JUGE DE PAIX, *peut recevoir un testament en temps de peste,* ou *de maladie contagieuse,* dans un pays dont les communications sont interceptées. (Voy. *testament en temps de peste.*)

JUGE DE PAIX, *du domicile de l'adoptant,* passe l'acte des consentemens respectifs de l'adopté et de l'adoptant, en cas d'adoption. (Voyez *formes de l'adoption,* ensuite de celles des divorces.)

Juge de paix dresse procès-verbal des demandes et consentemens relatifs à la tutelle officieuse. (Voy. *tutelle officieuse.*)

Justice, *ne peut être refusée,* sous prétexte de silence, d'obscurité ou d'insuffisance de la loi. Elle ne peut être rendue par voie de disposition générale ou réglementaire. (Voyez *juges.*)

L

Légataire, *a droit de requérir l'ouverture d'un testament,* après la déclaration juridique de l'absence de celui qui l'a fait, il peut exercer tous les droits qui en résultent pour lui, à la charge de donner caution. (Voyez *absent, testament, absence, époux, possesion, jugement.*)

Légataire *ne peut demander la réduction* d'une donation excédent la quotité des biens disponibles. (Voyez *dispositions.*)

LÉGATAIRE (le) universel contribue pour les dettes, avec les héritiers, au *prorata* de son émolument ; mais le légataire particulier n'est pas tenu des dettes et chargés de la succession, sauf toutes fois l'action d'hypothèque sur l'immeuble légué.

Décret du 29 germinal an 11, prom. le 9 floréal ; tit. 1, chap. 6, sect. 3, art. 161, code civil.

Cependant le légataire particulier qui a acquitté la dette dont l'immeuble légué étoit grévé, demeure subrogé aux droits des créanciers, contre les héritiers et successeurs à titre universel. *Idem*, art. 184.

Légataire universel, *doit demander la délivrance* de son legs aux héritiers auxquels une quotité des biens du testateur est réservée par la loi.

Si la demande en délivrance de legs est faite dans l'année du décès du testateur, la jouissance du légataire a lieu à compter du jour de son décès, sinon elle n'a lieu que du jour de la demande en justice, ou du jour de la délivrance volontaire.

S'il n'existe, lors du décès du testateur, aucun héritier auquel une quotité de ses biens soient réservée par la loi, le légataire est saisi de plein droit par son décès; il n'est pas tenu de demander délivrance.

Il lui suffira, dans le cas où le testament seroit olographe ou mistique de se faire envoyer en possession, par une ordonnance du président du tribunal de l'arrondissement, où la succession se sera ouverte, mise au bas d'une requête à laquelle sera jointe l'acte de dépôt. (Voyez *legs*, *testament olographe et mistique.*)

LÉGATAIRES (les) a titre universel seront tenus de demander la délivrance aux héritiers

tiers auxquels une quotité des biens est réservée par la loi, à leur défaut, aux légataires universels, et à défaut de ceux-ci, aux héritiers établis aux titres *des successions.*

Décret du 13 floréal an 11, promulgué le 23 ; tit. 2, chap. 4, sect. 5, art. 300, code civil.

☞ Ainsi, dans le cas où le testateur n'auroit pour successeurs, à défaut d'enfans légitimes et d'ascendans dans l'une et l'autre ligne que des enfans naturels reconnus, ou son conjoint, le légataire à titre universel devra leur demander la délivrance de son legs.

Le légataire à titre universel sera tenu, comme le légataire universel, des dettes et charges de la succession, personnellement pour sa part et portion, et hypothécairement pour le tout. *Id.*, art. 302.

Le légataire, en faveur duquel le testateur n'aura disposé que d'une quotité de la portion disponible, à titre universel, sera tenu d'acquitter les legs particuliers, par contribution, avec les héritiers naturels. *Idem*, art. 302.

☞ Par exemple, si un testateur qui ne laisse aucun enfant légitime, ni aucun ascendant dans les deux lignes, mais un ou plusieurs enfans naturels, a fait un legs à titre universel, de partie seulement de la portion disponible de ses biens, c'est-à-dire, dont le legs devra être nécessairement pris dans le quart de ses biens, qui auroit dû être réservé à ses héritiers légitimes, s'il en avoit eu, le légataire sera tenu avec le successeur, ou l'héritier naturel de contribuer pour le paiement des dettes. (Voy. *héritiers.*)

LÉGATAIRE (le) UNIVERSEL QUI SERA EN CONCOURS AVEC UN HÉRITIER auquel la loi réserve une quotité de biens, sera tenu des dettes et charges de la succession du testateur personnellement pour sa part et portion, et hypothécairement pour le tout, et il sera tenu d'acquitter tous les legs, sauf le cas de réduction, ainsi qu'il est expliqué aux art. 216 et 217.

Idem, *tit.* 2, *chap.* 4, *sect* 4, *art.* 298. (Voyez *réduction.*)

LÉGATAIRE A TITRE PARTICULIER, ne sera point tenu des dettes de la succession, sauf la réduction du legs, et sauf l'action hypothécaire des créanciers. *Idem*, *chap.* 4, *sect.* 6, *art.* 313.

LÉGATAIRES *de donataires*, par actes entre-vifs, ou testamentaires, *de biens donnés ou légués*, à charge de restitution, ne pourront, en aucun cas, opposer aux appellés à recueillir la restitution, le défaut de transcription, ou d'inscription. (Voyez *dispositions testamentaires.*)

LÉGITIMATION. LES ENFANS NÉS HORS MARIAGE, AUTRES QUE CEUX NÉS D'UN COMMERCE INCESTUEUX OU ADULTÉRIN POURRONT ÊTRE LÉGITIMÉS par le mariage subséquent de leur père et

mère, lorsque ceux-ci les auront légalement reconnus avant leur mariage, ou qu'ils les reconnoîtront
dans l'acte même de célébration.

*Décret du 2 germinal an 11, promulgué le 12,
tit. 7, chap. 3, sect. prem., art. 325, code civil.*

La légitimation peut avoir lieu, même en faveur
des enfans décédés qui ont laissé des descendans,
et dans ce cas, elle profite à ces descendans. *Id.,*
art. 326.

Les enfans légitimés par le mariage subséquent,
auront les mêmes droits que s'ils étoient nés de ce
mariage. *Idem*, art. 327.

LÉGITIMITÉ (la) DE L'ENFANT NÉ trois cents
jours après la dissolution du mariage, pourra être
contestée.

*Décret du 2 germinal an XI, promulgué le 12,
tit. 7, chap. 1, art. 309, code civil.*

LEGS *ne peut être fait à un condamné* à des
peines emportant mort civile. (Voyez *mort civile.*)

LEGS, *tous les legs sont caduques* si les donations entre-vifs, épuisent la portion disponible.
(Voyez *testament, dispositions.*)

Si les donations n'ont pas épuisé la portion dis-
nible, et que les legs, calculés avec les donations,
l'outrepassent, les legs seuls supportent la réduc-

tion, et elle a lieu entre tous les légataires également au marc le franc.

Cependant, dans ce dernier cas, si le testateur a expressément déclaré qu'il entendoit que tel legs fut acquitté de préférence aux autres, cette préférence a lieu. (Voyez *dispositions.*)

LEGS (le) SERA CADUC, si la chose léguée a totalement péri pendant la vie du testateur.

Il en sera de même, si elle a péri depuis sa mort, sans le fait et la faute de l'héritier, quoique celui-ci ait été mis en retard de la délivrer, lorsqu'elle eut également dû périr entre les mains du légataire.

Décret du 13 ventose an XI, promulgué le 23, tit. 2, chap. 4, sect. 8, art. 331, cod. civil.

LEGS UNIVERSEL. LE LEGS UNIVERSEL EST LA DISPOSITION TESTAMENTAIRE, par laquelle le testateur donne à une ou plusieuts personnes l'universalité des biens qu'il laissera à son décès.

Décret du 13 floréal an 11, promulgué le 23, tit. 2, chap. 4, sect. 4, art. 292, code civil.

Lorsqu'au décès du testateur, il y a des héritiers, auxquels une quotité de ses biens est réservée par la loi, ces héritiers sont saisis de plein droit, par sa mort, de tous les biens de la succession; et le légataire universel est tenu de leur demander la délivrance des biens compris dans le testament. *Idem*, art. 193.

Néanmoins, dans les mêmes cas, le légataire universel aura la jouissance des biens compris dans le testament, à compter du jour du décès, si la demande en délivrance a été faite dans l'année, depuis cette époque; sinon cette jouissance ne commencera que du jour de la demande formée en justice, ou du jour que la délivrance aura été volontairement consentie. *Idem*, art. 294.

Lorsqu'au décès du testateur, il n'y aura pas d'héritiers auxquels une quotité de ses biens soit réservée par la loi, le légataire universel sera saisi de plein droit, par la mort, sans être tenu de demander délivrance. *Idem*, art. 295.

LEGS A TITRE UNIVERSEL, est celui par lequel le testateur lègue une quote-part des biens dont la loi lui permet de disposer, telles qu'une moitié, un tiers, ou tous ses immeubles, ou tout son mobilier, ou une quotité fixe de tous ses immeubles, ou de tout son mobilier.

Tout autre legs ne forme qu'une disposition à titre particulier.

Décret du 13 floréal an XI, prom. le 23, tit. 2, chap. 4, sect. 5, art. 299, cod. civ. (Voyez *légataire à titre universel.*)

LEGS A TITRE UNIVERSEL. Lorsque celui qui a légué la propriété d'un immeuble, l'a ensuite augmenté, par des acquisitions, ces acquisitions fussent-elles contigues, ne seront pas censées, sans une nouvelle disposition, faire partie du legs.

Il en sera autrement des embellissemens, ou des constructions nouvelles faites sur le fond légué, ou d'un enclos dont le testateur auroit augmenté l'enceinte. *Idem*, sect. 6, art. 308.

Si avant le testament, ou depuis, la chose léguée a été hypothéquée pour une dette de la succession, ou même pour la dette d'un tiers, ou si elle est grévée d'un usufruit, celui qui doit acquitter le legs n'est point tenu de la dégager, à moins qu'il n'ait été chargé de le faire, par une disposition expresse du testateur. *Idem*, art. 309.

LEGS A TITRE PARTICULIER. Tout legs pur et simple donnera au légataire, du jour du décès du testateur, un droit à la chose léguée, droit transmissible à ses héritiers ou ayant cause.

Néanmoins, le légataire particulier ne pourra se mettre en possession de la chose léguée, ni en prendre les fruits ou intérêts, qu'à compter du jour de sa demande en délivrance, formée suivant l'ordre établi par l'art. 300, (Voyez *légataire à titre universel.*)

ou du jour auquel cette délivrance lui auroit été volontairement consentie.

Décret du 13 *floréal an XI, promulgué le* 23, *titre* 2, *chap.* 4, *section* 6, *art.* 303, *code civil.* (Cependant, voyez *ce qui suit.*)

Les intérêts ou fruits de la chose léguée courront au profit du légataire, dès le jour du décès, et sans qu'il ait formé sa demande en justice.

1.º *Lorsque le testateur* aura expressément déclaré sa volonté, à cet égard, dans le testament.

2.º *Lorsqu'une rente viagère* ou une pension aura été léguée à titre d'alimens. *Idem*, art. 304.

Les frais de la demande en délivrance de legs, seront à la charge de la succession, sans néanmoins qu'il puisse en résulter de réduction de la réserve légale.

Les droits d'enregistrement seront dus par le légataire.

Chaque legs pourra être enregistré séparément, sans que cet enregistrement puisse profiter à aucun autre qu'au légataire, ou à ses ayant cause. *Idem*, art. 305.

La chose léguée sera délivrée avec les accessoires, et dans l'état où elle se trouvera au jour du décès du donateur. *Idem*, art. 307. (Voyez *héritiers, legs à titre universel.*)

M 4

LEGS. Lorsque le testateur aura légué la chose d'autrui, le legs sera nul, soit que le testateur ait connu ou non qu'elle ne lui appartenoit pas.

Décret du 13 floréal an XI, promulgué le 23, tit. 2, chap. 4, sect. 6, art. 310, code civil.

Lorsque le legs sera d'une chose indéterminée, l'héritier ne sera pas obligé de la donner de la meilleure qualité, il ne pourra l'offrir de la plus mauvaise. *Idem,* art. 311.

Le legs fait au créancier, ne sera pas censé en compensation de sa créance, ni le legs fait au domestique en compensation de ses gages. *Idem,* article 312.

LEGS FAIT A PLUSIEURS LEUR ACCROITRA. Il y aura accroissement, (dit la loi) au profit des légataires, dans le cas où le legs sera fait à plusieurs, *conjointement.*

Le legs sera réputé fait conjointement, lorsqu'il le sera par une seule et même disposition, et que le testateur n'aura pas assigné la part de chacun des co-légataires dans la chose léguée.

Il sera encore fait conjointement quand une chose qui n'est pas susceptible d'être divisée, sans détérioration, aura été donnée par le même acte, à plusieurs personnes, même séparément.

Décret du 13 floréal an XI, promulgué le 23,

titre 2, *chap.* 4, *sect.* 8, *art.* 333, 334 *et* 335, *cod. civil*

Legs *qui n'ont pas été faits à un héritier, par préciput,* et hors part, ou avec dispense de rapport, y sont sujets, lors du partage de la succession du testateur. (Voyez *rapport.* (

Dans ce cas même où ils auroient été faits par préciput, et hors part, ou avec dispense de rapport, l'héritier venant à partage, ne peut les retenir que jusqu'à concurrence de la portion disponible. (Voyez *idem.*)

LEGS faits au conjoint d'un époux successible sont réputés faits avec dispense de rapport.

Décret du 29 *germin. an XI, prom. le* 9 *floréal, tit.* 1, *chap.* 6, *sect.* 2, *art.* 139, *code civil.*

Legs faits conjointement à deux époux, dont l'un est successible, et l'autre ne l'est pas, n'est sujet à rapport que de la part du premier, et pour la moitié seulement; tel est le texte de la loi. (Voyez *dons.*)

Lésion *de plus d'un quart établie,* (*quant à partage de succession*) donne lieu à rescision de partage. (Voyez *par tage.*)

Pour juger, s'il y a eu lésion, on estime les objets suivant leur valeur, à l'époque du partage.

Décret du 29 *germinal an* 11, *prom. le* 9 *floréal, titre* 1, *chap.* 6, *sect.* 5, *art.* 180, *code civil.*

LICITATION *de biens de mineurs*, ou auxquels ils ont droit, ne peut être faite qu'en justice et publiquement, sur trois publications faites de dimanche à autre. (Voyez *vente de biens immeubles de mineur.*)

LIBÉRALITÉS *par testament ou donations*, pour celles permises ou défendues. (Voyez *testament, donation.*)

LOI (la) NE DISPOSE QUE POUR L'AVENIR.
Décret du 14 *ventose an* 11, *prom. le* 24, *tit.* 1, *art.* 2, *code civil.*

LOIS (les) SONT EXÉCUTOIRES DANS TOUT LE TERRITOIRE FRANÇAIS, du moment où la promulgation en peut être connue.

La connoissance de la promulgation des lois est réputée connue, dans le département où siége le gouvernement, un jour après celui de la promulgation, et dans chacun des autres départemens, après l'expiration du même délai, augmenté d'autant de jours qu'il y aura de fois dix miriamètres (environ 20 lieues entre la ville où la promulgation aura été faite, et le chef-lieu de chaque département.)

Décret du 14 *ventose an* 11, *promulgué le* 24, *tit.* 1, *art.* 1, *code civil.*

LOIS (les) CONCERNANT L'ÉTAT ET LA CAPAcité des personnes, régissent les Français en quelques lieux qu'ils résident.

Décret du 14 ventose an 11, promulgué le 24, tit. 1, art. 3, code civil.

LOIS de police et de sureté, obligent tous ceux qui habitent le territoire.

Décret du 14 ventôse an 11, promulgué le 24, tit. 1, art. 3, code civil.

LOTS de partage doivent être égaux ; dans leur composition on doit éviter de morceler les héritages, et de diviser les exploitations. (Voyez *partage.*)

Ils sont faits par un des co-héritiers, s'ils peuvent convenir entre eux d'un choix, à cet égard, et si celui qu'ils ont choisi accepte la commission : dans le cas contraire, les lots sont faits par un expert que le juge commissaire commet. Ils sont ensuite tirés au sort.

Décret du 29 germinal an 11, prom. le 9 floréal, tit. 1, chap. 6, sect. prem., art. 124.

Avant de procéder au tirage des lots, chaque co-partageant est admis à proposer ses réclamations contre leur formation. *Id.,* art. 125. (Voyez *immeuble.*)

M AIN-LEVÉES *d'opposition à mariage*, ne pourront être prononcées que par jugement, ou données, que par acte devant notaires, l'officier de l'état civil ne pourra y avoir égard que sur signification qui lui en aura été faite, en cas de jugement et expéditions remises. (Voyez *opposition*.)

MAJEURS (les) QUI SERVENT OU TRAVAILLENT HABITUELLEMENT CHEZ AUTRUI, auront le même domicile que la personne qu'ils servent ou chez laquelle ils travaillent, lorsqu'ils demeureront avec elle dans la même maison.

Décret du 23 ventose an 11, prom. le 3 germ. tit. 3, art. 109, code civil.

MAJEUR DONATAIRE DOIT ACCEPTER LA DO-NATION qui lui est faite, soit par lui ou par une personne fondée de sa procuration, portant pouvoir d'accepter la donation faite , ou pouvoir général d'accepter les donations qui auroient été ou qui pourroient être faites.

Cette procuration devra être annexée à la minute de la donation, ou à la mi   de l'acceptation qui sera faite par acte séparé.

Décret du 13 floréal an 11, promulgué le 23, tit. 2, chap. 3, sect. prem., art. 223, code civil.

☞ Cette acceptation seule consommera la donation, et lui donnera tout son effet envers le donateur, si elle a lieu sur-le-champ, sinon on devra lui faire no-tifier l'acceptation qui seroit postérieure ; jusqu'à cette notification, la donation sera imparfaite.

Si la donation est de biens immeubles, elle sera sujette à transcription au bureau des hypothèques de la situation des biens.

Faute de transcription, les droits des tiers auront tout leur effet, postérieurement même à la donation. (Voy. *donation*, *donation d'effets mobiliers*.)

MAJEUR (le) NE PEUT ATTAQUER L'ACCEP-TATION expresse ou tacite qu'il a faite d'une suc-cession, que dans le cas où cette acceptation auroit été la suite d'un dol pratiqué envers lui ; il ne peut jamais réclamer, sous prétexte de lésion, excepté seulement dans le cas où la succession se trouve-roit absorbée ou diminuée de plus de moitié, par la découverte d'un testament inconnu au moment de l'acceptation.

Décret du 29 germinal an 11, prom. le 9 floréal, titre I, chap. 5, sect. prem., art. 73, code civil.

MAJORITÉ (la) EST FIXÉE A VINGT-UN ANS accomplis ; à cet âge on est capable de tous les actes de la vie civile, sauf la restriction portée au titre du mariage.

Décret du 8 germinal an XI, prom. le 18, tit. 11, chap. 1, art. 482, cod. civil.

Majorité pour mariage est fixée à 25 ans pour les hommes, et 21 ans pour les femmes.

Marchande *publique mariée* non-commune ou séparée de biens, ne peut ester en jugement, sans l'autorisation de son mari. (Voyez *femme.*)

MARCHANDE publique mariée peut, sans l'autorisation de son mari, s'obliger pour ce qui concerne son négoce; mais audit cas, elle oblige aussi son mari, s'il y a communauté entre eux.

Décret du 16 ventôse an 11, promulgué le 6 germinal, titre 5, chap. 6, art. 214, code civil.

N'est pas réputée marchande publique, celle qui ne fait que détailler les marchandises du commerce de son mari, mais seulement si elle fait un commerce séparé. *Idem, idem.*

MARI doit protection a sa femme.
Décret du 16 ventose an XI, promulgué le 6 germinal, tit. 5, chap. 6, art. 207, cod. civil.

MARI peut sans le concours de sa femme provoquer le partage des objets meubles ou immeubles à elle échus, (par succession) qui tombent dans la communauté; à l'égard des objets qui ne tombent pas en communauté, le mari ne peut en provoquer le partage sans le concours de sa femme; il peut seulement, s'il a le droit de jouir de ces biens, demander un partage provisionnel.
Décret du 29 germinal an 11, prom. le 9 floréal,

tit. 1, *chap.* 6, *sect. prem.*, *art.* 108, *code civil.*
(Voyez *co-héritiers.*)

MARI EST PÈRE DE L'ENFANT CONÇU PENDANT
LE MARIAGE.

Néanmoins, celui-ci pourra désavouer l'enfant,
s'il prouve que pendant le temps qui a couru depuis
le trois centième, jusqu'au cent quatre-vingtième
jour avant la naissance de cet enfant, il étoit, soit
pour cause d'éloignement, soit par l'effet de quelqu'accident, dans l'impossibilité physique de co-
habiter avec sa femme.

Décret du 2 *germinal an* 11, *promulg. le* 12,
tit. 7, *chap.* 1, *art.* 306, *cod. civil.*

Le mari ne pourra, en alléguant son impuis-
sance naturelle, désavouer l'enfant, il ne pourra
le désavouer, même pour cause d'adultère, à moins
que la naissance ne lui ait été cachée, auquel cas
il sera admis à proposer tous les faits propres à justifier qu'il n'en est pas le père. *Idem*, art. 307.

L'enfant né avant le cent quatre-vingtième jour du
mariage, ne pourra être désavoué, par le mari,
que dans les cas suivans : 1.º s'il a eu connoissance de la grossesse avant le mariage; 2.º s'il a
assisté à l'acte de naissance, et si cet acte est signé
de lui, ou contient sa déclaration qu'il ne sait signer; 3.º si l'enfant n'est pas déclaré viable. *Id.*,
art. 308.

Dans les divers cas, où le mari est autorisé à réclamer, il devra le faire dans le mois de la naissance de l'enfant, s'il se trouve sur les lieux.

Dans les deux mois après son retour, si à la même époque il étoit absent;

Dans les deux mois après la découverte de la fraude, si on lui avoit caché la naissance de l'enfant. *Idem, art.* 310. (Voyez *légitimité.*)

Si le mari est mort avant d'avoir fait sa réclamation, mais étant encore dans le délai utile pour la faire, les héritiers auront deux mois pour contester la légitimité de l'enfant, à compter de l'époque où cet enfant se seroit mis en possession des biens du mari, ou de l'époque où les héritiers seroient troublés par l'enfant, dans cette possession. *Idem,* art. 311.

☞ Il est probable que si les héritiers avoient fait quelqu'acte qui emportât reconnoissance de possession d'état, à l'égard de l'enfant dont il seroit question, ou renonciation à la faculté de la lui contester, leur action ne pourroit avoir lieu, ou du moins, n'auroit aucun effet. (Voyez *possession d'état.*)

Tout acte extra-judiciaire, contenant le désaveu, de la part du mari ou de ses héritiers, sera comme non avenu, s'il n'est suivi, dans le délai d'un mois, d'une action en justice dirigée contre un tuteur, *ad hoc,* donné à l'enfant en présence de sa mère. *Idem,* art. 311.

☞ Cet article confirme l'observation qui le précède,

MARI

MARI (le) EST DE DROIT TUTEUR DE SA FEMME INTERDITE.

Décret du 8 germinal an XI, prom. le 18, tit. 11, chap. 2, art. 500, code civil. (Voyez interdiction, interdit.)

MARI *est obligé de recevoir sa femme. (Voyez femme.)*

MARIAGE *contracté par l'homme avant 18 ans, et par la femme avant 15 ans, doit être déclaré nul* de nullité absolue, sauf une seule exception, même pour l'action publique. (Voyez *nullités de mariage,* n.º 3.ᵉ, *mariage prohibé, commissaire du gouvernement.*)

MARIAGE *contracté sans le consentement libre des époux,* ou par erreur, peut-être déclaré nul. (Voyez *nullités*) n.º 1. *Idem,* s'il a été contracté, sans les consentemens nécessaires. (Voyez *idem,* n.º 2.)

MARIAGE *contracté entre un ascendant et un descendant* ou en collatéral, entre frère et sœur, doit être déclaré nul de nullité absolue. (Voyez *idem,* n.º 3.) *Commissaire du gouvernement, mariage prohibé.*

MARIAGE *entre l'oncle et la nièce.* entre la tante et le neveu, doit être déclaré nul de nullité absolue, s'il n'y a dispense du gouvernement. (Voyez *mariage prohibé, nullités,* n.º 3.) *Commissaire du gouvernement.*

N

MARIAGE *non célébré publiquement*, et hors de la présence de l'officier de l'état civil du domicile de l'un ou de l'autre des conjoints, doit être déclaré nul. (Voyez *nullités*, n.os 3 et 5 , *Commissaire du gouvernement.*)

MARIAGE *second , le premier existant encore*, doit être déclaré nul. (Voyez *nullités*, n.º 3 , *Commissaire du gouvernement , époux.*)

MARIAGE *qui n'a pas été précédé de deux publications*, peut être déclaré nul. (Voyez *nullités*, n.º 6 , *Commissaire du gouvernement , officier de l'état civil.*)

MARIAGE *contracté sans le consentement des pères, mères*, &c., peut être déclaré nul. (Voyez *époux, nullités.*)

MARIAGE EN LIGNE DIRECTE EST PROHIBÉ, entre tous les ascendans et descendans légitimes ou naturels, et les alliés dans la même ligne.

Décret du 26 ventose an 11 , prom. le 6 germinal, tit. 5 , chap. 1 , art. 155 , code civil.

En ligne collatérale, le mariage est prohibé, entre le frère et la sœur légitimes ou naturels, et les alliés au même degré. *Idem*, art. 156.

Le mariage est encore prohibé entre l'oncle et la nièce, la tante et le neveu. *Idem*, art. 157.

Néanmoins, le gouvernement pourra, pour des causes graves, lever les prohibitions portées au présent art. 157.

MARIAGE. L'homme avant dix-huit ans

révolus ne peut contracter mariage ; la femme avant quinze ans révolus, ne peut non plus le contracter.

Décret du 26 ventose an 11, prom. le 6 germinal, tit. 5, chap. 1, art. 144, code civil.

Le gouvernement pourra néanmoins, pour des motifs graves, accorder des dispenses d'âge. *Idem,* art. 145. (Voyez *consentement.*)

MARIAGE ne peut être célébré qu'après

deux publications, *et trois jours après la seconde.* (Voyez *publications.*)

Si le mariage n'a pas été célébré dans l'année, à compter de l'expiration du délai des publications, il ne pourra plus être célébré qu'après que de nouvelles publications auront été faites dans la forme prescrite.

Décret du 20 ventose an XI, prom. le 30, tit. 2, chap. 3, art. 65, code civil. (Voyez publications, oppositions.)

MARIAGE (CÉLÉBRATION DE)

Mariage (le) *sera célébré dans la commune où l'un des deux époux aura son domicile.* Ce domicile, quant au mariage, s'établira par six mois d'habitation continue dans la commune.

Le jour désigné par les parties, après les délais des publications, l'officier de l'état civil, dans la maison commune, en présence de quatre témoins, parens ou non parens, fera lecture aux parties des pièces, relatives à leur état, et aux formalités du mariage et du chapitre six du titre du mariage, contenant *les droits et les devoirs respectifs des époux.* Il recevra de chaque partie l'une après l'autre, la déclaration qu'elles veulent se prendre pour mari et femme ; il prononcera, au nom de la loi, qu'elles sont unies par le mariage, et il en dressera acte sur-le-champ. *Id.* art. 74 et 75. (Voyez *acte.*)

MARIAGE (le) SERA CÉLÉBRÉ PUBLIQUEMENT DEVANT L'OFFICIER CIVIL de l'une des deux parties.

Décret du 26 ventose an XI, promulgué le 6 germinal, tit. 5, chap. 2, art. 159, code civil. (Voy. *nullités de mariage.*)

MARIAGE *est prohibé entre l'adoptant,* l'adopté et ses descendans ;

Entre les enfans adoptifs du même individu ;

Entre l'adopté et les enfans qui pourroient survenir à l'adoptant ;

Entre l'adopté et le conjoint de l'adoptant, et réciproquement entre l'adoptant et le conjoint de l'adopté.

Décret du 2 germinal an 11, promulgué le 12, tit. 8, chap. 1, sect. prem., art. 342 code civil.

Mariage *émancipe de plein droit le mineur.* (Voy. *émancipation.*)

MARIAGE d'un enfant interdit; lorsqu'il sera question du mariage d'un enfant interdit, la dot ou l'avancement d'hoirie, et les autres conventions matrimoniales seront réglées par un avis du conseil de famille, homologué par le tribunal, sur les conclusions du commissaire du gouvernement.

Décret du 8 germinal an 11, *prom. le* 18, *tit.* 11, *chap.* 2, *art.* 505, *code civil.*

MARIAGE. On ne peut contracter un second mariage avant la dissolution du premier.

Décret du 26 ventose an XI, promul. le 6 germinal, tit. 5, *chap.* 1, *art.* 147, *code civil.*

Mariage second : *par l'effet de ce mariage, le second mari* de la veuve tutrice devient solidairement responsable de toutes les suites de la tutelle qu'elle auroit induemment conservée, sans le consentement du conseil de famille.

Il est nécessairement co-tuteur avec sa femme, des enfans de son premier lit, et devient solidairement responsable de sa gestion, comme tutrice, si le conseil de famille a conservé la tutelle à leur mère. (Voyez *tutelle et mère tutrice.*)

MARIAGE SECOND. La mère remariée et

hon maintenue dans la tutelle des enfans de son premier mariage, ne peut leur choisir un tuteur.

Lorsque la mère remariée et maintenue dans la tutelle, aura fait choix d'un tuteur aux enfans de son premier mariage, ce choix ne sera valable qu'autant qu'il sera confirmé par le conseil de famille.

Décret du 5 germinal an 11, promulg. le 16, chap. 10, sect. 2, art. 293 et 294.

MARIAGE (le) CONTRACTÉ EN PAYS ÉTRANGER, entre Français, et entre Français et Étranger, sera valable, s'il a été célébré dans les formes usitées dans le pays, pourvu qu'il ait été précédé des publications prescrites par l'article 63, du titre des *actes de l'état civil*, et que le Français n'ait point contrevenu aux dispositions du chapitre précédent. (*Chap. 2, tit. 5.*)

Décret du 16 ventose an 11, promulgué le 6 germinal, tit. 5, chap. 2, art. 164, (Voyez consentement, acte respectueux, mariage, mariage second, nullité.)

Dans les trois mois, après le retour du Français sur le territoire de la République, l'acte de célébration du mariage contracté en pays étranger, sera transcrit sur le registre public des mariages du lieu de son domicile. *Idem*, art. 165.

MARIAGE (le) SE DISSOUT :

1.º Par la mort de l'un des époux ;

1.º Par le divorce légalement prononcé;

3.º Par la condamnation devenue définitive de l'un des époux emportant mort civile.

*Décret du 26 ventose an **XI**, prom. le 6 germinal, tit. 5, chap. 7, art. 221, code civil.* (Voyez *femme.*)

(Le divorce, en cas de mort civile, n'aura cependant pas lieu de plein droit, il faudra le faire prononcer. (Voyez *divorce.*)

Mariage, *ne peut avoir lieu entre homme ou femme reconnus adultère* en justice, et son complice. (Voyez *femme divorcée.*)

Mariage nouveau, ne peut avoir lieu entre qui que ce soit, femme ou homme divorcés par consentement mutuel, que trois ans après la prononciation de son divorce. (Voyez *époux, divorce.*)

Mariage *ne peut avoir lieu avec femme divorcée*, pour cause déterminée, que dix mois après le divorce prononcé. (Voyez *femme divorcée.*)

Mariage, *tout condamné à des peines emportant mort civile*, n'en peut contracter un qui produise aucun effet civil.

Celui qu'il avoit contracté précédemment est dissous, quant à tous ses effets civils. (Voyez *mort civile.*)

Maternité. (Voyez *recherche de maternité.*)

Médecins, *docteurs en médecine*, ne peuvent profiter de dispositions entre-vifs ou testamentaires, que dans certains cas. (*Voyez* disposition*s.*)

MENTION D'UN ACTE EN MARGE D'UN AUTRE, sur les registres de l'état civil.

Dans tous les cas où la mention d'un acte relatif à l'état civil devra avoir lieu, en marge d'un autre acte déjà inscrit, elle sera faite à la requête des parties intéressées, par l'officier de l'état civil, sur les registres courants, ou sur ceux qui auront été déposés aux archives de la commune, et par le greffier du tribunal de première instance, sur les registres déposés au greffe, à l'effet de quoi l'officier de l'état civil en donnera avis, dans les trois jours, au commissaire du gouvernement près ledit tribunal, qui veillera à ce que la mention soit faite d'une manière uniforme sur les deux registres.

Décret du 20 ventose an 11, promulgué le 30, chap. 1, tit. 2, art. 49, code civil.

☞ Ces mentions sont très-fréquentes, à cause des erreurs ou des oublis inévitables qui se commettent journellement dans les actes de mariage, naissances et décès, et des rectifications auxquelles elles donnent lieu. Elles méritent la plus grande attention, et exigent la plus grande exactitude. Les officiers de l'état civil, les maires et adjoints qui en remplissent les fonctions, doivent observer avec soin de ne porter ces mentions qu'en marge des actes auxquels elles s'adaptent, attendu qu'aux termes de l'article 55, décret cité et rapporté au mot *officier de l'état civil*, il est dit qu'il ne pourra insérer dans les actes, soit par note, soit *par énonciation quelconque*, que ce qui doit être déclaré par les comparants; et encore qu'aux termes de l'article 51, tout dépositaire des registres est responsable des altérations qui y surviennent. (Voyez *contravention*.)

Attendu qu'il est on ne peut pas plus intéressant que la double mention qui doit être faite sur l'un et l'autre registre, soit littéralement la même; les officiers publics ou autres remplissant leurs fonctions, feront bien d'envoyer au commissaire du gouvernement, copie de leur mention, avec indication exacte de la page, case et n.° de l'acte, en marge duquel la mention devra être mise en *duplicata*. (Voyez *appel*.)

MÈRE (la) SURVIVANTE ET NON REMARIÉE, ne pourra faire détenir un enfant, qu'avec le concours des deux plus proches parens paternels, et par voie de réquisition.

Décret du 3 germinal an 11, promulgué le 13, titre 9, art. 375, code civil. (Voyez *père*.)

MÈRE (la) *des enfans issus d'un absent*, en aura la surveillance, quant à leur éducation et à l'administration de leurs biens. (Voyez *absent*, *possession*, *époux.*)

MÈRE (la) *survivante* aura la jouissance des biens de ses enfans jusqu'à l'âge de dix-huit ans accomplis, ou jusqu'à l'émancipation qui pourroit avoir lieu avant cet âge, aux charges qui y sont imposées. (Voyez *père.*)

Cette jouissance ne s'étendra pas aux biens que les enfans pourront acquérir par un travail et une industrie séparés, ni à céux qui leur seront donnés ou légués, sous la condition expresse que les père et mère n'en jouiront pas. (Voyez *Idem.*)

Mère, contre laquelle le divorce auroit été prononcé, n'aura pas cette jouissance. (*Idem.*)

Elle cessera, si elle se remarie. (*Idem.*)

MÈRE (si la) TUTRICE VEUT SE REMARIER, elle devra, avant l'acte de mariage, convoquer le conseil de famille, qui décidera si la tutelle doit lui être conservée.

A défaut de cette convocation, elle perdra la tutelle de plein droit, et son nouveau mari sera solidairement responsable de toutes les suites de la tutelle qu'elle aura induement conservée.

Décret du 5 *germinal an* 11, *promulg. le* 16, *tit.* 10, *chap.* 2, *sect. prem.*, *art.* 289.

Lorsque le conseil de famille, dûment convoqué, *conservera la tutelle à la mère*, il lui donnera nécessairement pour co-tuteur le second mari, qui deviendra solidairement responsable, avec sa femme, de la gestion postérieure au mariage. *Id.*, art. 390.

MÈRE, *peut partager ses biens* entre ses enfans et descendans. (Voyez *partage par père et mère.*)

Ces partages pourront être faits par actes entre-vifs ou testamentaires. (*Idem.*)

Ils ne pourront être attaqués pour cause de lésion, la loi ne permettant d'attaquer pour cette cause, que les partages faits par les ascendans. (*Id.*)

MEUBLES *grévés de restitution*, dont la conservation aura été ordonnée par le testateur, pour être rendus en nature à l'appellé à substitution, seront rendus dans l'état où ils se trouveront lorsque la restitution devra avoir lieu. (Voyez *vente.*)

MILITAIRE (service) *chez l'étranger*, fait perdre la qualité de Français. (Voyez *Français* (le) *qui sans autorisation.*)

MINEUR EST L'INDIVIDU de l'un ou de l'autre sexe, qui n'a point encore atteint l'âge de vingt-un ans.

Décret du 5 germinal an 11, *promulgué le* 16, *titre* 10, *chap.* 1, *art.* 382, *code civil.*

MINEUR DE MOINS DE SEIZE ANS, ne pourra aucunement disposer, sauf ce qui est réglé au chapitre 8 des donations entre époux. (Voy. *donations, époux.*)

Décret du 13 *floréal an* 11, *promulgué le* 23, *chap.* 1, *art.* 193, *code civil.*

Mineur parvenu à l'âge de seize ans, ne pourra disposer que par testament, et jusqu'à concurrence seulement de la moitié des biens dont la loi permet aux majeurs de disposer *Id.*, art. 194.

Mineur, quoique parvenu à l'âge de seize ans, ne pourra même par testament, disposer au profit de son tuteur.

Mineur, devenu majeur, ne pourra disposer, soit par donation entre-vifs, soit par testament, *au profit de celui qui aura été son tuteur,* si le compte définitif de la tutelle, n'a été préalablement rendu et appuré.

Sont exceptés dans les deux cas ci-dessus, les ascendans des mineurs qui sont ou qui ont été leurs tuteurs.

MINEUR ne pourra être exécuteur testamentaire, même avec l'autorisation de son tuteur ou de son curateur.

Décret du 13 *floréal an* 11, *promulgué le* 23, *tit.* 2, *ch.* 4, *sect.* 7, *art.* 319, *code civil.*

Mineur *appellé à recueillir* biens donnés ou légués, à charge de les lui rendre, n'est pas restituable, dans le cas même de l'insolvabilité de son tuteur contre l'inexécution des règles qui lui sont prescrites. (Voyez *disposition testamentaire.*)

MINEUR (le) ne pourra, par contrat de mariage, donner à l'autre époux, soit par donation simple, soit par donation réciproque, qu'avec le consentement et l'assistance de ceux dont le consentement est requis pour la validité de son

mariage; et avec ce consentement, il pourra donner tout ce que la loi permet à l'époux majeur
de donner à l'autre conjoint.

*Décret du 13 floréal an XI, prom. le 23, tit. 2,
chapitre 8, art. 354, code civil.*

MINEUR NON ÉMANCIPÉ, aura son domicile
chez ses père et mère ou son tuteur.

*Décret du 23 ventôse an XI, prom. le 3 germinal
tit. 3, art. 108, code civil.*

MINEUR NON ÉMANCIPÉ *ne peut accepter* la
donation qui lui est faite que par son tuteur.

*Décret du 13 floréal an 11, promulgué le 23,
tit. 2, chap. 3, sect. 1, art. 225, code civil.* (Voyez
tuteur, conseil de famille, mineur émancipé).

MINEUR *âgé de quinze ans* accomplis pourra
être émancipé par son père ou sa mère. S'il n'a
ni père ni mere, il ne pourra être émancipé que
par délibération d'un conseil de famille, et seulement à l'âge de dix-huit ans accomplis. (Voyez
émancipation).

MINEURS. LES SUCCESSIONS ÉCHUES AUX MI-
NEURS ne pourront être valablement acceptées que
conformément aux dispositions de la loi sur les
tutelles.

*Décret du 29 germinal an 11, prom. le 9 floréal,
tit. 1, chap. 5, sect. 1, art. 66. Code civil.* (Voyez
tuteur, conseil de famille.)

Mineur *émancipé ne peut faire de son chef que* les actes d'administration ordinaires. (Voyez *émancipation.*

MINEUR ÉMANCIPÉ. Le compte de tutelle sera rendu au mineur émancipé assisté d'un curateur qui lui sera nommé par un conseil de famille.

Mineur émancipé *passera les baux* dont la durée n'excédera point neuf ans ; il recevra ses revenus , en donnera décharge , et fera tous les actes qui ne sont que de pure administration , sans être restituable contre ces actes , dans tous les cas où le majeur ne le seroit pas lui-même.

Décret du 5 germinal an 11 , *promulgué le* 16 , *tit.* 10 , *chap.* 2 , *sect.* 9 , *art.* 474 *et* 475 , *code civil.*

> ☞ Il faut nécessairement conclure de cet article, qu'il ne sera pas défendu au mineur émancipé de passer des baux de plus de 9 ans ; mais qu'à l'égard de ces baux à longs termes, il ne pourra les passer qu'avec l'autorisation du conseil de famille, l'assistance de son curateur et dans les formes voulues pour emprunt, &c.

Mineur émancipé *ne pourra intenter une action immobiliaire* , ni y défendre, même recevoir et donner décharge d'un capital mobilier, sans l'assistance de son curateur , qui , au dernier cas , surveillera l'emploi du capital reçu. *Id.*, art. 476. (Voyez *curateur*).

MINEUR ÉMANCIPÉ *ne pourra faire d'emprunt,* sous aucun pretexte, sans une délibération du conseil de famille, homologuée par le tribunal civil, après avoir entendu le commissaire du gouvernement.

Il ne pourra non plus vendre ni aliéner ses immeubles, ni faire aucuns actes que ceux de pure administration, sans observer les formes prescrites au mineur non émancipé.

A l'égard des obligations qu'il auroit contractées par voie d'achat ou autrement, elles seront réductibles en cas d'excès : les tribunaux prendront, à ce sujet, en considération la fortune du mineur, la bonne ou mauvaise foi des personnes qui auront contracté avec lui, l'utilité ou l'inutilité des dépenses. *Idem*, articles 477 et 478.

Tout mineur émancipé, dont les engagemens auroient été réduits en vertu de l'art. précédent, pourra être privé du bénéfice de l'émancipation, laquelle lui sera retirée, en suivant les mêmes formes que celles qui auront eu lieu pour la lui conférer. *Idem*, art. 479. (Voyez *mineur émancipé.*)

MINEUR ÉMANCIPÉ, POURRA ACCEPTER UNE DONATION avec l'assistance de son curateur.

Néanmoins, les père et mère du mineur émancipé, ou les autres ascendans, même du vivant des père et mère, quoiqu'ils ne soient pas curateurs, pourront accepter pour lui.

Décret du 13 floréal an XI, promulgué le 23, titre 2, chap. 3, art. 225, code civil.

☞ Cette acceptation seule consommera la donation, si elle est faite sur-le-champ.

Si elle a lieu postérieurement, il sera absolument nécessaire de la faire notifier au donateur, elle ne sera consommée que du jour de cette notification.

Si la donation a lieu de biens immeubles, elle sera sujette à transcription au bureau des hypothèques de la situation des biens.

Faute d'acceptation, toute donation sera nulle.

Faute de transcription, les tiers conserveront tous leurs droits sur les biens donnés.

Les mineurs ne seront pas restituables contre le défaut d'acceptation ou de transcription, sauf leur recours contre leurs tuteur ou curateur. (*Voyez donation, donation d'effets mobiliers.*)

MINEUR ÉMANCIPÉ, *qui aura contracté des obligations folles ou trop onéreuses, et qui auront été réduites par jugement, pourra être privé du bénéfice de l'émancipation. (*Voyez émancipation.*)

Dès le jour où l'émancipation aura été révoquée, le mineur rentrera en tutelle, et y restera jusqu'à sa majorié accomplie.

Décret du 5 germinal an XI, promulgé le 16, titre 10, chap. 2, sect. 9, art. 480, code civil.

Conséquemment,

☞ Conséquemment, si le conseil de famille se borne à déclarer le mineur émancipé déchu du bénéfice de l'émancipation, il rentrera sous la tutelle de son précédent tuteur.

MINEUR ÉMANCIPÉ, QUI FAIT UN COMMERCE, est réputé majeur, pour les faits relatifs à ce commerce.

Décret du 5 germinal an XI, prom. le 16, tit. 10, chap. 2, sect. 9, art. 481, code civil.

MINISTÈRE PUBLIC (le) EST SPÉCIALEMENT CHARGÉ de veiller aux intérêts des personnes absentes ; et il sera entendu sur toutes les demandes qui les concernent.

Décret du 24 ventose an 11, prom. le 4 germin., tit. 4, chap. 1, art. 114, code civil. (Voy. absent.)

MINISTRE *du culte*, ne peut profiter de dispositions entre-vifs ou testamentaires, que dans certains cas. (Voyez *dispositions.*)

MINORITÉ *d'un des héritiers*, nécessite partage en justice, de toute succession. (Voyez *partage.*)

MINORITÉ *de plusieurs co-héritiers*, ayant intérêts opposés dans la même succession, nécessite que chacun ait, pour le partage, un tuteur spécial ou particulier. (Voyez *Idem.*)

MORT *violente, ou soupçonnée telle* ; le cadavre ne peut être inhumé, qu'après que l'officier de

O

police, assisté d'un docteur, aura dressé procès-verbal de son état. (*Voyez* inhumation.)

MORT CIVILE, (par la) LE CONDAMNÉ perd la propriété de tous les biens qu'il possédoit; sa succession est ouverte au profit de ses héritiers, auxquels ses biens sont dévolus, de la même manière que s'il étoit mort naturellement et sans testament.

Il ne peut plus, ni recueillir aucune succession, ni transmettre, à ce titre, les biens qu'il a acquis par la suite.

Il ne peut, ni disposer de ses biens, en tout ou en partie, par donation entre-vifs, ni par testament, ni recevoir, à ce titre, si ce n'est pour cause d'a-liments.

Il ne peut être nommé tuteur, ni concourir aux opérations relatives à la tutelle.

Il ne peut être témoin dans un acte solemnel ou authentique, ni être admis à porter témoignage en justice.

Il ne peut procéder en justice, ni en défendant, ni en demandant, que sous le nom, et par le ministère d'un curateur qui lui est nommé par le tribunal où l'action est portée.

Il est incapable de contracter un mariage qui produise aucun effet civil.

Le mariage qu'il avoit contracté précédemment est dissous, quant à tous ses effets civils.

Son époux et ses héritiers peuvent exercer respectivement les droits et les actions auxquelles sa mort donneroit ouverture.

Décret du 17 ventose an XI, promulgué le 27, titre 1, chap. 2, sect. 2, art. 25, code civil.

Les condamnations contradictoires, n'emportent la mort civile, qu'à compter du jour de leur exécution, soit réelle, soit par effigie. *Id.*, art. 26.

Les condamnations par contumace, n'emporteront la mort civile, qu'après les cinq années qui suivront l'exécution du jugement par effigie, et pendant lesquelles le condamné peut se représenter. *Idem*, art. 27. (Voyez *contumax, condamnés.*)

MORT CIVILE : Les condamnations a des peines, dont l'effet est de priver celui qui est condamné, de toutes participations aux droits civils ci-après exprimés, emporteront la mort civile.

La condamnation à la mort naturelle, emportera la mort civile.

Les autres peines afflictives perpétuelles, n'emporteront la mort civile, qu'autant que la loi y aura attaché cet effet.

Décret du 17 ventose an 11, promulgué le 27, titre 1, chap. 2, section 2, art. 22, 23, et 24, code civil.

N AISSANCE (LES DÉCLARATIONS DE) A L'AR-
MÉE , HORS LE TERRITOIRE DE LA RÉPUBLIQUE,
seront faites dans les dix jours qui suivront l'accouchement.

*Décret du 20 ventose an XI , promulgué le 30,
tit. 2, ch. 5, art. 92, code civil.*

L'officier chargé de la tenue du registre de l'é-
tat civil, devra, dans les dix jours qui suivront
l'inscription d'un acte de naissance audit registre,
en adresser un extrait à l'officier de l'état civil du
dernier domicile du père de l'enfant, ou de la
mère , si le père est inconnu. *Id.*, art. 93. (Voy.
actes de l'état civil , déclaration de naissance.)

NULLITÉ (la) FONDÉE SUR LE DÉFAUT D'AU-
TORISATION DE LA FEMME (par son mari ou par
le juge pour ester en jugement ou contracter),
ne peut être opposée que par la femme , par la
mère ou par leurs héritiers.

*Décret du 26 ventose an 11 , promulg. le 4
germinal, tit. 5, ch. 6, art. 219 , code civil.*

(1ʳᵉ.) NULLITÉS DE MARIAGE. LE MA-
RIAGE QUI A ÉTÉ CONTRACTÉ SANS LE CONSEN-
TEMENT LIBRE DES DEUX ÉPOUX ou de l'un d'eux
ne peut être attaqué que par les époux, ou par
celui des deux dont le consentement n'a pas été
libre.

Lorsqu'il y a eu erreur dans la personne, le mariage ne peut être attaqué que par celui des deux époux qui a été induit en erreur.

Décret du 26 ventose an 11, promulgué le 6 germinal, tit. 5, chap. 4, art. 174, cod. civil.

Dans le cas de l'article précédent, la demande en nullité n'est plus recevable, toutes les fois qu'il y a eu cohabitation continuée pendant six mois, depuis que l'époux a acquis sa pleine liberté, ou que l'erreur a été par lui reconnue. *Id.*, art. 175.

(2.me) *Le mariage contracté sans le consentement des père et mère*, des ascendans ou du conseil de famille, dans le cas où ce consentement est nécessaire, ne peut être attaqué que par ceux dont ce consentement étoit requis, ou par celui des deux époux qui avoit besoin de ce consentement. *Id.*, art. 176.

L'action en nullité ne peut plus être intentée, ni par les époux, ni par les parents dont le consentement étoit requis, toutes les fois que le mariage a été approuvé expressément ou tacitement, par ceux dont le consentement étoit nécessaire, ou lorsqu'il s'est écoulé une année sans réclamation de leur part, depuis qu'ils ont eu connoissance du mariage.

Elle ne peut être intentée non plus par l'époux, lorsqu'il s'est écoulé une année sans réclamation

de sa part, depuis qu'il a atteint l'âge compétent pour consentir par lui-même au mariage. *Id.*
art. 177.

(3me.) * *Tout mariage contracté en contravention* aux dispositions contenues aux articles 144,
147, 155, 156 et 157; (c'est-à-dire, 1°. Par
l'homme, avant l'âge de dix-huit ans, et par la
femme avant l'âge de quinze ans; 2°. par l'un
ou l'autre, quoique déjà engagé dans un premier
mariage non dissous; 3°. entre parents en ligne
directe, ascendante ou descendante, ou en collatérale entre frères et sœurs; 4°. par mariage clandestin, non célébré publiquement et devant l'officier civil du domicile de l'un ou de l'autre des
conjoints; 5°. contracté entre l'oncle et la nièce
ou la tante et le neveu, sans dispenses,) peut être
attaqué, soit par les époux eux-mêmes, soit par
tous ceux qui y ont intérêt, soit par le ministère
public. *Id.*, art. 178; (Voyez *mariage prohibé*).

Néanmoins le mariage, contracté par des époux
qui n'avoient point encore atteint l'âge requis,
ou dont l'un des deux n'avoit point atteint cet
âge, ne peut plus être attaqué; 1°. lorsqu'il s'est
écoulé six mois depuis que cet époux (ou ces
époux) ont acquis l'âge compétent; 2°. lorsque la
femme, qui n'avoit point atteint cet âge, avoit
conçu avant l'échéance des six mois. *Id.*, art. 179.

Les père, mère, les ascendants et la famille qui ont consenti au mariage contracté dans le cas de l'article précédent, ne sont point recevables à en demander la nullité. *Id.*, art. 180.

Dans tous les cas où, conformément à l'art. 178, ci-dessus, (à l'astérique page précédente.) l'action en nullité peut être intentée par tous ceux qui y ont intérêt, elle ne peut l'être par les parens collatéraux ou par les enfans d'un autre mariage, du vivant des deux époux, mais seulement lorsqu'ils y ont un intérêt né et actuel. *Id.*, art. 181.

(4me.) *L'époux au préjudice duquel a été contracté un second mariage*, peut en demander la nullité, du vivant même de l'époux qui étoit engagé avec lui. *Id.*, art. 182.

Si les nouveaux époux opposent la nullité du premier mariage, la validité ou nullité de ce mariage doit être jugée préalablement. *Id.*, art. 183.

Le commissaire du gouvernement, dans tous les cas auxquels s'applique l'art. 178, ci-dessus, et sous les modifications portées en l'art. 179, qui le suit aussi ci-dessus, peut et doit demander la nullité du mariage du vivant des deux époux, et les faire condamner à se séparer. *Id.*, art. 184.

(5me.) *Tout mariage qui n'a point été contracté publiquement, et qui n'a point été célébré* devant l'officier public compétent, peut être attaqué par les époux eux-mêmes, par les père et mère, par les ascendans et par tous ceux qui y ont un intérêt né et actuel ; ainsi que par le ministère public. *Id.*, art. 185.

(6me.) *Si le mariage n'a point été précédé de deux publications requises*, ou *s'il n'a pas été obtenu* des dispenses permises par la loi, ou si les intervalles prescrits dans les publications et célébrations n'ont point été observés, le commissaire fera prononcer contre l'officier public une amende qui ne pourra excéder *trois cents francs*, et contre les parties contractantes, et ceux sous la puissance desquels elles ont agi, une amende proportionnée à leur fortune. *Id.*, art 186.

Les mêmes peines prononcées par l'article précédent, seront encourues par les personnes qui y sont désignées, pour toutes contraventions aux règles prescrites par l'art. 159, lors même que les contraventions ne seroient pas jugées suffisantes pour faire prononcer la nullité du mariage. *Id.*, art. 187.

☞ D'après tous les articles de la loi qu'on vient de rapporter, quant aux nullités du mariage, il faut en conclure qu'il n'existe que cinq nullités absolues :

1.º Nullité, par défaut d'âge, 18 ans pour l'homme, et 15 ans pour la femme, sauf exceptions ;

2.º Nullité de second mariage, un premier, non dissous, ayant eu lieu ;

3.º Nullité de mariage, contracté entre parens en ligne directe, ascendante ou collatérale, entre frères et sœurs, dits incestueux ;

4.º Nullité de mariage, entre oncle et nièce, entre tante et neveu, sans dispense ;

5.º Nullité de mariage, non contracté publiquement, et non célébré devant l'officier du domicile de l'un ou de l'autre des conjoints, dits clandestins.

Puisque ces nullités sont les seules que le commissaire du gouvernement soit tenu de faire valoir, et que tous peuvent opposer à un mariage, pour peu d'intérêt qu'ils y aient, il faut également en conclure, que toutes autres nullités, qu'il est possible d'opposer à un mariage, ne sont que relatives et dépendantes du plus ou moins de bonne foi des deux époux, ou de l'un d'eux, au moins, puisque le commissaire du gouvernement n'est pas chargé de les poursuivre, ni de les faire prononcer directement, et que les demandes auxquelles elles peuvent donner lieu, sont sujettes à mille difficultés, discussions ou interprétations, quant aux qualités des parties, quant à l'opportunité des lieux où elles peuvent être formées, quant aux exceptions favorables que les époux peuvent y opposer, ou au moyen desquelles ils peuvent les faire tomber. (Voyez *possession d'état, effets civils du mariage.*)

Nullités *de donations.* (Voyez *donations*).

Nullités *des testamens.* (Voyez *testament.*)

OBLIGATIONS QUI NAISSENT DU MARIAGE.

Les époux contractent ensemble, par le seul fait de mariage, l'obligation de nourrir, entretenir et élever leurs enfans.

Décret du 26 ventôse an 11, promulgué le 6 germinal, titre 5, chap. 5, art. 197, code civil.

Les enfans doivent des alimens à leurs père et mère, et autres ascendants qui sont dans le besoin. *Id.*, art. 199.

Les gendres et les belles-filles doivent également, et dans les mêmes circonstances, des alimens à leurs beau-père et belle-mère; mais cette obligation cesse, 1°. lorsque la belle-mère a convolé en secondes noces; 2°. lorsque celui dës époux qui produisoit l'affinité, et les enfans de son union avec l'autre époux, sont décédés. *Id.*, art. 200.

Les obligations résultantes de ces dispositions sont réciproques. *Id.*, art. 201.

Les alimens ne sont accordés que dans la proportion du besoin de celui qui les réclame, et de la fortune de celui qui les doit. *Id.*, *art.* 202.

Lorsque celui qui fournit ou celui qui reçoit des alimens est replacé dans un état tel que l'un ne puisse plus en donner, ou que l'autre n'en ait plus besoin, en tout ou en partie, la décharge ou réduction peut en être demandée. *Id.*, art. 203.

Si la personne qui doit fournir des alimens justifie qu'elle ne peut payer la pension alimentaire, le tribunal pourra, en connoissance de cause, ordonner qu'elle recevra dans sa demeure, qu'elle nourrira et et entretiendra celui auquel elle devra des alimens. *Id.*, art. 204.

Le tribunal prononcera également si le père où la mère, qui offrira de recevoir, nourrir et entretenir dans sa demeure l'enfant à qui il devra des alimens, devra, dans ce cas, être dispensé de payer sa pension alimentaire. *Idem*, art. 205.

OBLIGATION (l') NATURELLE QUI CONTINUERA D'EXISTER ENTRE L'ADOPTÉ et ses père et mère de se fournir des alimens, dans les cas déterminés par la loi, sera considérée comme commune à l'adoptant et à l'adopté, l'un envers l'autre.

Décret du 2 germinal an 11, prom. le 12, tit. 8, chap. 1, sect. 2, art. 343, code civil.

OBLIGATIONS *contractées par un mineur émancipé* par voie d'achats ou autres, sont réductibles en justice selon sa fortune, l'utilité ou l'inutilité des dépenses, la bonne ou mauvaise foi de ceux qui ont contracté avec lesdits mineurs. (Voyez *émancipation.*)

OFFICIER PUBLIC *qui procède à un inventaire* des immeubles et effets de succession ouverte au profit des mineurs, doit requérir le tuteur de déclarer s'il lui est dû quelque chose par le mineur: le procès-verbal doit contenir mention de cette réquisition. (Voyez *tuteur*.)

OFFICIERS DE L'ÉTAT CIVIL. Dans les villes, bourgs et villages, les maire et adjoints en exercent les fonctions.

Dans les pays étrangers, ces fonctions sont exercées par les agens diplomatiques ou commissaires commerciaux.

En mer, elles le sont, sur les bâtimens de l'état, par les officiers de l'administration de la marine: sur tous les autres bâtimens, par les capitaines, maîtres ou patrons des navires.

Aux armées étant hors du territoire de la République, par les quartiers-maîtres ou capitaines-commandans, pour les officiers et militaires faisant partie active d'une armée, et par l'inspecteur aux revues, selon les attributions que la loi en donne à chacun d'eux, d'après des circonstances d'activité ou d'emploi de ceux qui doivent s'y adresser, et que la loi a déterminées. (Voyez *mariage, naissance, décès et autres y relatifs*, et *registres*. (

OFFICIERS DE L'ÉTAT CIVIL.

Le quartier - maître dans chaque corps d'un ou plusieurs bataillons ou escadrons, et le capitaine-commandant dans les autres corps (*étant hors du territoire de la République*), rempliront les fonctions de l'état civil : ces mêmes fonctions pour les officiers sans troupes , et pour les employés de l'armée , par l'inspecteur aux revues attaché à l'armée ou au corps d'armée.

Décret du 20 ventose an XI, promulgué le 30, titre 2, chap. 5, art. 89, code civil.

OFFICIER (l') DE L'ÉTAT CIVIL DU DOMICILE DES PARTIES, *auquel il aura été envoyé de l'armée* expédition d'un acte de l'état civil, sera tenu de l'inscrire de suite sur les registres.

Décret du 20 ventose an XI, promulgué le 30, tit. 2, chap. 5, art. 98, cod. civil. (Voyez célébration de mariage, actes de naissance, actes de décès des militaires ou employés des armées étant hors de la République).

OFFICIER *de l'état civil* doit faire deux publications de tout mariage projetté avant sa célébration. (Voyez *publications.*)

OFFICIER *de l'état civil ne peut passer outre* à la célébration du mariage, s'il y a opposition. (Voyez *opposition.*)

OFFICIERS (les) DE L'ÉTAT CIVIL *ne pourront rien insérer dans les actes* qu'ils recevront, soit par note, soit par énonciation quelconque, que ce qui doit être déclaré par les comparans.

Dans les cas où les parties intéressées ne seront point obligées de comparoître en personne, elles pourront se faire représenter par un fondé de procuration spéciale et authentique.

Décret du 20 ventôse an XI, prom. le 30, tit. 2, chap. 1, art. 35 et 36, code civil.

☞ La procuration, dans ce cas, devra contenir les prénoms, nom, âge, profession et domicile du constituant ; l'art. 30 du même décret, exigeant impérativement que les actes de l'état civil les énonce. (Voyez *actes.*)

Toute procuration sera jointe et annexée à l'acte pour lequel elle aura été donnée, avec mention de cet annexe dans l'acte même. Cette procuration doit être certifiée véritable, par le porteur, signée et paraphée par lui. Elle doit être aussi paraphée, par l'officier de l'état civil. (Voyez *procuration.*)

OFFICIER (l') DE L'ÉTAT CIVIL DONNERA LECTURE des actes aux parties comparantes ou à leur fondé de procuration, il y sera fait mention de l'accomplissement de cette formalité.

Décret du 20 ventôse an 11, promulgué le 30, tit. 2, chap. 1, art. 38, code civil.

OFFICIER *de l'état civil* doit inscrire sur les registres, tout acte d'adoption, dans les trois mois, à compter du jugement du tribunal d'appel qui l'aura admis, et non plus tard. (Voyez *formes de l'adoption*, après celles des divorces.)

O**FFICIER** *de l'état civil*, ne peut prononcer aucun divorce que sur jugement définitif, qui y aura admis celui qui en réquerra la prononciation, et qu'après, ou dans des délais déterminés. (Voyez *divorce.*)

OPPOSITION A MARIAGE. L**E** **DROIT DE** **FORMER OPPOSITION A LA CÉLÉBRATION DU MA-** **RIAGE**, appartient à la personne engagée par mariage avec l'une des deux parties contractantes.

Décret du 26 ventose an 11, promulgué le 6 germinal, tit. 5, chap. 3, art. 166, code civil.

Le père, et à défaut du père, la mère, et à défaut de père et mère, les ayeuls ou ayeules, peuvent former opposition au mariage de leurs enfans et descendans, encore que ceux-ci aient 25 ans accomplis. *Idem*, art. 167.

A défaut d'aucun ascendant, le frère ou la sœur, l'oncle ou la tante, le cousin ou la cousine germains, majeurs, ne peuvent former opposition que dans les deux cas suivans.

1.º Lorsque le consentement du conseil de famille requis par l'art. 154, (Voyez *consentement du conseil de famille.*) n'a pas été obtenu.

2.º Lorsque l'opposition est fondée sur l'état de démence du futur époux ;

Mais cette opposition, dont le tribunal ne pourra

prononcer main-levée pure et simple, ne sera jamais reçue qu'à la charge, par l'opposant de provoquer l'interdiction, et d'y faire statuer, dans le délai qui sera fixé par le jugement. *Idem*, art. 168.

Dans les deux cas prévus par le précédent article, le tuteur ou curateur, ne pourra, pendant la durée de la tutelle ou de la curatelle, former opposition, qu'autant qu'il y aura été autorisé par un conseil de famille, qu'il pourra convoquer. *Idem*, art. 69.

Tout acte d'opposition énoncera la qualité qui donne à l'opposant le droit de la former. *Il contiendra élection de domicile*, dans le lieu où le mariage devra être célébré; *il devra également*, à moins qu'il ne soit fait à la requête d'un ascendant, *contenir les motifs de l'opposition*, le tout à peine de nullité, et de l'interdiction de l'officier ministériel qui auroit signé l'acte contenant opposition. *Idem*, art. 170.

Le tribunal de première instance prononcera, dans les dix jours, sur la demande en main-levée. *Idem*, art. 171.

S'il y a appel, il y sera statué, dans les dix jours de la citation. *Idem*, art. 172.

Si l'opposition est rejettée, les opposants, autres néanmoins que les ascendans, pourront être condamnés à des dommages, intérêts. *Idem*, art. 173.

OPPOSITIONS

OPPOSITIONS (les actes d') AU MARIAGE, SERONT SIGNÉS SUR L'ORIGINAL ET SUR LA COPIE, par les opposants ou fondés de procuration spéciale et *authentique ;* ils seront signifiés avec la copie de la procuration à la personne ou au domicile des parties, et à l'officier de l'état civil qui mettra son *visa* sur l'original.

L'officier de l'état civil fera, sans délai, mention sommaire des oppositions sur le registre des publications.

Décret du 20 *ventose an* 11 *, promulgué le* 30 *, tit.* 2 *, chap.* 3 *, art.* 66 *et* 67 *, code civil.*

☞ *Nota.* Par procuration spéciale et authentique, la loi exige que cette procuration soit passée devant notaire, et soit précise et unique, à l'effet de l'opposition dont il s'agit.

Le *visa* de l'officier est indispensable pour la validité de cette opposition, c'est le seul moyen de lier les mains de cet officier public.

Opposition (en cas d') *l'officier de l'état civil, ne pourra célébrer le mariage* avant qu'il lui ait été remis la main-levée, sous peine de 300 francs d'amende, et de tous dommages et intérêts. *Id.* , art. 69.

Il fera en marge de l'inscription des oppositions, mention des jugemens ou des actes de main-levées, dont expédition lui aura été remise. *Idem* , art. 67.

☞ Ces sortes de significations devront être visées, ainsi que les oppositions, et par la même raison.

P

PARENS AU-DELA DU DOUZIÈME DEGRÉ ne succèdent pas.

Décret du 29 germinal an XI, promul. le 9 floréal, tit. 1, chap. 5, sect. 5, art. 45, cod. civil.

PARENS *envoyés en possession* des biens d'un absent peuvent demander partage de ceux qui lui sont échus par succession. (Voyez *action en partage, absence.*)

PARENTS, *de quelque degré que ce soit*, peuvent requérir qu'il soit nommé un tuteur au mineur, qui n'en a pas. (Voyez *conseil de famille*).

PARENS *indiqués par la loi pourront provoquer l'émancipation* du mineur âgé de dix-huit ans accomplis, qui n'aura ni père ni mère, si le tuteur ne la provoque pas. (Voyez *émancipation*).

PARENT (tout) EST REÇEVABLE A PROVOQUER L'INTERDICTION de son parent pour cause d'*imbécillité*, de *démence* ou de *fureur*, même lorsque cet état présente des intervalles lucides.

Décret du 8 germinal an XI, promulgué le 18, tit. 11, chap. 2, art. 484, cod. civ.

PARTAGE. NUL NE PEUT ÊTRE CONTRAINT A DEMEURER DANS L'INDIVISION, et le partage peut être toujours provoqué, non-obstant prohibitions et contraventions contraires.

On peut cependant convenir de suspendre le

partage pendant un temps limité ; cette convention ne peut être obligatoire au-delà de cinq ans ; mais elle peut être renouvellée.

Décret du 29 germinal an XI, promulg. le 9 floréal, tit. 1, chap. 5, section 4, art. 105, code civil.

PARTAGE *peut être demandé*, même quand l'un des cohéritiers auroit joui séparément de partie des biens de la succession, s'il n'y a un acte de partage ou possession suffisante pour acquérir la prescription. Art. 106. (Voyez *action en partage.*)

PARTAGE. Si le défunt n'a laissé ni postérité, (c'est-à-dire, ni enfans légitimes, ni enfans naturels), ni descendans d'eux, la succession se divise par moitié entre les ascendans de la ligne paternelle, et les ascendans de la ligne maternelle.

L'ascendant qui se trouve au degré le plus proche recueille la moitié affectée à sa ligne, à l'exclusion de tous autres.

Les ascendans au même degré succèdent par tête.

Décret du 29 germinal an 11, promulgué le 9 floréal, chap. 2, section 4, art. 36, code civil. (Voy. ascendans.)

PARTAGE. Dans le cas où la personne morte sans postérité laisse des frères, sœurs ou descendans d'eux ; si le père ou la mère est prédécédé, la portion qui lui auroit été dévolue, se réunit à la moitié déférée aux frères et sœurs ou à leurs représentans.

Décret du 29 germinal an 11, promulgué le 9 floréal, ch. 2, sect. 4, art. 39, code civil.

☞ Ainsi, s'il n'existe aucun ayeul ou ayeule paternels, les frères et sœurs du défunt auront la totalité de la succession à partager entre eux; s'il n'existe qu'un ayeul paternel ou maternel, ils n'en auront que les trois quarts. (Voyez *père et mère, succession.*)

PARTAGE. *En cas d'absence*, le partage des biens d'un absent ne sera que provisoire, d'après l'envoi en possession, il ne pourra avoir lieu qu'en donnant caution.

Après trente ans révolus de la date de l'envoi en possession provisoire, le partage pourra devenir définitif; mais il ne pourra avoir lieu qu'après que l'envoi en possession définitif aura été prononcé en justice. (Voyez *absence.*)

PARTAGE *auquel mineur aura droit* ne pourra être provoqué sans autorisation du conseil de famille. Il pourra être répondu à une semblable demande, par le tuteur, sans cette ausorisation. (Voyez *tuteur.*)

PARTAGE *pour obtenir à l'égard du mineur* tout l'effet qu'il auroit entre majeurs, devra être fait en justice, et précédé d'une estimation d'experts: autrement fait, il ne sera considéré que comme provisionnel. (Voyez *idem.*)

L'action en partage avec un mineur, ne pourra

être portée qu'au tribunal du lieu où la succession aura été ouverte. (Voy. *idem.*)

PARTAGE (le) DANS TOUS LES CAS OÙ LA RE-PRÉSENTATION EST ADMISE, s'opère par souche; si une même souche a produit plusieurs branches, la subdivision se fait aussi par souche dans chaque branche, et les membres de la même branche partagent entr'eux par tête.

Décret du 29 germinal an XI, prom. le 9 floréal, chap. 3, sect. 2, art. 33, cod. civil.

✆ Ainsi, lorsqu'il s'agit de partager une succession entre différens représentans de divers héritiers, en ligne directe, qui tous l'auroient partagée par tête, s'ils avoient existé, on la partage d'abord fictivement, comme s'ils existoient, à raison d'autant de têtes; chaque tête forme souche. La totalité du nombre des héritiers de chacune de ces têtes qui n'existent plus, et qu'on appelle souches, se partage entre eux et par têtes existantes. (Voyez *enfans.*)

PARTAGE ENTRE MAJEURS. *Pour partage, l'es-timation des immeubles est faite* par experts choisis par les parties intéressées, ou à leurs refus, nommés d'office.

Le procès-verbal des experts doit présenter les bases de l'estimation; il doit indiquer si l'objet indiqué peut être commodément partagé, de quelle manière; fixer enfin, en cas de division, chacune des parts qu'on peut former et leur valeur.

Décret du 29 germinal an XI, promulgué le 9

floréal, titre 1 *, chapitre* 6 *, sect. prem., art.* 114, *code civil.*

L'estimation des meubles, s'il n'y a pas eu de prisée faite dans un inventaire régulier, doit être faite par gens à ce connoissant, à juste prix et sans crue. *Idem*, art. 115.

Chacun des co-héritiers peut demander sa part en nature, des meubles et immeubles de la succession; néanmoins, s'il y a des créanciers saisissans ou opposans, ou si la majorité des co-héritiers juge la vente nécessaire pour l'acquit des dettes et charges de la succession, les meubles sont vendus publiquement en la forme ordinaire. *Idem*, art. 116. (Voyez *immeuble.*)

Si les meubles ne peuvent pas se partager commodément, il doit être procédé à la vente par licitation, devant le tribunal.

Cependant les parties, si elles sont toutes majeures, peuvent consentir que la licitation soit faite devant un notaire, sur le choix duquel elles s'accordent. *Idem*, art. 117.

PARTAGE. Après que les meubles et immeubles ont été estimés et vendus, s'il y a lieu, le juge commissaire renvoie les parties devant un notaire, dont elles conviennent, ou nommé d'office, si les parties ne s'accordent pas sur le choix.

Décret du 29 *germinal an* XI, *prom. le* 9 *floréal, tit.* 1 *, chap.* 6 *, sect. prem, art.* 118 *, code civil.*

☞ *Partage* nécessite plusieurs opérations d'ordre successives :

1.º Celle des comptes que peuvent se devoir les co-partageants, pour établir les rapports à faire pour chacun d'eux, s'il y a lieu ;

2.º Formation de la masse générale ;

3.º Composition des lots ;

4.º Fournissement à chacun des co-partageants de son lot.

Il peut donner lieu à des prélevements, autant que possible, en nature, pour les objets non rapportés, ou à des compensations de retour en rente ou en argent. La loi a pourvu à tous ces objets, ainsi qu'il suit.

On procède devant cet officier, aux comptes que les co-partageans peuvent se devoir, à la formation de la masse générale, à la composition des lots et aux fournissements à faire à chacun des co-partageans. *Idem.*

Chaque co-héritier fait rapport à la masse, suivant les règles établies, des dons qui lui ont été faits, et des sommes dont il est débiteur *Id.*, art 119.

Si le rapport n'est pas fait en nature, les co-héritiers, à qui il est dû, prélèvent une portion égale sur la masse de la succession.

Les prélevements se font, autant que possible, en objets de même nature, qualité et bonté, que les objets non rapportés en nature. *Idem*, art. 120.

Après ces prélèvements, il est procédé sur ce qui reste dans la masse à la composition d'autant de lots égaux, qu'il y a d'héritiers co-partageants ou de souches co-partageantes. *Idem*, art. 121.

Dans la formation et composition des lots, on doit éviter, autant que possible, de morceler les héritages, et de diviser les exploitations, et il convient de faire entrer dans chaque lot, s'il se peut, la même quantité de meubles, d'immeubles, de droits ou de créances de même nature et valeur. *Idem*, art. 122.

L'inégalité des lots en nature se compense par un retour, soit en rente, soit en argent. *Idem*, art. 123. (Voyez *lots*.)

Les règles établies pour la division des masses à partager, sont également observées dans la subdivision à faire entre les souches co - partageantes. *Idem*, art. 126. (Voyez *contestations*.)

Si tous les co-héritiers ne sont pas présens, ou s'il y a parmi eux des interdits ou des mineurs, le partage doit être fait en justice, conformément aux règles prescrites.

S'il existe plusieurs mineurs qui aient des intérêts opposés dans le partage, il doit leur être donné à chacun un tuteur spécial ou particulier. *Idem*, art. 128.

S'il y a lieu à licitation, dans le cas du précédent article, elle ne peut être faite qu'en justice, avec les formalités prescrites pour l'aliénation des biens des mineurs; les étrangers y sont toujours admis. *Idem*, art. 129.

Les partages faits conformément aux règles ci-dessus prescrites, soit par les tuteurs, avec l'autorisation du conseil de famille, soit par les mineurs émancipés, assistés de leur curateur, soit au nom des absens ou non présens, sont définitifs; ils ne sont que provisionnels, si les règles prescrites n'ont pas été observées. *Idem*, art. 130. (Voyez *tuteurs*, *tutelles.*)

☞ Il doit en être de même, à l'égard des interdits, quoique ce dernier article n'en parle pas précisément; ils y sont implicitement compris, parce qu'ils sont censés mineurs. (Voyez *cession de droits successibles*, *titres*, *rescision.*)

PARTAGE. La valeur en pleine propriété des biens aliénés, soit à charge de rente viagère, soit à fond perdu, ou avec réserve d'usufruit, à l'un des successibles en ligne directe, sera imputée sur la portion disponible; et l'excédent, s'il y en a, sera rapporté à la masse.

Cette imputation, et ce rapport, ne pourront être demandés par ceux des autres successibles en ligne directe qui auroient consenti à ces aliénations, ni dans aucun cas, par les successibles en ligne collatérale.

Décret du 13 floréal an XI, promulgué le 23, tit. 2, chap. 2, sect. prem., art. 208, cod. civ.

☞ Par exemple, tout héritier, acquéreur d'une portion de bien dont étoit propriétaire celui dont il avoit droit d'hériter en partie, à charge de rente viagère, c'est-à-dire, à fond perdu, ou donataire de ce même bien, à charge d'usufruit, devra rapporter à la masse l'excédent de la valeur de ce même bien, sur le capital calculé de la rente viagère qu'il s'étoit engagé à payer, ou sur le capital de la valeur de l'usufruit annuel commun, calculée sur un capital proportionné.

Ainsi, dans ce dernier cas, un homme aura donné, à la charge de l'usufruit réservé à son profit, un bien qui ne rapportera que trois pour cent, et le bien vaudra dix mille francs, le taux légal de l'argent étant à cinq pour cent, le donataire devra rapporter à la masse la différence du capital de cinq à trois pour cent, c'est-à-dire, quatre mille francs sur dix mille francs, valeur intrinsèque dudit bien, parce qu'alors le donateur n'aura été présumé avoir voulu donner que le capital du rapport effectif dudit bien, calculé sur l'intérêt légal de l'argent.

PARTAGE (par le) CHAQUE CO-HÉRITIER EST CENSÉ AVOIR SUCCÉDÉ SEUL, et immédiatement à tous les effets compris dans son lot, ou à lui échus sur licitation, et n'avoir jamais eu la propriété des autres effets de la succession.

Décret du 29 germinal an 11, prom. le 9 floréal, tit. 1, chap. 6, section 4, art. 173, code civil.

Les co-héritiers demeurent respectivement garans les uns envers les autres, des troubles et évictions seulement qui procèdent d'une cause antérieure au partage.

La garantie n'a pas lieu, si l'espèce d'éviction soufferte a été exceptée par une clause particulière et expresse de l'acte de partage; elle cesse, si c'est par sa faute que le co-héritier souffre l'éviction. *Idem*, art. 174.

Chacun des co-héritiers est personnellement obligé, en proportion de sa part héréditaire, *d'indemniser* son co-héritier, de la perte que lui a causée l'éviction.

Si l'un des héritiers se trouve insolvable, la portion dont il est tenu, doit également être répartie entre le garanti et tous les co-héritiers solvables *Idem*, art. 175.

Partage *des biens meubles et immeubles*, échus par succession, à une femme mariée, et qui tombent en communauté, peut-être demandé par le mari.

A l'égard de ceux qui ne tombent pas en communauté, le mari n'en peut demander partage, sans le concours de sa femme; mais, s'il a droit d'en jouir, il en peut demander partage provisionnel. (Voyez *mari*, *co-héritiers*.)

PARTAGES peuvent être rescindés pour cause de violence et de dol.

Il peut aussi y avoir lieu à rescision, lorsqu'un

des co-héritiers établit à son préjudice une lésion du plus du quart.

Décret du 29 germinal an XI, prom. le 9 floréal, tit. 1, chap. 6, sect. 5, art. 177, code civil. (Voy. lésion.)

Le co-héritier qui a aliéné son lot, en tout ou en partie, n'est plus recevable à intenter l'action en rescision pour dol ou violence, si l'aliénation qu'il a faite est postérieure à la découverte du dol ou à la cessation de la violence. *Idem*, art. 182.

PARTAGE (le) DE LA MOITIÉ (DE SUCCESSION) OU DES TROIS QUARTS DÉVOLUS AUX FRÈRES OU SŒURS S'OPÈRE entre eux par égale portion, s'ils sont tous du meme lit.

S'ils sont de lits différens, la division se fait par moitié entre les deux lignes paternelle et maternelle du défunt.

Les germains prennent part dans les deux lignes, et les utérins et consanguins chacun dans leurs lignes seulement; s'il n'y a de frères ou sœurs que d'un côté, ils succèdent à la totalité, à l'exclusion de tous autres parens de l'autre ligne.

Décret du 29 germinal an XI, promulgué le 9 floréal, tit. 1, chap. 3, sect. 5, art. 42, code civil.

PARTAGE PAR PÈRES OU MÈRES, OU AUTRES ASCENDANS entre leurs descendans.

Les pères et mères et autres ascendans pourront faire entre leurs enfans et descendans, la distribution et le partage de leurs biens.

Décret du 13 floréal an XI, promulgué le 23, tit. 2, chap. 6, art. 364, cod. civil.

Ces partages pourront être faits par actes entrevifs ou testamentaires, avec les mêmes formalités, conditions et règles prescrites pour les donations entre-vifs et testamens. *Les partages entre-vifs ne pourront avoir pour objet que les biens présens. Id.*, art. 365.

☞ Ainsi, un partage fait par les pères ou mères, ou par les ascendans entre leurs enfans ou descendans, par acte entre-vifs, ne pourra avoir lieu que devant notaire ; il ne pourra avoir lieu qu'à l'égard des biens dont ils seront actuellement propriétaires, chacun des enfans devra en faire l'acceptation sur-le-champ, par le même acte, ou si cette acceptation n'a lieu que postérieurement à l'acte de partage, il devra la notifier à ses père ou mère, ou ascendant qui l'aura fait, et à ses co-partageans, qui l'auroient déjà accepté, si non le partage sera nul. (Voyez *donations entre-vifs.*)

Si tous les biens que l'ascendant laissera au jour de son décès n'ont pas été compris dans le partage, ceux de ces biens qui n'y auront pas été compris, seront partagés conformément à la loi. *Id.*, art. 366.

Si le partage n'est pas fait entre tous les enfans qui existeront à l'époque du décès et les descendans de ceux prédécédés, le partage sera nul pour le tout. Il pourra en être provoqué un nouveau dans la forme légale, soit par les enfans ou descendans qui n'y auront reçu aucune part, soit même par ceux entre qui le partage auroit été fait. *Idem*, art. 367.

Le partage fait par l'ascendant pourra être atta-qué pour cause de lésion de plus du quart. Il pourra l'être aussi, dans le cas où il résulteroit du partage, et des dispositions faites par préciput que l'un des co-partagés auroit un avantage plus grand que la loi ne permet. *Idem*, art. 368.

L'enfant qui, pour une des causes exprimées en l'art. précédent, attaquera le partage fait par l'ascendant, devra faire l'avance des frais de l'estimation, et il les supportera en définitif, ainsi que les dépens de la contestation, si la réclamation n'est pas fondée. *Idem*, art. 369.

PATERNITÉ. (Voyez *recherche de paternité*.)

PÈRE (le) EST, DURANT LE MARIAGE, administrateur des biens personnels de ses enfans mineurs.

Il est comptable, quant à la propriété et aux revenus de ceux dont il n'a pas la jouissance, et quant à la propriété des biens dont la loi lui donne l'usufruit.

Décret du 5 germinal an XI, promulgué le 16, tit. 10, chap. 2, sect. 1, art. 383, code civil.

PÈRE (le) QUI AURA DES SUJETS DE MÉCON-
TENTEMENT TRÈS-GRAVES, sur la conduite d'un
enfant, aura les moyens de corrections suivants.

*Décret du 3 germinal an 11, promulgué le 12,
titre 9, art. 369, code civil.*

Si l'enfant est âgé de moins de seize ans, commencés, le père pourra le faire détenir pendant un
temps, qui ne pourra excéder un mois; et à cet
effet, le président du tribunal d'arrondissement
devra, sur sa demande, délivrer l'ordre d'arrestation. *Idem*, art. 370. (Voyez *père remarié*, et
art. 376 ci-après, alinéa, *lorsque l'enfant*; et encore
l'art. 377 aussi ci-après, alinéa *les articles.*)

☞ Il y aura donc des maisons destinées exprès, pour
recevoir et corriger les enfans ainsi arrêtés, ou le président, de concert avec le père, pourra en désigner une,
et régler la manière dont l'enfant y sera gardé et traité.

Le père sera toujours le maître d'abréger la durée de
la détention, il sera seulement tenu de souscrire une
soumission de payer tous les frais, et de fournir les
alimens convenables. (Voyez *art.* 372 *et* 373, *ci-après.*
Voyez *mère.*)

*Depuis l'âge de seize ans commencés, jusqu'à la
majorité ou l'émancipation*, le père pourra seulement requérir la détention de son enfant pendant
six mois au plus; il s'adressera au président dudit
tribunal, qui, après en avoir conféré avec le commissaire du gouvernement, délivrera l'ordre d'ar-

restation ou le refusera, et pourra dans le premier cas, abréger le temps de la détention, requis par le père. *Idem*, art. 371.

Il n'y aura dans l'un et l'autre cas, aucune écriture, ni formalité judiciaire, si ce n'est l'ordre même d'arrestation, dans lequel les motifs ne seront pas énoncés.

Le père seulement sera tenu de souscrire une soumission de payer tous les frais, et de fournir les aliments convenables. *Idem*, art. 372. (Voyez *enfant.*)

Le père est toujours le maître d'abréger la durée de la détention, par lui ordonnée ou requise.

Si après sa sortie, l'enfant tombe dans de nouveaux écarts, la détention pourra être de nouveau ordonnée de la manière prescrite aux art. précédens. *Idem*, art. 373.

PÈRE (si le) EST REMARIÉ, il sera tenu pour faire détenir son enfant du premier lit, lors même qu'il seroit âgé de moins de seize ans, de se conformer à l'art. 371. *Idem*, art. 374. (Voyez *ci-dessus art.* 371 ; alinéa, *depuis l'age de seize ans.* (Voyez *mère.*)

Lorsque l'enfant aura des biens personnels, ou lorsqu'il exercera un état, sa détention ne pourra, même au-dessous de seize ans, avoir lieu que par voie

voie de réquisition, en la forme prescrite par l'article 371, ci-dessus. *Id.*, art. 376. (*Voyez enfant.*)

Les articles 370, 371, 372 et 373 (ci-dessus) seront communs aux père et mère des enfans naturels, et des enfans reconnus. *Idem*, art. 377.

PÈRE·ET MÈRE *doivent des alimens* à leurs enfans dans le besoin. (*Voyez obligations qui naissent du mariage.*)

PÈRE *et mère, ou parens dont le consentement* devoit être requis pour mariage, n'en peüvent demander la nullité, lorsqu'il s'est écoulé une année sans réclamation, ou lorsque depuis le mariage, ils l'ont tacitement ou expressément approuvé. (*Voyez nullités.*)

PÈRE *et mère, ou autres parens qui auroient favorisé un mariage clandestin*, seront passibles d'une amende qui pourra être requise par le commissaire du gouvernement, quand même le mariage ne seroit pas nul. (*Voyez nullités.*)

PÈRE (le) DURANT LE MARIAGE, et APRÈS LA DISSOLUTION DU MARIAGE, LE SURVIVANT DES PÈRE et MÈRE auront la jouissance des biens de leurs enfans jusqu'à l'âge de dix-huit ans accomplis, ou jusqu'à leur émancipation, qui pourroit avoir lieu avant l'âge de dix-huit ans.

Q

Les charges de cette jouissance seront :

1°. Celles auxquelles sont tenus les usufruitiers;

2°. La nourriture, l'entretien et l'éducation des enfans, selon leur fortune ;

3°. Le paiement des arrérages ou intérêts des capitaux ;

4°. Les frais funéraires et ceux de dernière maladie (du décédé.)

Décret du 3 germinal an 11 *, promulgué le 13, tit. 9, art.* 378.

> ☞ Ainsi les père et mère n'auront aucun compte de tutelle à rendre jusqu'à l'âge de dix-huit ans , des biens échus par le décès de l'un d'eux, à leurs enfans. Ils ne seront comptables envers eux jusqu'à cet âge , que comme le sont les usufruitiers envers les nuds propriétaires.

Cette jouissance n'aura pas lieu au profit de celui des père et mère contre lequel le divorce auroit été prononcé , et elle cessera à l'égard de la mère dans le cas d'un second mariage. *Id.* art. 380.

Elle ne s'étendra pas aux biens que les enfans pourront acquérir, par un travail et une industrie séparés, ni à ceux qui leur seront donnés ou légués sous la condition expresse que les père et mère n'en jouiront pas. *Id.*, art. 381.

> ☞ Dans l'art. 378 , il n'est question que des biens qui appartiendront personnellement aux mineurs, hors de succession paternelle ou maternelle à écheoir. Conséquemment, les père ou mère ne devront aucun compte

les fruits de ces biens aux mineurs jusqu'à l'âge de dix-huit ans; mais à cet âge, ils seront obligés de leur remettre la jouissance, après les avoir fait émanciper, où ils leur compteront depuis cette époque des fruits de ces biens, ainsi que de tous autres.

Si les père et mère tuteurs naturels de leurs enfans veulent garder les meubles de la succession, ils devront en faire faire l'estimation par expert nommé par le subrogé tuteur. (Voyez *tuteurs, indignes de succéder.*)

PÈRE *peut partager ses biens à* ses enfans et descendans. (Voyez *partage par pères et mères.*)

Ces partages pourront être faits par actes entre-vifs ou testamentaires. *Id.*

Ils ne pourront être attaqués étant en règle pour cause de lésion, la loi ne permettant d'attaquer pour cette cause que les partages faits par les ascendans. *Id.*

PÈRE VENANT A LA SUCCESSION DU DONATEUR n'est pas tenu de rapporter les dons et legs qui lui ont été faits.

Décret du 29 *germinal an* 11 *, prom. le* 9 *flor., tit.* 1 *, ch.* 6 *, sect.* 2 *, art.* 137.

PÈRE ou MÈRE *survivants* , lorsque la succession d'un de leurs enfans est dévolue à ses autres frères et sœurs, a l'usufruit du tiers des biens auxquels ils ne succèdent pas en propriété. (Voyez *succession.*)

POSSESSION (la) PROVISOIRE DES BIENS D'UN ABSENT ne sera qu'un dépôt, qui donnera à ceux qui l'obtiendront l'administration des biens de l'absent, et qui les rendra comptables envers lui, en cas qu'il reparoisse ou qu'il y ait de ses nouvelles.

Décret du 24 ventôse an 11 , prom. le 4 germ., tit. 4, ch. 3, art. 125, code civil. (Voyez *absent.*)

Ceux qui auront obtenu l'envoi provisoire, ou l'époux qui aura opté pour la continuation de la communauté, devront faire procéder à l'inventaire du mobilier et des titres de l'absent, en présence du commissaire du gouvernement près le tribunal de première instance, ou d'un juge de paix requis par ledit commissaire.

Le tribunal ordonnera, s'il y a lieu , de vendre tout ou partie du mobilier. Dans le cas de vente, il sera fait emploi du prix ainsi que des fruits échus.

Ceux qui auront obtenu l'envoi provisoire, pourront requérir pour leur sûreté, qu'il soit procédé par un expert nommé par le tribunal, à la visite des immeubles, à l'effet d'en constater l'état. Son rapport sera homologué en présence du commissaire du gouvernement ; les frais en seront pris sur les biens de l'absent. *Id.,* art. 126.

Ceux qui, par suite de l'envoi provisoire, ou de l'administration légale, auront joui des biens de l'absent, ne seront tenus de lui rendre que le cinquième des revenus, s'il reparoît avant quinze ans révolus, et le dixième, s'il ne reparoît qu'après les quinze ans.

Après trente ans d'absence, la totalité des revenus leur appartiendra. *Id.* art. 127.

Tous ceux qui ne jouiront qu'en vertu de l'envoi provisoire, ne pourront aliéner ni hypothéquer les immeubles de l'absent. *Id.*, art. 128. (Voyez *partage définitif, absence, succession.*)

Si l'absent reparoît, ou si son existence est prouvée pendant l'envoi provisoire, les effets du jugement qui aura déclaré l'absence cesseront, sans préjudice, s'il y a lieu, des mesures conservatoires prescrites pour l'administration de ses biens, au chapitre premier. *Id.*, art. 131. (Voyez *absence.*)

Si l'absent reparoît, ou si son existence est prouvée, même après l'envoi définitif, il recouvrera ses biens dans l'etat où ils se trouveront, le prix de ceux qui auroient été aliénés, ou les biens provenans de l'emploi qui auroit été fait du prix de ces biens. *Id.*, art. 132.

☞ D'après cet article, attendu que l'absent en reparoissant a le droit de rentrer dans ses biens, ou leur prix, même dans ceux qui auroient été acquis des de-

niers provenant de ceux vendus, après l'envoi en possession définitif, il ne pourra être que très-utile de faire
la déclaration de remploi, dans toutes les acquisitions
qui auront lieu à la suite d'une vente de biens d'absent.

Les enfans et descendans directs de l'absent, pourront également, dans les trente ans, à compter de
l'envoi définitif, demander la restitution de ses
biens, comme il est dit en l'art. précédent. *Id.*,
art. 133.

POSSESSION (la) D'ÉTAT S'ÉTABLIT PAR UNE RÉU-
NION SUFFISANTE DE FAITS, qui indiquent le rapport de filiation, entre un individu et la famille
à laquelle il prétend appartenir.

Les principaux de ces faits sont que l'individu a
toujours porté le nom du père auquel il prétend
appartenir ;

Que le père l'a traité comme son enfant, et a
pourvu, en cette qualité, à son éducation, à son
entretien et à son établissement ;

Qu'il a été reconnu constamment pour tel dans
la société ;

Qu'il a été reconnu pour tel par la famille.

Décret du 2 germinal an 11, promulgué le 12,
tit. 7, chap. 2, art. 315.

Nul ne peut réclamer un état contraire à celui que
lui donne son titre de naissance, et la possession
conforme à ce titre,

Et réciproquement, nul ne peut contester l'état de celui qui a une possession conforme à ce titre de naissance. *Id.*, art. 316.

A défaut de titre et de possession constante, ou si l'enfant a été inscrit, soit sous de faux noms, soit comme né de père et mère inconnu la preuve de filiation peut se faire par témoins. *Id.* art. 317.

Le commencement de preuves par écrit résulte des titres de famille, des registres et papiers domestiques du père ou de la mère, des actes publics et même privés, émanés d'une partie engagée dans la contestation, ou qui y auroit intérêt si elle étoit vivante. *Id.*, art. 318.

La preuve contraire pourra se faire par tous les moyens propres à établir, que le réclamant n'est pas l'enfant de la mère qu'il prétend avoir; ou même, la maternité prouvée, qu'il n'est pas l'enfant du mari de la mère. *Idem*, art. 319.

☞ S'il doit toujours être très-difficile d'établir que la maternité reconnue, l'enfant n'est pas du mari de sa mère, il sera toujours dangereux de proposer cette preuve, puisqu'elle n'aura pour base qu'une imputation d'adultère ; et qu'en cas de non réussite, elle pourra donner lieu à des dommages - intérêts considérables ; on ne pourra donc être trop circonspect à l'égard de ce genre de preuves.

Les tribunaux civils seront seuls compétens pour statuer sur les réclamations d'état. *Id.*, art. 320.

L'action criminelle contre un délit de suppression d'état ne pourra commencer qu'après le jugement définitif sur la question d'état. *Idem*, art. 321.

L'action en réclamation d'état est imprescriptible à l'égard de l'enfant. *Idem*, art. 322.

L'action ne peut être intentée par les héritiers de l'enfant qui n'a pas réclamé, qu'autant qu'il est décédé mineur ou dans les cinq années après sa majorité. *Idem*, art. 323.

Les héritiers peuvent suivre cette action, lorsqu'elle a été commencée par l'enfant, à moins qu'il ne s'en fut désisté formellement, ou qu'il n'eût laissé passer trois années sans poursuites, à compter du dernier acte de la procédure. *Idem*, art. 324.

POSSESSION D'ÉTAT : NUL NE PEUT RÉCLA-MER LE TITRE D'ÉPOUX, ET LES EFFETS CIVILS DU MARIAGE, s'il ne représente acte de célébration inscrit sur le registre de l'état civil, sauf les cas prévus par l'art. 46 des *actes de l'état civil.*

Décret du 26 ventose an 11, promulgué le 6 germinal, tit. 5*, chap.* 4*, art.* 188*, code civil.* (Voyez *registres.*)

La possession d'état ne pourra dispenser les prétendus époux qui l'invoqueront respectivement, de représenter l'acte de célébration du mariage devant l'officier de l'état civil. *Idem*, art. 189.

Lorsqu'il y a possession d'état, et que l'acte de célébration du mariage devant l'officier de l'état civil est représenté, les époux sont respectivement non recevables à demander la nullité de cet acte. *Idem*, art. 190.

Si néanmoins, dans le cas des art. 188 *et* 189, *ci-dessus*, il existe des enfans des deux individus qui ont vécu publiquement comme mari et femme, et qui soient tous deux décédés, la légitimité des enfans ne peut être contestée, sous le prétexte du défaut de représentation de l'acte de célébration, toutes les fois que cette possession est prouvée par une possession d'état qui n'est point contredite par l'acte de naissance. *Idem*, art. 191.

Lorsque la preuve d'une déclaration légale du mariage se trouve acquise par le résultat d'une procédure criminelle, l'inscription du jugement sur les registres de l'état civil, assure au mariage, à compter du jour de sa célébration, tous les effets civils, tant à l'égard des époux, qu'à l'égard des enfans issus de ce mariage. *Idem*, art. 192.

Si les époux ou l'un d'eux sont décédés, sans avoir découvert la fraude, l'action criminelle peut être intentée par tous ceux qui ont intérêt de faire déclarer le mariage valable, et par le commissaire du gouvernement. *Idem*, art. 193.

Si l'officier public est décédé, lors de la découverte de la fraude, l'action sera dirigée au civil contre ses héritiers, par le commissaire du gouvernement, en présence des parties intéressées, et sur leur dénonciation. *idem*, art. 194. (Voyez *effets civils du mariage.*)

PRÉLÈVEMENTS *lors du partage*, se font, autant que possible, en objets de même nature, qualité et bonté que les objets à rapporter. (Voyez *partage.*)

PRESCRIPTION, *contre la révocation de donation entrevifs*, pour survenance d'enfant, ne s'acquiert que par le laps de trente ans, à compter de la naissance du dernier enfant, même posthume, du donateur, sans préjudice des interruptions telles que de droit. (Voyez *survenance d'enfant.*)

PREUVES *de filiation*, ou de possession d'état peuvent se faire par écrits, ou par témoins. (Voyez *filiation, possession d'état.*)

PREUVES *de mariages, naissances et décès*, se feront, tant par titre, que par témoins, dans le cas où il n'auroit pas existé de registres de l'état civil, ou qu'ils seroient perdus. (Voyez *registres.*)

PRODIGUES. IL PEUT ÊTRE DÉFENDU AUX PRODIGUES de plaider, de transiger, d'emprunter, de recevoir un capital mobilier, et d'en donner décharge, d'aliéner ni de gréver leurs biens d'hypothéques, sans l'assistance d'un conseil qui leur est nommé par le tribunal.

Décret du 8 germinal an XI, promulgué le 18, tit. 11, chap. 3, art. 507, cod. civil.

La défense de procéder, sans l'assistance d'un conseil, peut être provoquée par ceux qui ont droit de demander l'interdiction ; leur demande doit être instruite et jugée de la même manière. *Idem,* art. 508. (Voyez *interdiction.*)

Procès-verbal *d'estimation d'experts,* pour partage d'immeubles. Ce qu'il doit porter. (Voyez *partage.*)

Profits *de conventions passés avec le défunt,* ne sont sujets à rapport, si elles ne présentoient aucun avantage indirect, lorsqu'elles ont été faites.

Profits d'association, faits sans fraude, avec le défunt, ne sont sujets à rapport, lorsque les conditions en auront été réglées par un acte authentique. (Voyez *rapport.*)

PROCURATIONS (les) et les autres piéces qui doivent demeurer annexées aux actes de l'état civil, seront déposées, après quelles auront été paraphées par la personne qui les aura produites, et par l'officier de l'état civil, au greffe du tribunal, avec le double des registres, dont le dépôt doit avoir lieu audit greffe.

Décret du 20 ventose an XI, promulgué le 30, tit. 2, chap. 1, art. 44, cod. civ.

PROPRIÉTÉ (la) DES BIENS S'ACQUIERT ET SE TRANSMET par succession, par donation entre-vifs ou testamentaire, ou par l'effet des obligations.

La propriété s'acquiert aussi par accession ou incorporation, et par prescription.

Décret du 29 germinal an 11, prom. le 9 floréal, art. 1 , (Voyez trésors, biens, effets jettés à la mer.)

PRO-TUTEUR. QUAND LE MINEUR DOMICILIÉ EN FRANCE possédera des biens dans les colonies, ou réciproquement, l'administration spéciale de ces biens sera donnée à un pro-tuteur.

En ce cas, le tuteur et le pro-tuteur seront indépendants, et non responsables l'un envers l'autre, pour leur gestion respective.

Décret du 5 germinal an 11, promulgué le 16, tit. 10, chap. 2, sect. 4, art. 411, code civil.

Le tuteur agira et administrera en cette qualité du jour de sa nomination, si elle a lieu en sa présence; sinon du jour qu'elle lui aura été notifiée. Idem, art. 412.

☛ D'où il résulte, que le tuteur et le pro-tuteur pourront être nommés devant le juge de paix du domicile du décédé.

Dans le cas où le conseil de famille nommera le pro-tuteur, en même temps que le tuteur, il devra nommer pour chacun un subrogé-tuteur, et faire bien attention de ne nommer pour l'une et l'autre fonction qu'un *capable*, non *dispensé*, non *excusable*, ou non exclus, autrement les intérêts des mineurs pourroient être compromis. (*Voyez dispenses , excuses , incapacités , exclusion de la tutelle.*)

PUBLICATIONS DE MARIAGE. Avant la célébration du mariage, l'officier de l'état civil fera deux publications à huit jours d'intervalle, un jour de dimanche devant la porte de la maison commune.

Ces publications et l'acte qui en sera dressé, énonceront les prénoms, noms, professions et domiciles des futurs époux , leurs qualités de majeurs ou de mineurs, et les prénoms, noms, professions et domiciles de leurs père et mère.

Cet acte énoncera, en outre , les jours, lieux et heures, où les publications auront été faites : il sera inscrit sur un seul registre, qui sera coté et paraphé, comme il est dit en l'art. 41, (Voyez *registres*) et déposé, à la fin de chaque année, au greffe du tribunal d'arrondissement.

Décret du 20 ventose an 11, promulgué le 30, chapitre 3, tit. 2, art. 63, code civil.

Un extrait de l'acte de publication sera et restera affiché à la porte de la maison commune, pendant les huit jours d'intervalle de l'une à l'autre publication.

Le mariage ne pourra être célébré avant le troisième jour, depuis et non compris celui de la seconde publication. *Idem*, art. 64, code civil. (Voyez *mariage.*)

PUBLICATIONS (les deux) DE MARIAGE ORDONNÉES *par l'art. 63, chap. 3,* du titre des *actes de l'état civil,* seront faites à la municipalité du lieu, où chacune des parties contractantes aura son domicile.

Décret du 26 ventose an 11, promulgué le 6 germinal, tit. 5, chap. 2, art. 160, code civil.

Néanmoins, si le domicile actuel n'est établi que par six mois de résidence, les publications seront faites, en outre, à la municipalité du dernier domicile. *Idem*, art. 161.

Si les parties contractantes ou l'une d'elles sont, relativement au mariage, *sous la puissance d'autrui,* les publications seront encore faites à la municipalité du domicile de ceux sous la puissance desquels elles se trouvent. *Idem*, art. 162.

Le gouvernement, ou ceux qu'il préposera, à cet effet, *pourront,* pour des causes graves, *dispenser* de la seconde publication. *Idem*, art. 163.

PUBLICATIONS (les) DE MARIAGE DES MILI-

TAIRES et employés à la suite des armées, *hors le territoire de la République*, seront faites au lieu de leur dernier domicile.

Elles seront mises, en outre, vingt-cinq jours avant la célébration du mariage, à l'ordre du jour du corps, et à celui de l'armée ou du corps d'armée, pour les officiers sans troupes, et pour *les employés* qui en font partie.

Décret du 20 ventose an 11, promulgué le 30, tit. 2, chap. 5, art. 94, code civil.

R

RAPPORTS A SUCCESSION. TOUT HÉRITIER MÊME BÉNÉFICIAIRE, venant à une succession, doit rapporter à ses co-héritiers tout ce qu'il a reçu du défunt, par donation entre-vifs, directement ou indirectement; il ne peut retenir les dons, ni réclamer les legs à lui faits par le défunt, à moins que ces dons et legs ne lui aient été faits expressément par préciput et hors part, ou avec dispense du rapport.

Décret du 29 germinal an XI, prom. le 9 floréal, tit. 1, chap. 6, sect. 2, art. 133, code civil.

Dans le cas même où les dons et legs auroient été faits par préciput, ou avec dispense du rapport, l'héritier venant à partage, ne peut les retenir que jusqu'à concurrence de la quotité disponible : l'excé-

dent est sujet à rapport. *Idem*, art. 134. (Voyez *héritier, dons, père, fils, frais de nourriture*, &c.; *profits, immeuble péri*.)

Rapport est dû de ce qui a été employé pour l'établissement d'un des co-héritiers ou pour le paiement de ses dettes. Art. 141.

Les frais de nourriture, d'entretien, d'éducation, d'apprentissage ; les *frais ordinaires d'équipement, ceux de nôces, et présents d'usage,* ne doivent pas être rapportés. *Idem*, art. 142.

Il en est de même des profits que l'héritier a pu retirer de conventions passées avec le défunt, si ces conventions ne présentoient aucun avantage indirect, lorsqu'elles ont été faites sans fraude entre le défunt et ses héritiers, lorsque les conditions en auront été réglées par un acte authentique. *Idem*, articles 143 et 144.

Immeuble qui a péri par cas fortuit, et sans la faute du donataire, n'est sujet à rapport. *Idem*, art. 145. (Voyez *fruits*.)

Rapport n'est dû que par le co-héritier à son co-héritier, il n'est pas dû aux légataires ni aux créanciers de la succession. *Idem*, art. 147.

Rapport se fait en nature, ou en moins prenant. *Idem*, art. 148.

Il peut être exigé en nature, à l'égard des immeubles,

meubles, toutes les fois que l'immeuble donné n'a pas été aliéné par le donataire, et qu'il n'y a pas dans la succession d'immeuble de même nature, valeur et bonté, dont on puisse former des lots à peu près égaux pour les co-héritiers. *Id.*, art. 149.

Lorsque le rapport se fait en nature, les biens se réunissent à la masse de la succession, francs et quittes de toutes charges crées par le donataire; mais les créanciers ayant hypothèque peuvent intervenir au partage, pour s'opposer à ce que le rapport se fasse en fraude de leurs droits. *Id.*, art. 155. (Voyez *immeuble grévé d'hypothèques.*)

Rapport n'a lieu qu'en moins prenant. Quand le donataire a aliéné l'immeuble avant l'ouverture de la succession. Il est dû de la valeur de l'immeuble, à l'époque de l'ouverture. *Idem*, art. 150.

Dans tous les cas, le donataire doit tenir compte des dégradations, et détériorations qui ont diminué la valeur de l'immeuble, par son fait, ou par sa faute et négligence.

Il doit être pareillement tenu compte au donataire des impenses qui ont amélioré la chose, eu égard à ce dont sa valeur se trouve augmentée au temps du partage. *Idem*, art. 151 et 152.

Le co-héritier qui fait le rapport en nature d'un immeuble, peut en retenir la possession jusqu'au remboursement effectif des sommes qui lui sont dues pour impenses ou améliorations. *Id.*, art. 157. (Voyez *donation.*)

Rapport du mobilier ne se fait qu'en moins prenant; il se fait sur le pied de la valeur du mobilier, lors de la donation, d'après l'état estimatif annexé à l'acte; et à défaut de cet état, d'après l'estimation par expert, à juste prix et sans crue. *Idem,* art. 158.

Rapport de l'argent donné, se fait en moins prenant dans le numéraire de la succession.

En cas d'insuffisance, le donataire peut se dispenser de rapporter du numéraire, en abandonnant jusqu'à due concurrence du mobilier, et à défaut du mobilier, des immeubles de la succession. *Idem*, art. 159. (Voyez *partage.*)

RAPPORTS A SUCCESSION. L'enfant naturel ou ses descendans, sont tenus d'imputer sur ce qu'ils ont droit de prétendre tout ce qu'ils ont reçu du père ou de la mère dont la succession est ouverte, et qui seroit sujet à rapport, d'après les règles établies à ce sujet.

Décret du 29 germinal an 11, prom. le 9 floréal, tit. 1, *chap.* 4, *sect. prem., art.* 50, *code civil.* (Voyez *partage.*)

Recellé *des effets divertis* d'une succession, rend la renonciation nulle. (Voyez *renonciation.*)

Il fait décheoir du bénéfice d'inventaire. (Voyez *héritier.*)

RECHERCHE (la) DE PATERNITÉ EST INTERDITE.

Décret du 2 germinal an XI, promulgué le 12, tit. 7, chap. 3, sect. 2, art. 334, code civil. (Cependant voyez *enlèvement.*)

☞ Enfant naturel non reconnu, ne pourra par conconséquent, intenter aucune action tendante à prouver que tel ou tel est son père, autrement que par réclamation de possession d'état. (Voyez *possession d'état.*)

RECHERCHE (la) DE LA MATERNITÉ EST ADMISE.

L'enfant qui réclamera sa mère, sera tenu de prouver qu'il est identiquement le même que l'enfant dont elle est accouchée.

Il ne sera reçu à faire cette preuve par témoins, que lorsqu'il aura déjà un commencement de preuve par écrit.

Décret du 2 germ. an 11, prom. le 12, tit. 7, chap. 3, sect. 2, art. 335.

RECONNOISSANCE (l'acte de) D'UN ENFANT NATUREL, sera inscrit sur les registres à sa date ; et il en sera fait mention en marge de l'acte de naissance, s'il en existe un.

Décret du 20 ventose an XI, prom. le 30, tit. 2, chap. 2, art. 62, code civil.

RECONNOISSANCE D'ENFANT NATUREL ne pourra avoir lieu au profit des enfans nés d'un commerce incestueux ou adultérin.

Décret du 2 germinal an XI, promulgué le 12, tit. 7, chap. 3, sect. 2, art. 329, *code civil.*

Reconnoissance du père sans l'indication et l'avis de la mère, n'a d'effet qu'à l'égard du père. *Idem,* art. 330.

Reconnoissance faite pendant le mariage au profit d'un enfant naturel, qu'en auroit eu avant, d'un autre que de son époux, ne pourra nuire ni à celui-ci, ni aux enfans nés de ce mariage.

Néanmoins, elle produira son effet après la dissolution de ce mariage, s'il n'en reste pas d'enfans. *Idem*, art. 331. (Voyez *enfant naturel.*)

Reconnoissance (toute) *de la part du père ou de la mère*, de même que toute réclamation de la part de l'enfant pourra être contestée par tous ceux qui y auront intérêt. *Idem*, art. 333. (Voyez *possession d'état*, *paternité*, *maternité*, *enlèvement.*)

RECTIFICATION DES ACTES DE L'ÉTAT CIVIL. Lorsque la rectification d'un acte de l'état civil sera demandée, il y sera statué, sauf l'appel, par le tribunal compétent, et sur les conclusions du commissaire du gouvernement ; les parties intéressées seront appellées, s'il y a lieu.

Décret du 20 ventôse an 11, promulgué le 30, titre 2, chap. 6, art. 99, code civil.

Le jugement de rectification ne pourra dans aucun temps, être opposé aux parties intéressées qui ne l'auroient point requis ou qui n'y auroient pas été appellées. *Idem*, art. 100.

Les jugemens de rectification seront inscrits sur les registres, par l'officier de l'état civil, aussitôt qu'ils lui auront été remis, et mention en sera faite en marge de l'acte réformé. *Idem*, art. 101.

☞ Ces inscriptions et mentions supposent que le jugement aura été régulièrement rendu, et qu'il doit passer en force de chose jugée. (Voyez *main-levée d'opposition à mariage*.) Aux précautions indiquées à ce sujet, joignez-y celle de vérifier si le jugement a été rendu d'après les conclusions du ministère public. Sans cette formalité, le jugement seroit nul, et l'officier de l'état civil ne pourroit en faire usage.

RÉDUCTION *de donation ou de legs* entraîne la restitution des fruits de ce qui en est l'objet, à compter du décès du testateur, si la demande en a été formée dans l'année, sinon du jour de cette demande.

Le recouvrement des immeubles ou de leur portion à distraire par le fait de cette réduction, sera toujours sans charges de dettes ou hypothèques créés par le donataire.

Il ne pourra avoir lieu sur l'acquéreur du donataire, qu'après discussion des biens de celui-ci. (Voyez *dispositions.*)

REGISTRES (les) DE L'ÉTAT CIVIL seront clos et arrêtés par l'officier de l'état civil à la fin de chaque année; et dans le mois, l'un des doubles sera déposé aux archives de la commune, l'autre au greffe du tribunal de première instance.

Décret du 20 ventose an 11, promulgué le 30, tit. 2, chap. 1, art. 43, code civil.

REGISTRES. LOSRQU'IL N'AURA PAS EXISTÉ DE REGISTRE, OU qu'ils seront perdus, la preuve en sera reçue, tant par titre que par témoins; et dans ce cas, les mariages, naissances et décès, pourront être prouvés, tant par les registres et papiers émanés des pères et mères décédés, que par témoins.

Décret du 20 ventôse an 11, promulgué le 30, tit. 2, chap. 1, art. 46, code civil.

REGISTRES. Lorsque la preuve d'une célébration légale de mariage se trouvera acquise par le résultat d'une procédure criminelle, le jugement sera inscrit sur ces registres pour en valoir acte. (Voyez *possession d'état.*)

REGISTRES DE L'ÉTAT CIVIL, POUR LES CORPS

DE TROUPES, officiers sans troupes, et employés de l'armée, hors du territoire de la République.

Il sera tenu dans chaque corps de troupes, un registre pour les actes de l'état civil, relatif aux individus de ce corps, et un autre à l'état-major de l'armée ou d'un corps d'armée, pour les actes civils relatifs aux officiers sans troupes, et aux employés.

Ces registres seront conservés de la même manière que les autres registres des corps et états-majors, et déposés aux archives de la guerre, *à la rentrée des corps* ou armées, sur le territoire de la République.

Décret du 20 ventose an 11, promulgué le 30, tit. 2, chap. 5, art. 90, code civil.

Les registres seront cottés et paraphés, dans chaque corps, par l'officier qui le commande; et à l'état-major, par le chef de l'état-major-général. *Idem art.* 91.

☞ Ces registres doivent être tenus comme ceux de l'état civil ordinaire. Tous les actes qui y seront inscrits doivent l'être avec l'observation des mêmes formalités qui sont prescrites relativement à leurs différentes espèces, et sous la même responsabilité. C'est aux officiers chargés de ces registres à apporter dans tous les actes l'exactitude et l'attention qu'ils exigent, pour l'intérêt public et particulier.

Dans les corps d'un ou de plusieurs bataillons ou escadrons, c'est le quartier-maître qui, en qualité d'of-

...ficier de l'état civil, doit être dépositaire de ce registre, et en faire le dépôt à la rentrée de l'armée sur le territoire de la République, ainsi qu'il est dit ci-dessus. Dans les autres corps, c'est le capitaine commandant; pour les officiers sans troupes et les autres employés de l'armée, c'est l'inspecteur aux revues attaché à l'armée, ou au corps d'armée. Ces officiers sont chargés d'établir, de constater les preuves de ce que chaque citoyen a de plus cher, tant qu'il existe : ils ne peuvent y apporter trop d'attention.

Chaque espèce d'acte de l'état civil a ses difficultés, son importance, quant à la sûreté, à la tranquillité publique ou privée, exige des précautions indispensables: on ne doit en négliger aucune, ni se dispenser de rien pour aucune.

Les officiers chargés de rédiger les actes de l'état civil des troupes, ne pourront donc jamais trop consulter tous les articles concernant les officiers ordinaires de l'état civil. Les actes de naissance et de décès ne présenteront jamais plus de difficultés aux armées, que dans l'état civil commun; mais les mariages en pourront présenter de beaucoup plus grandes, à raison sur-tout des oppositions qui pourroient y survenir, et aux main-levées qui deviendroient alors nécessaires. C'est à ces officiers à y prendre garde, puisqu'un mariage nul emporte, à leur égard, une grande responsabilité.

RENONCIATION (la) A SUCCESSION ne se présume pas; elle ne peut être faite qu'au greffe du tribunal de première instance, dans l'arrondissement duquel la succession s'est ouverte, sur un registre particulier tenu à cet effet.

L'héritier qui renonce est censé n'avoir jamais été héritier.

La part du renonçant accroît à ses co-héritiers; s'il est seul, elle est dévolue au degré subséquent

On ne revient jamais par représentation d'un héritier qui a renoncé. Si le renonçant est seul héritier de son degré, ou si tous ses co-héritiers renoncent, les enfans viennent de leur chef et succèdent par tête.

Décret du 29 germinal an 11, prom. le 9 floréal, titre 1, chap. 5, sect. 2, art. 74, 75, 76 et 77, code civil. (Voyez *créanciers.*)

La faculté d'accepter ou de répudier une succession, se prescrit par un laps de temps requis pour la prescription la plus longue pour des droits immobiliers.

Tant que la prescription du droit d'accepter n'est pas acquise contre les héritiers qui ont renoncé, ils ont la faculté d'accepter encore la succession, si elle n'a pas déjà été acceptée par d'autres héritiers, sans préjudice néanmoins des droits acquis à des tiers sur les biens de la succession, soit par prescription, soit par actes valablement faits avec le curateur à succession vacante.

On ne peut même par contrat de mariage renoncer à la succession d'un homme vivant, ni aliéner les droits éventuels qu'on peut avoir à cette succession. *Idem,* art. 79, 80 et 81. (Cependant voyez *héritier, héritiers qui auroient diverti.*)

REPRÉSENTATION (la) EST UNE FIXION DE LA LOI, dont l'effet est de faire entrer les représentans dans la place, dans le degré et dans les droits du représenté.

Décret du 29 germinal an 11, prom. le 9 floréal, chap. 3, sect. 2, art. 29, code civil.

☞ Ainsi, un petit-fils, par la représentation, prend la place, le degré et les droits de son père défunt, dans la succession du père de son père.

Représentation des personnes vivantes n'a pas lieu; mais seulement de celles mortes naturellement ou civilement. *Idem*, art. 34. (Voyez *indigne, les enfans de l'indigne.*)

Représentation de celui, à la succession duquel on *a renoncé*, peut avoir lieu. *Idem*, *idem*.

Elle est admise, dans tous les cas, soit que les enfans concourent avec les descendans d'un enfant précédé, soit que tous les enfans d'un défunt étant morts avant lui, les descendans desdits enfans se trouvent entre eux en degrés égaux ou inégaux. *Idem*, art. 30.

☞ Par exemple, dans le premier cas, les enfans d'un défunt, et les enfans de l'un de leur frère décédé, concourent ensemble pour le partage de la succession du père commun défunt qui se trouve être l'ayeul des enfans de celui de ses propres enfans qui est aussi décédé.

Dans le second, tous les enfans d'un même père

défunt étant décédés, les enfans vivans de ces enfans
de ce même père commun, concourent tous par représentation, pour le partage de sa succession avec les
enfans des enfans de celui-ci qui seroient aussi décédés,
quoique les degrés soient inégaux, c'est-à-dire, quoique
les uns se trouvent au premier degré, et les autres au
second.

Représentation (la) *n'a pas lieu en faveur des ascendans ; le plus proche exclut toujours le plus éloi-
gné. Idem, art.* 3 1.

☞ L'ayeul exclut le bisayeul, et ainsi de suite eu
remontant.

Représentation (la) *est admise en ligne collatérale,*
en faveur des enfans et descendans de frères ou
sœurs du défunt, soit qu'ils viennent à sa succession avec des oncles ou tantes, soit que tous les
frères et sœurs du défunt étant prédécédés, la succession se trouve dévolue à leurs descendans en
degrés égaux ou inégaux. *Idem*, art. 3 2.

☞ Ainsi, au premier cas, les enfans des frères et
sœurs décédés, concourent avec leurs oncles ou tantes,
pour la succession de leur grand oncle.

Dans l'autre cas, tous les petits neveux, à quelque
degré qu'ils se trouvent, à défaut de leurs père et
mère, frères ou sœurs du défunt, dont la succession
leur est dévolue, ou petits neveux de ces frères ou
sœurs, si leurs père et mère sont aussi décédés, concourent ensemble par représentation au partage de cette
succession de leur grand oncle ou arrière grand oncle.
(Voyez *partage.*)

Représentation, *a lieu à l'égard des descendans*
de celui qui lui même étoit né au premier degré,
d'un grévé de restitution de biens à lui légués ou
donnés par son père, à cette charge qu'auroit
dû les recueillir, s'il ne fût pas décédé. (Voyez
substitution.)

République (la) *ne succède* qu'à défaut d'héritiers légitimes, d'enfans naturels, et de l'époux
survivant du défunt. (Voyez *succession.*)

République, *succession échue* à la République.
(Voyez *administration du domaine.*)

Rescision, *en fait de partage.* (Voyez *dol*, *partage*, *violence*, *action.*)

S

Saisine *d'exécution testamentaire* ne peut être
exigée par l'exécuteur-testamentaire, si le testateur ne l'a pas donnée.

Si le testateur la lui a donnée, il ne l'a que
de ce que le testateur a déterminé.

Dans tous les cas, elle ne peut durer que l'an
et jour, à compter du décès du testateur. L'héritier peut la faire cesser. (Voyez *exécuteur-testa-
maire*, *héritier.*)

Séparation *de corps.* (Voyez *de la séparation
de corps*, à la suite des formalités des divorces.*)

Séparation *de corps ne peut avoir lieu qu'en justice*, et jamais du consentement mutuel des époux. (Voyez *ce mot*, à la suite des formalités des divorces.)

Séparation *de biens*. La séparation de corps emporte toujours celle de biens. (Voyez *séparation de biens*, à la suite des formalités des divorces.)

SCELLÉS (l'apposition de) SUR LES EFFETS DE LA SUCCESSION n'est pas nécessaire, si tous les héritiers sont présens et majeurs.

Si tous les héritiers ne sont pas présens, s'il y a parmi eux des mineurs ou des interdits, le scellé doit être apposé dans le plus bref délai, soit à la requête des héritiers, soit à la diligence du commissaire du gouvernement, soit d'office par le juge de paix, dans l'arrondissement duquel la succession est ouverte.

Décret du 29 germinal an 11, prom. le 9 floréal, tit. 1, chap. 6, sect. prem., art. 109.

Les créanciers peuvent aussi requérir l'apposition des scellés, en vertu d'un titre exécutoire, ou de la permission du juge. *Idem*, art. 110.

Lorsque le scellé a été apposé, tous créanciers peuvent y former opposition, encore qu'ils n'aient ni titres exécutoires, ni permission du juge.

Les formalités pour la levée des scellés et la

confection de l'inventaire, sont réglées par le code de la procédure civile. Art. 111.

SCELLÉS *peuvent être appofés à la requête de la femme demanderesse* ou *défenderesse en divorce*, pour causes déterminées seulement), à compter de l'ordonnance qui appellera en conciliation. (Voyez *formalités du divorce*.)

SCELLÉS (levée de) *apposés sur les meubles d'une succession* échue à un mineur, doit être provoquée, dans les dix jours qui suivront la nomination d'un tuteur connu de lui, et l'inventaire d'iceux fait immédiatement. (Voyez *tuteur*.)

SŒUR DU DONATEUR OU TESTATEUR peut-être grévée de substitution, mais seulement en faveur de tous ses enfans nés ou à naître, et sans préférence d'âge ou de sexe. (Voyez *substitution*.)

SŒUR, *d'abord simple donataire entre-vifs*, à qui il seroit fait une nouvelle libéralité, soit par acte entre-vifs ou testamentaires, à la charge de restituer les biens premiers donnés, et qui l'aura acceptée ne pourra plus les diviser, quand même elle offriroit de renoncer à cette seconde libéralité, et d'en remettre les objets. (Voyez *disposition*.)

SŒURS *et frères sont appelés*, à l'exclusion de tous autres, à recueillir la succession d'une personne morte sans postérité, et dont les père et mère seroient aussi décédés. (Voyez *frères*, *partage*.)

SOURD ET MUET QUI SAURA ÉCRIRE POURRA ACCEPTER lui-même ou par un fondé de pouvoir, (la donation qui lui aura été faite.)

S'il ne sait pas écrire, l'acceptation doit être faite par un curateur nommé à cet effet, (comme pour un mineur).

Décret du 13 floréal an 11, promulgué le 23 ; tit. 2, chap. 3, sect. 1, art. 226, code civil. (Voy. *donation, donation d'effets mobiliers*)

SUCCESSIBILITÉ *n'aura lieu de l'adopté* aux parens de l'adoptant. (Voyez *adopté*.)

SUCCESSEUR *à titre universel.* (Voyez *co-héritier.*)

SUBROGATION *au droit d'un créancier*, stipulée au profit d'un co-héritier ou successeur universel qui l'a remboursé, et qui, par l'effet de ce remboursement, a plus payé qu'il n'étoit tenu, n'a de recours contre ses autres co-héritiers que pour la part dont chacun d'eux en étoit personnellement tenu. (Voyez *co-héritier.*)

SUBSTITUTIONS (les) SONT PROHIBÉES. Toute disposition par laquelle le donataire, l'héritier institué ou le légataire, sera chargé de conserver et de rendre à un tiers, sera nulle, même à l'égard du donataire, de l'héritier institué ou du légataire.

Décret du 13 floréal an XI, promulgué le 23, titre 2, art. 186, code civil.

Sont exceptées de l'article précédent, les dispositions permises aux père et mère, et aux frères et sœurs, au chapitre 5 du présent titre. Art. 187.

SUBSTITUTION PERMISE en faveur de tous les petits-enfans du donateur ou du testateur, ou de tous les enfans de ses frères ou sœurs au premier degré seulement.

LES BIENS DONT LES PÈRES ET MÈRES ont la faculté de disposer, (la moitié, le tiers ou le quart, selon qu'ils laisseront de descendans ou d'ascendans) pourront être par eux donnés, en tout ou en partie, à un ou plusieurs de leurs enfans, par actes entre-vifs ou testamentaîres, avec la charge de rendre ces biens aux enfans nés ou à naître au premier degré seulement desdits donataires.

Décret du 13 floréal an XI, promulgué le 23, titre 2, chap. 5, art. 337, cod. civil.

Sera valable, en cas de mort sans enfans, la disposition que le défunt aura faite par acte entré-vifs ou testamentaire, au profit d'un ou de plusieurs de ses frères ou sœurs, de tout ou partie des biens qui ne sont point réservés par la loi dans sa succession

cession, avec la charge de rendre ces biens aux enfans nés et à naître au premier degré seulement, desdits frères ou sœurs donataires.

Les dispositions permises par les deux articles prédents, ne seront valables, qu'autant que la charge de restitution sera au profit de tous les enfans nés et à naître, du grévé, sans exception ni préférence d'âge. *Idem*, art. 338.

Celui qui fera les dispositions autorisées par les articles précédens, pourra, par le même acte, ou par un acte postérieur, nommer un tuteur chargé de l'exécution de ces dispositions. Ce tuteur ne pourra être dispensé que pour une des causes qui dispense de toute tutelle. *Idem*, art. 344.

A défaut de ce tuteur, il en sera nommé un à la diligence du grévé, ou de son tuteur, s'il est mineur, dans le délai d'un mois, à compter du jour du décès du donateur ou testateur, ou du jour que depuis cette mort, l'acte contenant la disposition a été connu. *Idem*, art. 345.

Le grévé qui n'aura pas satisfait à l'article précédent, sera déchu du bénéfice de la disposition ; et dans ce cas, le droit pourra être déclaré ouvert au profit des appellés, à la diligence, soit des appellés, s'ils sont majeurs, soit de leurs tuteurs ou curateurs, s'ils sont mineurs ou interdits, soit de tout parent des appellés majeurs, mineurs ou interdits, ou même d'office, à la diligence du commissaire du gouvernement près le tribunal de première instance, du lieu où la succession est ouverte. *Idem*, art. 346.

Si dans le cas ci-dessus, le grévé de restitution, au profit de ses enfans, meurt laissant des enfans au premier degré, et des descendans d'un enfant prédécédé, ces derniers recueilleront par représentation, la portion de l'enfant prédécédé. *Idem,* art. 340.

Si l'enfant, le frère ou la sœur, auxquels des biens auront été donnés par acte entre-vifs, sans charge de restitution, acceptent une nouvelle libéralité faite par acte entre-vifs ou testamentaire, sous la condition que les biens précédemment donnés demeureront grévés de cette charge, il ne leur est plus permis de diviser les deux dispositions faites à leur profit, et de renoncer à la seconde, pour s'en tenir à la première, quand même ils offriroient de rendre les biens compris dans la seconde disposition. *Idem,* art. 341.

Les droits des appellés seront ouverts à l'époque, où, par quelque cause que ce soit, la jouissance de l'enfant, du frère ou de la sœur grévés de restitution cessera.

L'abandon anticipé de la jouissance, ne pourra préjudicier aux créanciers du grévé antérieurs à l'abandon. *Idem*, art. 342. (Voyez *femmes*.)

Il sera fait par le grévé, dans le délai de six mois, à compter du jour de la clôture de l'inventaire, un emploi de deniers comptant, de ceux provenant du prix des meubles et effets qui auront été vendus et de ce qui aura été reçu des effets actifs. Ce délai pourra être prolongé, s'il y a lieu. *Idem*, art. 354.

Le grévé sera pareillement tenu de faire emploi des deniers provenant des effets actifs qui seront recouvrés, et des remboursemens de rente, et ce, dans trois mois au plus tard, qu'il aura reçu ces derniers. *Idem*, art. 355.

Cet emploi sera fait, conformément à ce qui aura été ordonné par l'auteur de la disposition, s'il a désigné la nature des effets dans lesquels l'emploi doit être fait, sinon, il ne pourra l'être qu'en immeubles, ou avec privilége sur des immeubles. *Idem*, art. 356.

L'emploi ordonné par les articles précédens, sera fait en présence et à la diligence du tuteur nommé pour l'exécution. *Idem*, art. 357.

Les dispositions testamentaires ou par donation, doivent être rendues publiques, savoir, quant aux immeubles, par la transcription, et quant aux collocations des deniers, par l'inscription. (Voyez *do-nation , dispositions testamentaires.*)

SUBROGÉ-TUTEUR , *doit être nommé par le conseil de famille avant que le tuteur* s'ingère dans les fonctions de la tutelle.

Les fonctions de subrogé - tuteur, consistent à agir pour les intérêts du mineur, lorsqu'ils seront en opposition à ceux du tuteur : elles cessent avec la tutelle.

Il ne peut remplacer le tuteur, en cas de décès; mais il doit aussitôt provoquer son remplacement.

Sa destitution ne peut être provoquée par le tuteur.

Incapables, ne peuvent être nommés subrogé-tuteur. Dispensés et excusés, ne peuvent être forcés d'accepter cette fonction. (Voyez *tutelle.*)

Subrogé-tuteur doit assister à l'inventaire;

Il nomme l'expert qui doit estimer les meubles réservés par les père et mère , tuteurs, ayant la jouissance du bien de leurs enfans.

Il est présent à la vente des immeubles des mineurs. (Voyez *tuteur, vente.*)

SUBROGÉ-TUTEUR , *peut se faire remettre* par le tuteur des états de situation de sa gestion, une fois chaque année, aux époques déterminées par le conseil de famille. (Voyez *tuteur.*)

SUCCESSION. Le lieu ou la succession s'ouvrira, sera déterminé par le domicile.

Décret du 23 ventose an XI, promulgué le 3 germinal, tit. 3, art. 110, cod. civil. (Voyez *domicile*.)

SUCCESSIONS (les) s'ouvrent par la mort naturelle, et par la mort civile.

La succession est ouverte par la mort civile, du moment où cette mort est encourue, conformément aux dispositions de la loi, sur la privation des droits civils, par suite d'une condamnation judiciaire.

Décret du 9 germinal an XI, promulgué le 19, tit. 1, chap. 1, art. 8 et 9, cod. civil.

↤ L'instant de l'ouverture de chaque succession, à cause de mort naturelle, étant pour l'ordinaire suffisamment connu, il est facile de savoir à qui doit appartenir telle ou telle succession, qui doit la recueillir, qui doit la partager successivement.

Mais il peut arriver que plusieurs personnes dont les unes doivent succéder aux autres, décédent toutes ensemble et dans un même instant, par un de ces événemens malheureux, qui quoique rares, ont déjà eu lieu, et peuvent encore arriver. Dans ce cas, l'intérêt des survivants, celui de la justice, est de savoir ou de pouvoir décider, sans crainte d'erreur, qui est décédé le dernier ; car, c'est celui-là qui a hérité des autres : il n'y a que ceux qui ont droit d'hériter de lui, qui puissent profiter de ce qu'il auroit ainsi recueilli d'eux. Jusqu'à ce jour, on s'étoit déterminé à cet égard, par des présomptions plutôt abandonnées à l'arbitraire des tribunaux, que légalement co-ordonnées. La loi nouvelle y a pourvu ; cet arbitraire n'aura plus lieu.

Si plusieurs personnes respectivement appellées à la succession l'un de l'autre, périssent dans un même instant, sans qu'on puisse reconnoître laquelle est décédée la première, la présomption de survie est déterminée par les circonstances du fait, et, à leur défaut, par la force de l'âge ou du sexe.

1.° Si ceux qui ont péri ensemble avoient moins de quinze ans, le plus âgé sera présumé avoir survécu.

S'ils étoient tous au-dessous de soixante ans, le moins âgé sera présumé avoir survécu.

Si les uns avoient moins de quinze ans, et les autres plus de soixante ; les premiers seront présumés avoir survécu.

2.° Si ceux qui ont péri ensemble avoient quinze ans accomplis, et moins de soixante, le mâle est toujours présumé avoir survécu, lorsqu'il y a égalité d'âge, ou si la différence qui existe n'excède pas une année.

S'ils étoient du même sexe, la présomption de survie, qui donne ouverture à la succession dans l'ordre de la nature, doit être admise ; ainsi le plus jeune est présumé avoir survécu au plus âgé. *Idem*, articles 10, 11 et 12.

La loi règle l'ordre de succéder entre les héritiers légitimes.

A leur défaut, les biens passent aux enfans naturels. (Voyez cependant *enfans naturels*) ensuite à l'époux survivant.

S'il n'y en a pas, à la République. *Idem*, art. 13.

Les héritiers légitimes sont saisis de plein droit, des biens, droits et actions du défunt, sous l'obligation d'acquitter toutes les charges de la succession.

Les enfans naturels, l'époux survivant et *la République, doivent se faire envoyer en possession* par justice, dans les formes qui sont déterminées. *Idem*, art. 14. (Voyez *héritiers légitimes, exclus, indignes de succéder.*)

La loi ne considère, ni la nature, ni l'origine des biens, pour en régler la succession.

Les successions sont déférés aux enfans et descendans du défunt, à ses ascendans et à ses parens collatéraux, dans l'ordre et suivant les règles déterminées.

Toute succession échue à des ascendans ou collatéraux, se divise en deux parts égales, l'une pour les parens de la ligne paternelle; l'autre pour les parens de la ligne maternelle.

Les parens utérins ou consanguins, ne sont pas exclus par les germains; mais ils ne prennent part que dans leur ligne, (sauf quelques exceptions) les germains prennent part dans les deux lignes.

Il ne se fait aucune dévolution d'une ligne à l'autre, que lorsqu'il ne se trouve aucun ascendant, ni collatéral de l'une des deux lignes.

Cette première division opérée entre les lignes paternelle et maternelle, il ne se fait plus de division entre les branches; mais la moitié dévolue à chaque ligne appartient à l'héritier ou aux héritiers les plus proches en degrés, sauf le cas de la représentation, ainsi qu'il sera dit ci-après. (Voyez *représentation.*)

La proximité des degrés s'établit par le nombre des générations, chaque génération s'appelle un degré.

La suite des degrés forme la ligne ; on appelle ligne directe, la suite des degrés qui descendent l'un de l'autre.

Ligne collatérale, la suite des degrés entre personnes qui ne descendent pas les unes des autres, mais qui descendent d'un auteur commun.

On distingue la ligne, en ligne directe descendante, et ligne directe ascendante.

La première, est celle qui lie le chef avec ceux qui descendent de lui, (le père au fils, au petit fils, aux arrières petits-fils) en descendant de l'un à l'autre.

La deuxième, est celle qui lie une personne avec ceux dont il descend.

(Le fils au père, le petit-fils à l'ayeul, en remontant de l'un à l'autre.)

En ligne directe, on compte autant de degrés qu'il y a de générations entre les personnes : ainsi, le fils est, à l'égard du père, au premier degré, le petit-fils au second, et réciproquement du père et de l'ayeul à l'égard des fils et petits fils.

En lignes collatérales, les degrés se comptent par génération, depuis l'un des parens jusques et compris l'auteur commun, et depuis celui-ci jusqu'à l'autre parent.

Décret du 29 germinal an 11, prom. le 9 floréal, chap. 3, sect. 1, art. 21, à 28, code civil. (Voy. *représentation.*)

Les parens au-delà du douxième degré, ne succèdent pas.

Décret idem, chap. 3, sect. 5, art. 45.

A défaut de parent au degré successible dans une ligne, les parens de l'autre succèdent pour le tout. *Idem, idem.*

SUCCESSION. Si les père et mère de la personne morte sans postérité lui ont survécu, ses frères et sœurs ou leurs représentans ne sont appelés qu'à la moitié de la succession ; si le père ou la mère seulement a survécu, ils sont appelés à recueillir les trois quarts.

Décret du 29 germinal an 11, promulgué le 9 flo-

réal, tit. 1, *chap.* 3, *sect.* 5, *art.* 41, *code civil.* (Voyez *partage.*)

SUCCESSION. A DÉFAUT DE FRÈRE OU SŒUR, OU DE DESCENDANT D'EUX , la succession est déférée pour moitié aux ascendans survivans, et pour l'autre moitié aux parens, les plus proches de l'autre ligne.

S'il y a concours de parens collatéraux au même degré, ils partagent par tête.

Décret du 29 *germinal an* 11, *promulgué le* 9 *floréal, tit.* 1, *ch.* 3, *sect.* 5, *art.* 43, *code civil.*

Dans le cas de l'article précédent, le père ou la mère survivant , a l'usufruit du tiers des biens auxquels il ne succède pas en propriété. *Id.* art. 44.

A défaut de parens successibles dans une ligne, les parens de l'autre ligne succèdent pour le tout. *Id.* art. 45.

SUCCESSION *d'une personne morte sans postérité*, et dont les père et mère sont prédécédés, appartient à ses frères et sœurs ou à leurs descendans. (Voyez *frères, sœurs, partage.*)

SUCCESSION. LORSQUE LES PÈRE ET MÈRE D'UNE PERSONNE MORTE SANS POSTÉRITÉ lui ont survécu, si elle a laissé des frères, sœurs ou descendans d'eux, la succession se divise en deux portions égales, dont moitié seulement est déférée au père et à la mère, qui la partagent entr'eux également.

L'autre moitié appartient aux frères et sœurs, ou descendans d'eux.

Décret du 29 germinal an 11 *, prom. le 9 floréal, chap. 2 , sect. 4 , art. 38 , code civil.* (Voyez *frères et sœurs*.)

SUCCESSION. Lorsque le défunt ne laisse ni parens au degré successible, ni enfans naturels, les biens de la succession appartiennent au conjoint non divorcé qui lui survit.

Décret du 29 germinal an XI, prom. le 9 floréal, tit. 1 *, chap.* 4 *, sect.* 2 *, art.* 57 *, cod. civil.*

A défaut de conjoint survivant, la succession est acquise à la république. *Id.* , art. 58.

Le conjoint survivant, ou l'administration des domaines qui prétendroit à la succession, est tenu de faire apposer les scellés, et de faire inventaire dans les formes prescrites pour l'acceptation des successions sous bénéfice d'inventaire.

Ils doivent demander l'envoi en possession au tribunal de première instance dans le ressort duquel la succession est ouverte, le tribunal ne peut statuer sur la demande qu'après trois publications et affiches dans les formes usitées, et après avoir entendu le commissaire du gouvernement.

L'époux survivant est encore tenu de faire emploi du mobilier, ou de donner caution suffisante, pour en faire la restitution, au cas où il se présenteroit des héritiers du défunt dans l'intervalle de trois ans; après ce délai, la caution est déchargée.

L'époux survivant, ou l'administration des domaines, qui n'auroit pas rempli les formalités qui leur sont respectivement prescrites, pourra être condamné aux dommages-intérêts, s'il s'en représente. *Id.*, art. 58, 59, 60, 61 et 62.

Les dispositions des art. 59, 60, 61 et 62, *sont communes* aux enfans naturels, appelés à défaut de parens. *Id.*, art. 63.

SUCCESSION (une) PEUT ÊTRE ACCEPTÉE PUREMENT ET SIMPLEMENT OU SOUS BÉNÉFICE D'INVENTAIRE.

L'effet de l'acceptation remonte au jour de l'ouverture de la succession.

L'acceptation peut être expresse ou tacite. Elle est expresse, quand on prend le titre ou la qualité d'héritier, dans un acte authentique ou privé; elle est tacite, quand l'héritier fait un acte qui suppose nécessairement son intention d'accepter, et qu'il n'auroit droit de faire qu'en sa qualité d'héritier.

La donation vente ou transport que fait de ses

droits successifs, *un de ses co-héritiers*, soit à un étranger, soit à tous ses co-héritiers, soit à quelques-uns d'eux, emporte de sa part acceptation de la succession.

Il en est de même, 1°. de la renonciation même gratuite que fait un des héritiers au profit d'un ou de plusieurs de ses cohéritiers.

2° De la renonciation qu'il fait, même au profit d'un ou de plusieurs de ses co-héritiers indistinctement, lorsqu'il reçoit le prix de sa renonciation.

Les actes purement conservatoires, de surveillance et d'administration provisoire, ne sont pas des actes d'addition d'hérédité, si l'on n'y a pas pris le titre ou la qualité d'héritier.

Décret du 29 germinal an 11, promulgué le 9 floréal, tit. 1, chap. 5, sect. 1, art. 64, 65, 67, 68 et 69, code civil. (Voyez *femme, mineur, interdit, héritier majeur*).

SUCCESSION VACANTE. Lorsqu'après l'expiration des délais pour faire inventaire et pour délibérer, il ne se représente personne qui réclame une succession, qu'il n'y a pas d'héritiers connus, ou que les héritiers connus y ont renoncé, cette succession est réputée vacante.

Décret du 29 germin. an XI, prom. le 9 floréal, tit. 1, chap. 5, sect. 1, art. 101, code civil.

Le tribuual de première instance, dans l'arrondissement duquel elle est ouverte, *nomme un curateur*, sur la demande des personnes intéressées ou sur la réquisition du commissaire du gouvernement. *Id.*, art. 102. (Voyez *curateur à succession vacante*).

SUCCESSION DE L'ENFANT NATUREL DÉCÉDÉ SANS POSTÉRITÉ est dévolue au père ou à la mère qui l'a reconnu, ou par moitié à tous les deux, s'il a été reconnu par l'un et l'autre.

Décret du 29 germinal an 11 , promul. le 9 floréal, tit. 1 , chap. 4 , sect. 1 , art. 55 , cod. civil.

En cas de prédécès des père et mère de l'enfant naturel, les biens qu'il en avoit reçus passent aux frères et sœurs légitimes, s'ils se trouvent en nature dans la succession ; les actions en reprises, s'il en existe, ou le prix de ses biens aliénés, s'il est encore dû , retournent également aux frères et sœurs légitimes.

Tous les autres biens passent aux frères et sœurs naturels, ou à leurs descendans. *Id.* , art. 56.

SUCCESSION ÉCHUE A UN MINEUR ne peut être acceptée ni répudiée par son tuteur sans une autorisation du conseil de famille. (Voyez *acceptation.*)

Dans le cas où la succession répudiée au nom du mineur n'auroit pas été acceptée par un autre, elle pourra être reprise, soit par le tuteur, autorisé à cet effet par une nouvelle délibération du conseil de famille, soit par le mineur devenu majeur, mais dans l'état où elle se trouvera lors de la reprise, et sans pouvoir attaquer les ventes et autres actes qui auront été légalement faits depuis la vacance.

Décret du 5 germinal an XI, promulgué le 16, tit. 10, chap. 2, sect. 8, art. 456, code civil.

SUCCESSION. S'IL S'OUVRE UNE SUCCESSION A LAQUELLE SOIT APPELÉ UN INDIVIDU DONT L'EXISTENCE N'EST PAS RECONNUE, elle sera dévolue *exclusivement* à ceux avec lesquels il auroit eu le droit de concourir, ou à ceux qui l'auroient recueillie à son défaut.

Décret du 24 ventose an XI, promulgué le 4 germinal, tit. 4, chap. 3, sect. 2, art. 136, cod. civil. (Voyez *droit, absent, possession.*)

Les dispositions de cet article auront lieu, sans préjudice des actions en pétitions d'hérédité et d'autres droits, lesquels compéteront à l'absent ou à ses représentans et ayant cause, et ne s'éteindront que par le laps de temps établi pour la prescription. *Id.*, art. 137.

SUCCESSION (la) DE L'ABSENT sera ouverte du jour de son décès prouvé, au profit des héritiers plus proches à cette époque, et ceux qui auroient joui des biens de l'absent, seront tenus de les restituer, sous la réserve des fruits par euxacquis, en vertu de l'art. 127.

Décret du 24 *veniose an* 11, *promulgué le* 30, *tit.* 4, *ch.* 3, *art.* 130, *cod. civ.* (*Voyez possession.*)

SUCCESSIONS *ne peuvent être dévolues à condamné* à des peines emportant mort civile.

Il ne peut transmettre ni disposer des biens par lui acquis par la suite. (*Voyez mort civile.*)

SUPPRESSION *d'état* peut donner lieu à une action criminelle et à une action civile; mais l'action criminelle ne peut avoir lieu qu'après le jugement de l'action civile. (*Voyez possession d'état.*)

SURVENANCE D'ENFANT LÉGITIME annulle toute donation entre-vifs. (*Voyez donation.*)

TRAITÉ

TRAITÉ (tout) QUI POURRA INTERVENIR ENTRE LE TUTEUR ET LE MINEUR devenu majeur , sera nul, s'il n'a été précédé de la reddition d'un compte détaillé et de la remise des pièces justificatives, le tout constaté par un récépissé de l'ayant-compte, dix jours au moins avant le traité.

Décret du 5 germinal an 11 *, promulg. le* 16 *, tit.* 10 *, chap.* 2 *, sect.* 9 *, art.* 466.

TRANSACTION *à laquelle un mineur est intéressé* ne peut avoir lieu sans l'autorisation du conseil de famille, que de l'avis de trois jurisconsultes, et n'est valable qu'autant qu'elle est homologuée. (Voy. *tuteur.*)

TRANSCRIPTION *doit avoir lieu de toute disposition* par acte entre-vifs ou testamentaire faits à la charge de restitution (ou substitution).

Faute de cette transcription, les créanciers et les tiers acquéreurs postérieurs, conserveront leurs droits sur les biens, ainsi donnés ou légués, même contre les mineurs et les interdits, sans qu'ils puissent être restitués contre leur défaut, pour quelque cause que ce soit. (Voyez *dispositions testamentaires.*)

Transmission de propriété. (Voyez *propriété, succession, testament, donation.*)

TÉMOIN. *Aucun condamné à des peines empor-*

an*t mort civile*, ne peut être témoin dans un acte solemnel ou authentique, ni en justice. (Voyez *tmort civile*.)

TEMOINS (les) PRODUITS AUX ACTES DE L'ÉTAT CIVIL ne pourront être que du sexe masculin, âgés de vingt-un ans au moins, parens ou autres; et ils seront choisis par les personnes intéressées.

Décret du 20 *ventose an XI, prom. le* 30*, tit.* 2, *chap.* 1*, art.* 37*, code civil.*

TÉMOINS *pour testamens*, par actes publics, ou dépôts des testamens mystiques. (Voyez *testament.*)

TESTAMENS. TOUTE PERSONNE POURRA DISPOSER PAR TESTAMENT, soit sous le titre d'institution d'héritier, soit sous le titre de legs, soit sous toute autre dénomination propre à manifester sa volonté.

Décret du 13 *floréal an* 11*, promulgué le* 23, *tit.* 2*, chap.* 4*, sect.* 1 *, art.* 257 *, code civil.*

Un testament ne pourra être fait, dans le même acte, par deux ou plusieurs personnes, soit au profit d'un tiers, soit à titre de disposition réciproque et mutuelle. *Idem*, art. 258.

☞ Tout testament soit public, soit olographe, soit mystique, &c., sera nul, si les formalités prescrites pour les divers testamens n'ont pas été observées; tel est l'art. de la loi qui prononce cette nullité.

Les formalités auxquelles les divers testamens sont assujétis doivent être observées, à peine de nullité. *Id., Id., sect.* 2, art. 290.

TESTAMENS. On ne peut disposer de, ses biens a titre gratuit que par testamens ou donations entre-vifs dans les formes établies.

Décret du 13 *floréal an* 11, *prom. le* 23, *tit.* 2, *art.* 183, *code civil.*

Le testament est un acte par lequel le testateur dispose, pour le temps où il n'existera plus, de tout ou partie de ses biens, et qu'il peut révoquer. Art. 185.

Toute disposition entre-vifs ou testamentaire, contenant des conditions impossibles ou contraires aux mœurs est valable; ces conditions seules ne le sont pas. (*Voyez dispositions.*)

Pour faire un testament, il faut être sain d'esprit.

Toutes personnes peuvent disposer et recevoir par testament, excepté celles que la loi en déclare incapables. *Id. chap.* 1, art. 191 et 192. (V. *capables, mineur, femme mariée, ascendans, enfans naturels, médecins, ministres du culte.*)

Les libéralités par testament ne pourront excéder la moitié des biens du disposant, s'il ne laisse à son décès qu'un enfant légitime.

Le tiers, s'il laisse deux enfans.

Le quart, s'il en laisse trois ou un plus grand nombre.

Sont compris dans l'article précédent, sous le nom d'enfans, les descendans en quelque degré que ce soit ; néanmoins, ils ne sont comptés que pour l'enfant qu'ils représentent dans la succession du disposant. *Idem, ch. 2, sect.* 1, art. 203 et 204.

Les libéralités par testament ne pourront excéder la moitié des biens, si, à défaut d'enfans, le défunt laisse un ou plusieurs ascendans dans chacune des lignes paternelles et maternelles, et les trois-quarts, s'il ne laisse d'ascendant que dans une ligne.

Les biens ainsi réservés au profit des ascendans, seront par eux recueillis dans l'ordre où la loi les appelle à succéder : ils auront seuls droit à cette réserve, dans tous les cas où un partage en concurrence avec des collatéraux, ne leur donneroit pas la quotité de biens à laquelle elle est fixée. *Idem*, art. 205.

→ Ce cas peut exister lorsqu'il n'y a plus, lors du décès du testateur, qu'un des ayeuls d'une seule ligne, et pour héritiers des collatéraux. Aux termes de la loi, l'ayeul ne doit avoir que le quart de le succession ; (Voyez *partage*.) mais au moyen de la libéralité testamentaire dont il est ici question, il en aura la moitié.

A défaut de descendans ou d'ascendans, les li-

béralités par testament pourront épuiser la totalité des biens. *Id.*, art. 206. (Voyez *disposition.*)

TESTAMENT (un) POURRA ÊTRE OLOGRAPHE, ou fait par acte public, ou dans la forme mystique.

Décret du 13 floréal an XI, promul. le 23, tit. 2, chap. 4, sect. 1, art. 259, code civil

Le testament par acte public, est celui qui est reçu par deux notaires, en présence de deux témoins, ou par un notaire, en présence de quatre témoins. *Idem*, art. 261.

Si le testament est reçu par deux notaires, il leur est dicté par le testateur ; il doit être écrit par l'un de ces notaires, tel qu'il est dicté.

S'il n'y a qu'un notaire, il doit également être dicté par le testateur et écrit par le notaire.

Dans l'un et l'autre cas, il en doit être donné lecture au testateur en présence des témoins.

Il est fait du tout mention expresse. *Idem*, art. 262.

Ce testament doit être signé par le testateur ; s'il déclare qu'il ne sait ou ne peut signer, il sera fait dans l'acte mention expresse de sa déclaration, ainsi que de la cause qui l'empêche de signer. *Id.*, art. 263.

Le testament devra être signé par les témoins ; et néanmoins, dans les campagnes, il suffira qu'un des deux témoins signe, si le testament est reçu par deux notaires, et que deux des quatre témoins signent, s'il est reçu par un notaire. Art. 264.

Ne pourront être pris pour témoins des testamens par acte public, ni les légataires, à quelque titre qu'ils soient, ni leurs parens ou alliés jusqu'au quatrième degré inclusivement, ni les clercs des notaires par lesquels les actes seront reçus. Art. 265.

Les témoins appelés pour être présens au testament devront être mâles, majeurs, républicoles, jouissant des droits civils. Art. 270.

TESTAMENT. Lorsque les héritiers présomptifs auront obtenu l'envoi en possession provisoire (des biens d'un absent) le testament, s'il en existe un, sera ouvert à la réquisition des parties intéressées ou du commissaire du gouvernement près le tribunal; et les légataires, les donataires, ainsi que tous ceux qui avoient sur les biens de l'absent des droits subordonnés à la condition de son décès pourront les exercer provisoirement, à la charge de donner caution.

Décret du 24 ventose an XI, promulgué le 4 germinal, tit. 4, chap. 3, art. 123, code civil.

TESTAMENT (un) POURRA ÊTRE OLOGRAPHE.
Le testament olographe ne sera point valable, s'il n'est écrit en entier, daté et signé de la main

du testateur : il n'est assujéti à aucune autre forme.

Décret du 13 floréal an 11, promulgué le 23, tit. 2, chap. 4, sect. prem., art. 259 et 260, code civil.

TESTAMENT (tout) *olographe sera, avant d'être mis à exécution*, présenté au tribunal de première instance de l'arrondissement dans lequel la succession est ouverte.

Ce testament sera ouvert, s'il est cacheté.

Le président dressera procès-verbal de la présentation de l'ouverture et de l'état du testament dont il ordonnera dépôt entre les mains du notaire par lui commis. *Id. Id., sect.* 4, art. 296.

☞ Les juges de paix qui, dans le cours d'une apposition de scellés trouveroient un pareil testament, ou auxquels il en seroit remis un, ne doivent pas négliger cette présentation, et d'en faire le dépôt au notaire commis.

Si ce testament n'est trouvé ou produit qu'à la levée des scellés, ce sera au notaire à remplir ces formalités.

Testament olographe. Si le testament olographe, dans le cas de l'article 295, (s'il n'existe aucun héritier qui ait droit à la quotité réservée par la loi.) le légataire universel sera tenu de se faire envoyer en possession, par une ordonnance (du tribunal dans l'arrondissement duquel se sera ouverte la succession) mise au bas d'une requête à laquelle sera joint l'acte de dépôt. *Id., sect.* 4, art. 297.

TESTAMENT MYSTIQUE OU SECRET. Ceux qui savent ou ne peuvent lire, ne pourront faire de dispositions dans la forme du testament mystique.

Décret du 13 floréal an 11, promulg. le 23, tit. 2, chap. 4, sect. prem., art. 268.

Lorsque le testateur voudra faire un testament mystique ou secret, il sera tenu de signer ses dispositions, soit qu'il les ait écrites lui-même ou qu'il les ait fait écrire par un autre.

Sera le papier qui servira d'enveloppe, s'il y en a une, clos et scellé.

Le testateur le présente, ainsi clos et scellé, au notaire et à six témoins, au moins, ou il le fera clorre et sceller en leur présence; et il déclarera que le contenu en ce papier est son testament écrit et signé de lui, ou écrit par un autre et signé de lui.

Le notaire en dressera l'acte de suscription qui sera écrit sur ce papier ou sur la feuille qui servira d'enveloppe : cet acte sera signé tant par le testateur que par le notaire, ensemble par les témoins.

Tout ce que dessus sera fait de suite sans divertir à d'autres actes : et en cas que le testateur, pour un empêchement survenu depuis la signature, ne puisse signer l'acte de suscription, il sera fait mention de la déclaration qu'il en a faite, sans qu'il soit besoin en ce cas d'augmenter le nombre des témoins. *Id.*, art. 266.

Si le testateur ne sait signer, ou s'il n'a pu le faire lorsqu'il a fait écrire ses dispositions, il sera appelé à l'acte de souscription, un témoin outre le nombre porté par l'article précédent, lequel signera l'acte avec les autres témoins ; et il y sera fait mention de la cause pour laquelle ce témoin aura été appelé. Art. 267.

En cas que le testateur ne puisse parler, mais qu'il puisse écrire, il pourra faire un testament mystique, à la charge que le testament sera entièrement écrit, daté et signé de sa main ; qu'il le présentera au notaire et aux témoins, et qu'au haut de l'acte de suscription, il écrira en leur présence que le papier qu'il présente est son testament: après quoi le notaire écrira l'acte de suscription, dans lequel il sera fait mention que le testateur a écrit ces mots en présence du notaire et des témoins ; et sera au surplus observé tout ce qui est prescrit par l'art. 266 ci-dessus. Art. 269.

Les témoins devront être mâles, majeurs, républicoles, jouissant des droits civils. Art. 270.

☛ Tout testament dans la forme mystique, régulièrement déposé devra être présenté au président du tribunal de l'arrondissement, dans lequel la succession est ouverte.

Le président du tribunal en fera l'ouverture, dressera procès-verbal de la présentation de l'ouverture et de l'état du testament, ainsi que de ceux du testament olographe. (Voyez *ces derniers mots.*) Tel est le texte précis de la Loi, à cet égard.

Si le testament est dans la forme mystique, sa présentation, son ouverture, sa description, son dépôt seront faits de la même manière, (que pour le testament olographe) mais l'ouverture ne pourra se faire qu'en présence de ceux des notaires et des témoins signataires de l'acte de suscription qui se trouveront sur les lieux, ou appelés.

Décret du 13 *floréal an* 11 *, promulgué le* 23 *, titre* 2 *, chapitre* 4 *, section,* 4 *, article* 296 *, code civil.*

Testament *mystique. Si le testament est mystique, dans le cas de l'article* 295 *,* (s'il n'existe aucun héritier qui ait droit à la quotité réservée par la loi) le légataire universel sera tenu de se faire envoyer en possession, par une ordonnance (du président du tribunal dans l'arrondissement duquel la succession se sera ouverte) mise en bas d'une requête à laquelle sera joint l'acte de dépôt. *Idem, sect.* 4 *,* art. 297.

TESTAMENS (les) MILITAIRES ET DES INDIVIDUS EMPLOYÉS DANS LES ARMÉES pourront, en quelque pays que ce soit, être reçus par un chef de bataillon ou d'escadron, ou par tout autre officier d'un grade supérieur, en présence de deux témoins, ou par deux commissaires des guerres, en présence de deux témoins.

Décret du 13 floréal an 11, promulgué le 23, tit. 2, chap. 4, sect. 2, art. 271, code civil.

Ils pourront encore, si le testateur est malade ou blessé, être reçu par l'officier de santé en chef, assisté du commandant militaire chargé de la police de l'hospice. *Id., art. 272.*

Les dispositions des articles ci-dessus n'auront lieu qu'en faveur de ceux qui seront en expédition militaire ou en quartier ou en garnison hors du territoire de la république, ou prisonniers chez l'ennemi, sans que ceux qui seront en quartier ou en garnison dans l'intérieur, puissent en profiter, à moins qu'il ne se trouvent dans une place assiégée, ou dans une citadelle et autres lieux dont les portes soient fermées et dont les communications sont interrompues à cause de la guerre. *Id.,* art. 273.

Le testament fait dans les formes ci-dessus, sera nul six mois après que le testateur sera revenu dans un lieu où il aura la liberté d'employer les formes ordinaires. *Id.,* art. 274.

TESTAMENS FAITS EN MER, EN VOYAGE.

Les testamens faits sur mer, dans le cours d'un voyage, pourront être reçus,

A bord des vaisseaux et autres bâtimens de l'état, par l'officier commandant ledit bâtiment, ou, à son défaut, par celui qui le supplée dans l'ordre du service, l'un ou l'autre conjointement avec l'officier d'administration, ou avec celui qui en remplit les fonctions ;

Et à bord des batimens de commerce, par l'écrivain du navire ou celui qui en fait les fonctions, l'un ou l'autre conjointement avec le capitaine, le maître ou le patron, ou, à leur défaut, par ceux qui les remplacent.

Dans tous les cas, ces testamens devront être reçus en présence de deux témoins.

Décret du 13 *floréal an* 11 *, prom. le* 23 *, tit. , chap.* 4 *, sect.* 2 *, art.* 278 *, code civil.*

Sur les bâtimens de l'état, le testament du capitaine ou celui de l'officier d'administration;

Et *sur les bâtimens de commerce*, celui du capitaine, du maître ou patron ou celui de l'écrivain pourront être reçus par ceux qui viennent après eux dans l'ordre du service, en se conformant, pour le surplus, aux dispositions de l'art. précédent. *Id.*, art. 279.

Dans tous les cas, il sera fait un double original des testamens mentionnés aux deux articles précédens. *Id.*, art. 280.

Si le bâtiment aborde dans un port étranger, dans

lequel se trouve un commissaire des relations commerciales de France, ceux qui auront reçu le testament, seront tenus de déposer l'un des originaux clos ou cacheté, entre les mains de ce commissaire, qui le fera parvenir au ministre de la marine; et celui-ci en fera faire le dépôt au greffe de la justice de paix du lieu du domicile du testateur. *Id.*, art. 281.

Au retour du bâtiment en France, soit dans le port de l'armement, soit dans un port autre que celui de l'armement, les deux originaux du testament également clos et cachetés, ou l'original qui resteroit, si, conformément à l'article précédent, l'autre avoit été déposé pendant le cours du voyage, seront remis au bureau du préposé de l'inscription maritime. Ce préposé les fera passer sans délai au ministre de la marine, qui en ordonnera le dépôt, ainsi qu'il est dit au même article. *Id.*, art. 282.

Il sera fait mention sur le rôle du bâtiment, à la marge du nom du testateur, de la remise qui aura été faite des originaux du testament, soit entre les mains d'un commissaire des relations commerciales, soit au bureau d'un préposé de l'inscription maritime. *Id.*, art. 283.

Le testament ne sera point réputé fait en mer, quoiqu'il l'ait été dans le cours du voyage, si, au temps où il a été fait, le navire avoit abordé une terre, soit étrangère, soit de la domination française où il y auroit un officier public français ; auquel cas il ne sera valable qu'autant qu'il aura été dressé suivant les formes prescrites en France, ou suivant les formes usitées dans le pays où il aura été fait, *Id.*, art. 284.

Les dispositions ci-dessus seront communes aux testamens faits par les simples passagers, qui ne feront pas partie de l'équipage. *Id.*, art. 285.

Le testament fait sur mer, en la forme prescrite par l'art. 278 (ci-dessus), *ne sera valable* qu'autant que le testateur mourra en mer ou dans les trois mois après qu'il sera descendu à terre, et dans un lieu où il n'aura pu le refaire dans les formes ordinaires. *Id.*, art. 286.

Le testament fait sur mer ne pourra contenir aucune disposition au profit des officiers du vaisseau, s'ils ne sont parens du testateur.

Les testamens compris dans les articles ci-dessus seront signés par les testateurs et par ceux qui les auront reçus.

Si le testateur déclare qu'il ne sait ou ne peut signer, il sera fait mention de sa déclaration, ainsi que de la cause qui l'empêche de signer.

Dans les cas où la présence de deux témoins est

requise, le testament sera signé au moins par l'un d'eux, et il sera fait mention de la cause pour laquelle l'autre n'aura pas signé. *Idem*, art. 287.

Les formalités auxquelles sont assujétis les divers testamens, doivent être observées à peine de nullité. *Idem*, art. 287.

TESTAMENT FAIT EN PAYS ÉTRANGER.

Un Français qui se trouvera en pays étranger, pourra faire ses dispositions testamentaires, par acte sous signature privée, ainsi qu'il est prescrit en l'article 240 (Voyez *testament olographe*), ou par acte authentique, avec les formes usitées dans le lieu ou il est passé.

Décret du 15 floréal an 11, promulgué le 23, titre 2, chapitre 4., section 2, article 288, code civil.

Les testamens faits en pays étrangers, ne pourront être exécutés sur les biens situés en France, qu'après avoir été enregistrés au bureau du domicile du testateur, s'il en a conservé un, sinon au bureau de son dernier domicile connu en France; et dans le cas où le testament contiendroit des dispositions d'immeubles qui y seroient situés, il devra en outre être enregistré au bureau de la situation de ces immeubles, sans qu'il puisse être exigé un double droit. *Id.*, art. 289.

TESTAMENTS FAITS EN TEMPS DE PESTE OU DE MALADIES CONTAGIEUSES.

Les testamens faits dans un lieu avec lequel toute communication sera interceptée à cause de la peste ou autre maladie contagieuse, pourront être faits devant le juge de paix, ou devant l'un des officiers municipaux de la commune, en présence de deux témoins.

Décret du 13 floréal an XI, promulgué le 23, titre 2, chap. 4, sect. 2, art. 275, code civil.

Cette disposition aura lieu, tant à l'égard de ceux qui seroient attaqués de cette maladie, que de ceux qui seroient dans les lieux qui en sont infectés, encore qu'ils ne fussent pas actuellement malades. *Id.*, art. 276.

Les testaments mentionnés aux deux précédens articles, deviendront nuls six mois après que les communications auront été rétablies dans le lieu où le testateur se trouve, ou six mois après qu'il aura passé dans un lieu où elles ne seront point interrompues. *Id.*, art. 277.

TESTAMENTS (les) POURRONT ÊTRE RÉVOQUÉS en tout ou en partie, par un testament postérieur.

Les testaments postérieurs qui ne révoqueront pas, d'une manière expresse, les précédens, n'annulle-

ront,

ront, dans ceux-ci, que celles des dispositions y contenues, qui se trouveront incompatibles avec les nouvelles, ou qui seront contraires.

La révocation faite dans un testament postérieur aura tout son effet, quoique ce nouvel acte resté sans exécution, par l'incapacité de l'héritier institué ou du légataire, ou par le refus de recueillir.

Décret du 13 floréal an XI, prom. le 23, tit. 2, chapitre 4, sect. 8, art. 324, 325 et 326, code civil. (Voyez *aliénation, dispositions testamentaires, legs.*)

TESTAMENT *inconnu, découvert depuis l'accep-ation faite par un majeur d'une succession,* et au moyen duquel elle se trouveroit ou absorbée ou diminuée de moitié, est un moyen de revenir contre cette acceptation. (Voyez *majeur.*)

TESTAMENT. *Le condamné à des peines* empor-tant mort civile, ne peut en faire aucun; il n'en peut être fait aucun à son profit, si ce n'est pour cause d'alimens. (Voyez *dispositions, donations, testament, mort civile.*)

TITRES (les) EXÉCUTOIRES CONTRE LE DÉFUNT, sont pareillement exécutoires contre l'héritier personnellement; et néanmoins le créancier ne pourra en poursuivre l'exécution que huit jours après la

V

signification de ces titres, à la personne ou domicile de l'héritier.

Décret du 29 germinal an 11, promulgué le 9 floréal, tit. 1, chap. 6, sect. 3, art. 167, code civil. (Voyez *créanciers.*)

TITRES PARTICULIERS DE PROPRIÉTÉ *des biens échus à chaque co-partageant* doivent lui être remis après partage.

Les titres d'une propriété divisée restent à celui qui a la plus grande part, à la charge d'en aider ses co-partageans qui y auront intérêt, quand il en sera requis.

Les titres communs à toute l'hérédité sont remis à celui que tous les héritiers ont choisi pour en être dépositaire, à la charge d'en aider les co-partageans à toute réquisition.

S'il y a difficulté sur ce choix, il est réglé par le juge.

Décret du 29 germinal an 11, promulgué le 9 floréal, titre 1, chap. 6, sect. 1, art. 132, code civil.

TRESOR EST TOUTE CHOSE CACHÉE OU ENFOUIE sur laquelle personne ne peut justifier sa propriété, et qui est découverte par le pur effet du hasard.

La propriété d'un trésor appartient à celui qui

le trouve dans son propre fonds : si le trésor
est trouvé dans le fonds d'autrui, il appartient
pour moitié à celui qui l'a découvert, et pour l'autre moitié, au propriétaire du fonds.

*Décret du 29 germinal an 11, promulgué le 9
floréal, art. 1, n° 6, cod. civil.*

☞ T͏ʋᴛᴇʟʟᴇ. *Il y a quatre espèces de tutelle.*

La tutelle naturelle qui appartient de droit aux père
et mère, sauf quelques modifications relatives aux
mères seules.

La tutelle déférée par le dernier mourant des père
et mère, qui, peut être ou testamentaire, ou déclarée
dans des formes établies.

La tutelle des ascendans, à défaut de tutelle testamentaire, ou déclarée par les père et mère.

La tutelle déférée par le conseil de famille.

TUTELLE (la) ᴇsᴛ ᴜɴᴇ ᴄʜᴀʀɢᴇ ᴘᴇʀsᴏɴɴᴇʟʟᴇ,
qui ne passe point aux héritiers du tuteur. Ceux-
ci seront seulement responsables de la gestion de
leurs auteurs ; et s'ils sont majeurs, ils seront tenus
de la continuer jusqu'à la nomination d'un nouveau tuteur.

*Décret du 5 germinal an 11, promulgué le 16,
tit. 10, chap. 2, sect. 4, art. 413, code civil.*

☞ Toute personne doit être tuteur d'un mineur,
sinon les incapables, les dispensés et les excusables,
selon qu'il est déterminé par la loi. (Voyez *dispensés,
exclus, incapables* de la tutelle.)

Dans toute tutelle, il y a un subrogé - tuteur,

nommé, comme le tuteur, par le conseil de famille. *Id.*, sect. 5.

Ses fonctions consisteront à agir pour les intérêts du mineur, lorsqu'ils seront en opposition avec ceux du tuteur. *Id.*, *sect.* 5, art. 114.

Dans toutes tutelles, la nomination du subrogé-tuteur aura immédiatement lieu après celle du tuteur. *Id.*, art. 416.

En aucun cas, le tuteur ne votera pour la nomination du subrogé-tuteur, lequel sera pris, *hors le cas de frères germains,* (voyez *conseil de famille*), dans celle des deux lignes à laquelle le tuteur n'appartiendra point. *Id.*, art. 417.

Le subrogé-tuteur ne remplacera pas de plein droit le tuteur, lorsque la tutelle deviendra vacante ou qu'elle sera abandonnée par absence; mais il devra, en ce cas, sous peine de dommages-intérêts, qui pourroient en résulter pour le mineur, provoquer la nomination d'un nouveau tuteur. *Id.*, art. 418.

Les fonctions du subrogé-tuteur cesseront à la même époque que la tutelle. *Id.* art. 119.

Les dispositions contenues dans les sections 6 et 7, s'appliqueront aux subrogé-tuteurs.

Néanmoins, le tuteur ne pourra provoquer la destitution du subrogé-tuteur, ni voter dans les conseils de famille qui seront convoqués pour cet objet. *Id.* art. 420. (Voyez *incapables*, *excusés*, *dispensés.*)

TUTELLE (la) DES ENFANS MINEURS ET NON ÉMANCIPÉS APPARTIENT DE PLEIN DROIT au survivant des père et mère, après la dissolution du mariage, arrivée par la mort naturelle ou civile de l'un des époux.

Néanmoins, le père peut nommer, à la mère survivante et tutrice, un conseil spécial, sans l'avis duquel elle ne pourra faire aucun acte relatif à la tutelle.

Si le père spécifie les actes pour lesquels le conseil sera nommé, la tutrice sera habile à faire les autres sans son assistance.

Décret du 5 germinal an XI, prom. le 16, ch. 2, sect. 1, art. 284 et 285, code civil.

Cette nomination de conseil ne pourra être faite que de l'une des manières suivantes :

1°. Par acte de dernière volonté ;

2°. Par une déclaration faite devant le juge de paix, assisté de son greffier, ou devant notaires. *Id.* art. 386.

La mère n'est pas tenue d'accepter la tutelle ; et en cas qu'elle la refuse, elle devra en remplir les devoirs, jusqu'à ce qu'elle ait fait nommer un tuteur. *Id.* art. 388.

Si, lors du décès du mari, la femme est enceinte, il sera nommé un curateur au ventre par le conseil de famille.

A la naissance de l'enfant, la mère en deviendra tutrice, et le curateur en sera de plein droit le subrogé-tuteur. *Id.* art. 387. (Voy. *mère, mariage second.*)

☞ Père ou mère, dernier mourant, ont le droit de choisir un tuteur à leurs enfans.

Le droit individuel de choisir un tuteur parent, ou même étranger, n'appartient qu'au dernier mourant des père et mère.

Ce droit ne peut être exercé que dans les formes prescrites par l'article 386. (Par acte de dernière volonté, ou par déclaration faite devant le juge de paix ou devant notaire). *Id. sect.* 2, art. 391 et 392. (Voyez l'art. 386, ci-dessus, alinéa: *Cette nomination de conseil,* etc.)

☞ La nomination du tuteur faite ainsi par le père, remarié ou non, et par la mère non remariée, n'est sujette à aucune autre formalité. Il n'en est pas de même, si la mère est remariée. (Voyez *mariage second.*)

Le tuteur élu par le père ou la mère n'est pas tenu d'accepter la tutelle, s'il n'est d'ailleurs dans la classe des personnes, qu'à défaut de cette élection spéciale, le conseil de famille eût pu en charger. *Id.* art. 395. (Voy. *incapables, dispensés, excusés de la tutelle.*)

☞ Dans tous les cas', soit que le père ou la mère gardent la tutelle naturelle, que leur confirme la loi, soit que leurs enfans passent sous la puissance d'un tuteur qu'ils leur auroient nommé, les père et mère, ou ceux qu'ils auroient nommés, devront avant d'entrer en fonction, faire nommer un subrogé-tuteur aux mêmes mineurs. C'est le vœu impératif des deux premiers articles qui suivent.

Lorsque les fonctions de tuteur seront dévolues à une personne de l'une des qualités exprimées aux sections 1, 2 et 3, (les père, mère ou ceux qu'ils auront nommés, les ascendans), ce tuteur devra, avant d'entrer en fonctions, faire convoquer, pour la nomination du subrogé-tuteur, un conseil de famille composé, comme il est dit en la section 4,

S'il s'est ingéré dans la gestion avant d'avoir rempli cette formalité, le conseil de famille, convoqué, soit sur la réquisition des parens, créanciers ou autres parties intéressées, soit d'office par le juge de paix, pourra, s'il y a eu dol de la part du tuteur, lui retirer la tutelle, sans préjudice des indemnités dues au mineur. *Id.* sect. 5, art, 415.

☞ En cas de décès du subrogé-tuteur, il en sera de même ; car, si le tuteur ne peut s'ingérer dans les fonctions de la tutelle, sans avoir fait nommer un subrogé-tuteur, il ne peut jamais les exercer qu'il n'en existe un.

TUTELLE DES ASCENDANS.

Lorsqu'il n'a pas été choisi au mineur un tuteur

par le dernier mourant de ses père et mère, la tutelle appartient de droit à son ayeul paternel : à défaut de celui-ci à son ayeul maternel, et ainsi en remontant de manière que l'ascendant paternel toujours soit préféré à l'ascendant maternel du même degré.

Décret du 5 germinal an 11, prom. le 16, tit. 10, chap. 2, sect. 3, art. 396, code civil.

Si, à défaut de l'ayeul paternel et de l'ayeul maternel du mineur, la concurrence se trouvoit établie entre deux ascendans du degré supérieur, qui appartinssent tous deux à la ligne paternelle du mineur, la tutelle passera de droit à celui des deux qui se trouvera être l'ayeul paternel du père du mineur. *Id.* art. 397.

Si la même concurrence a lieu entre deux bisayeuls de la ligne maternelle, la nomination sera faite par le conseil de famille, qui ne pourra néanmoins que choisir l'un de ces deux ascendans. *Id.* art. 398. (Voyez *excuses* ou *dispenses de tutelle.*)

☞ Aussitôt la tutelle dévolue aux ascendans, ainsi qu'il est dit ci-dessus, art. 396 et 397 ; s'ils l'acceptent, ils doivent faire nommer au mineur un subrogé-tuteur.

Dans le cas de l'art. 398, le conseil de famille doit nommer ce subrogé-tuteur immédiatement après qu'il aura confirmé la nomination, ou la déclaration du tuteur indiqué, par la mère remariée. (Voyez *tutelle des enfans mineurs, appartient de plein droit aux père et mère.*)

TUTELLE OFFICIEUSE.

Tout individu âgé de plus de cinquante ans, et sans enfans ni descendans légitimes, qui voudra, durant la minorité d'un individu, se l'attacher par un titre légal, pourra devenir son tuteur officieux, en obtenant le consentement des père et mère de l'enfant, ou du survivant d'entr'eux, ou à leur défaut d'un conseil de famille, ou enfin, si l'enfant n'a point de parens connus, en obtenant le consentement des administrateurs de l'hospice qui l'aura recueilli, ou de la municipalité du lieu de sa résidence.

Décret du 2 germinal an 11, promulgué le 12, tit. 8, chap. 2, art. 355.

Tutelle officieuse ne pourra avoir lieu qu'au profit d'enfans âgés de moins de quinze ans; elle emportera avec soi, sans préjudice de toutes stipulations particulières, l'obligation de nourrir le pupille, de l'élever, de le mettre en état de gagner sa vie. *Id.* art. 358.

Un époux ne peut devenir tuteur officieux qu'avec le consentement de l'autre conjoint. *Id.* art. 356.

Le juge de paix du domicile de l'enfant dressera procès-verbal des demande et consentement relatifs à la tutelle officieuse. *Id.* art. 357.

Si le pupille a quelques biens, et s'il étoit antérieurement en tutelle, l'administration de ses biens, comme celle de sa personne, passera au tuteur officieux, qui ne pourra néanmoins imputer les dépenses de l'éducation sur les revenus du pupille. *Id.* art. 359. (Voyez *tuteur officieux.*)

Si à la majorité du pupille, son tuteur officieux veut l'adopter, et que le premier y consente, il sera procédé à l'adoption, selon les formes prescrites au chapitre précédent, et les effets en seront en tous points les mêmes. *Id.* art. 362. (Voyez *adoption* et *formes de l'adoption.*)

Si dans les trois mois qui suivront la majorité du pupille, les réquisitions par lui faites à son tuteur officieux, à fin d'adoption, sont restées sans effet, et que le pupile ne se trouve point en état de gagner sa vie, le tuteur officieux pourra être condamné à indemniser le pupille de l'incapacité où celui-ci pourroit se trouver de pourvoir à sa subsistance.

Cette indemnité se résoudra en secours propres à lui procurer un métier ; le tout sans préjudice des stipulations qui auroient pu avoir lieu dans la prévoyance de ce cas. *Id.* art. 363. (Voyez *tuteur.*)

Tutelle *d'interdit.* Nul n'est tenu de conserver la tutelle d'un interdit pendant plus de dix ans, s'il n'est son époux, ascendant ou descendant. (Voy. *interdit.*)

Tutrice. (*Voyez mère, tutelle, mariage second, tuteur.*)

☞ **Tuteur** *a l'administration des biens et de la personne du mineur.* Il est comptable. (*Voyez comptes de tutelle.*) Il ne peut s'ingerer dans les fonctions de la tutelle, s'il n'existe un subrogé-tuteur. (*Voy. tutelle.*)

Il ne peut provoquer la destitution du subrogé-tuteur, ni voter dans le conseil de famille qui l'aura pour objet, ni dans celui où il s'agira de son élection. (*Voyez idem.*)

TUTEUR PRENDRA SOIN DE LA PERSONNE DU MINEUR, et le représentera dans tous les actes civils.

Il administrera ses biens en bon père de famille et répondra des dommages et intérèts qui pourroient résulter d'une mauvaise gestion.

Il ne peut ni acheter les biens du mineur, ni les prendre à ferme, à moins que le conseil de famille n'ait autorisé le subrogé-tuteur à lui en passer bail. Il ne peut accepter la cession d'aucun droit ou créance contre son pupille.

Décret du 5 germinal an XI, prom. le 16, tit. 10, chap. 2 ; sect. 8 , art. 444, code civil.

Dans les dix jours qui suivront sa nomination, duement connue de lui, le tuteur requerrera la levée des scellés, s'ils ont été apposés, et fera procéder immédiatement à l'inventaire des biens du mineur en présence du subrogé-tuteur.

S'il lui est dû quelque chose par le mineur, il devra le déclarer dans l'inventaire, à peine de déchéance, et sur la réquisition que l'officier public sera tenu de lui en faire, et dont mention sera faite au procès-verbal. *Id.* art. 445.

Dans le mois qui suivra la clôture de l'inventaire, le tuteur fera vendre, en présence du subrogé-tuteur, aux enchères reçues par un officier public, et après des affiches ou publications dont le procès-verbal de vente fera mention, tous les meubles autres que ceux que le conseil de famille l'auroit autorisé à garder en nature *Idem*, art. 446.

Les père et mère, tant qu'ils ont la jouissance propre et légale des biens du mineur, sont dispensés de vendre les meubles, s'ils préfèrent de les garder pour les remettre en nature.

Dans ce cas, ils en feront faire à leurs frais une estimation à juste valeur, par un expert qui sera nommé par le subrogé-tuteur, et prêtera serment devant le juge de paix. Ils rendront la valeur estimative de ceux des meubles qu'ils ne pourront représenter. *Id.*, art 447.

Le tuteur fera emploi de l'excédent des revenus sur la dépense, ainsi qu'il sera déterminé par le conseil de famille. (Voyez *conseil de famille.*)

Le tuteur, même le père et la mère, ne peut emprunter pour le mineur, ni aliéner ou hypothéquer ses biens immeubles, sans y être autorisé par un conseil de famille. Cette autorisation ne devra être accordée que pour cause d'une nécessité absolue, ou d'un avantage évident.

Dans le premier cas, le conseil de famille n'accordera son autorisation qu'après qu'il aura été constaté, par un compte sommaire présenté par le tuteur, que les deniers, effets mobiliers et revenus du mineur sont insuffisans.

Le conseil de famille indiquera, dans tous les cas, les immeubles qui devront être vendus de préférence, et toutes les conditions qu'il jugera utiles. *Idem*, art. 451.

Les délibérations du conseil de famille relatives à cet objet, ne seront exécutées qu'après que le tuteur en aura demandé et obtenu l'homologation devant le tribunal civil de première instance, qui statuera en la chambre du conseil, après avoir entendu le commissaire du gouvernement. *Idem*, art. 452. (Voyez *biens, vente.*)

Le tuteur ne pourra accepter ni répudier une succession échue au mineur, sans une autorisation préalable du conseil de famille : l'acceptation n'aura lieu que sous bénéfice d'inventaire. *Idem*, art. 455. (Voyez *succession, donation.*)

Aucun tuteur ne pourra introduire en justice une action relative aux droits immobiliers du mineur, ni acquiescer à une demande relative aux mêmes droits, sans l'autorisation du conseil de famille. *Idem*, art. 458.

La même autorisation sera nécessaire au tuteur pour provoquer un partage; mais il pourra, sans cette autorisation, répondre à une demande en partage dirigée contre le mineur. *Id.* art. 459.

Pour obtenir, à l'égard du mineur, tout l'effet qu'il auroit entre majeurs, le partage devra être fait en justice, et précédé d'une estimation faite par experts nommés par le tribunal civil du lieu de l'ouverture de la succession.

Les experts, après avoir prêté serment devant le président du même tribunal, ou autre juge par lui délégué, de bien et fidèlement remplir leur mission, procéderont à la division des héritages, et à la formation des lots qui seront tirés au sort, et en présence, soit d'un membre du tribunal, soit d'un notaire par lui commis, lequel fera la délivrance des lots.

Tout autre partage ne sera considéré que comme provisionnel. *Idem*, art. 460.

Le tuteur ne pourra transiger au nom du mineur qu'après y avoir été autorisé par le conseil de famille, et de l'avis de trois jurisconsultes désignés par le commissaire du gouvernement près le tribunal civil.

La transaction ne sera valable qu'autant qu'elle aura été homologuée par le tribunal civil, après avoir entendu le commissaire du gouvernement. *Idem*, art. 461.

Tout tuteur est comptable de sa gestion, lorsqu'elle finit.

Tout tuteur, autre que le père et la mère, peut être tenu même durant la tutelle, de remettre au subrogé-tuteur, états de situation de sa gestion, aux époques que le conseil de famille aura jugé à propos de fixer, sans néanmoins que le tuteur puisse être astreint à en fournir plus d'un chaque année.

Les états de situation seront rédigés et remis sans frais sur papier non timbré, et sans aucune formalité de justice. *Idem*, *section* 9, articles 463 et 464.

Tuteur ne peut traiter de ses droits avec son mineur devenu majeur, que le compte de tutelle n'ait été rendu. (Voyez *traité*, *mineur*.)

TUTEUR *qui aura des sujets de mécontentemens graves sur la conduite du mineur*, pourra porter ses plaintes à un conseil de famille; et, s'il y est autorisé par le conseil, provoquer la réclusion du mineur, conformément à ce qui est statué, à ce sujet, au titre de la puissance paternelle (Voyez *père*.)

Tuteur *ne peut rien recevoir de son pupille par* testament.

Il ne peut recevoir par donation ou testament d'un mineur devenu majeur, qu'autant que son compte de tutelle aura été préalablement rendu et appuré. (Voyez *mineurs*.)

Tuteur *à restitution* (ou *substitution*) sera présent à l'inventaire qui devra avoir lieu pour cette cause, à la diligence du grévé, soit par lui ou son tuteur.

Faute par le grévé de l'avoir fait, le tuteur à substitution devra le faire faire dans le mois qui suivra le délai accordé au grévé, et qui est le même que pour les autres inventaires. (Voyez *inventaires*.)

TUTEUR (le) NOMMÉ POUR L'EXÉCUTION (DE LA DISPOSITION PAR DONATION ENTRE-VIFS OU TESTAMENTAIRE) sera personnellement responsable, s'il ne s'est pas en tout point conformé aux règles établies pour constater les biens pour la vente du mobilier, pour la transcription (de la disposition), pour l'inscription (des emplois sur immeubles ou par privilége); et en général, s'il n'a pas fait toutes les diligences nécessaires pour que la charge de restitution soit bien et fidèlement acquittée.

Décret du 13 floréal an 11, promulgué le 23, tit. 2, chap. 5, art. 362, code civil. (Voyez substitution,

titution , vente , deniers , bestiaux et ustensiles aratoires.)

TUTEUR OFFICIEUX (si le) , APRÈS CINQ ANS
RÉVOLUS depuis la tutelle, et dans la prévoyance de
son décès avant la majorité du pupille, lui con-
fère l'adoption par acte testamentaire ; cette disposition sera valable pourvu que le tuteur officieux
ne laisse point d'enfans.

*Décret du 2 germinal an XI, promulgué le 13 ,
tit. 8 , chap. 2 , art. 360 , cod. civ.*

*Dans le cas où le tuteur officieux mourroit, soit
avant les cinq ans*, soit après ce temps, sans avoir
adopté son pupille, il sera fourni à celui-ci, durant sa minorité, des moyens de subsister, dont
la quotité et l'espèce, s'il n'y a été antérieurement
pourvu par une convention formelle, seront réglées
soit amiablement entre les représentans respectifs
du tuteur et du pupille, soit judiciairement, en
cas de contestations. *Idem*, art. 361.

Tuteur (le) *officieux qui auroit eu l'administration* de quelques biens pupillaires, en devra rendre
compte dans tous les cas. *Idem*, art. 364. (Voy.
tutelle officieuse.)

X

Utérins (*frères ou sœurs*); en cas de partage entre frères et sœurs, ils prennent leur part dans la moitié de la succession échue à leur ligne. (Voyez *partage*, *succession.*)

Ustensiles *servant à faire valoir les terres* compris dans les donations entre-vifs ou testamentaires desdites terres à charge de restitution, ne pourront être vendus. (Voyez *vente.*)

V

Vente *des meubles et effets dépendans d'une succession échue à un mineur*, doit être faite à la requête du tuteur, en présence du subrogé-tuteur, à l'enchère par un officier public, après affiches ou publications, à l'exception de ceux qu'il aura été autorisé par le conseil de famille à garder en nature. (Voyez *tuteur.*)

Vente *du mobilier d'un absent* inventorié, ne peut être faite qu'en vertu d'ordonnance de juge. (Voyez *possession.*)

VENTE DE MEUBLES GRÉVÉS DE RESTITUTION (ou substitués.)

Le grévé de restitution sera tenu de faire procéder à la vente par affiches et enchères de tous les meubles et effets compris dans la disposition (à charge de restitution) à l'exception néanmoins de ceux dont il est mention dans les articles suivans.

Décret du 13 floréal an XI, promulgué le 23, titre 2, chap. 3, art. 251, code civil.

Les meubles meublans et autres choses mobiliaires, qui auroient été compris dans la disposition à la condition expresse de les conserver en nature, seront rendus en l'état où ils se trouveront lors de restitution. *Idem*, art. 351. Voyez *deniers, substitution.*)

Les bestiaux et ustensiles, servant à faire valoir les terres, seront censés compris dans les donations entre-vifs ou testamentaires desdites terres ; et le grévé sera seulement tenu de les faire priser et estimer pour en rendre une égale valeur, lors de la restitution. *Idem*, art. 352.

☞ Il faut nécessairement conclure de ce dernier article, et de l'exception portée à l'antépénultieme qui le précéde, que les bestiaux et ustensiles aratoires des terres, données ou léguées à charge de restitution, font partie du fond, et ne peuvent en être distrait, conséquemment qu'ils ne peuvent être vendus comme mobilier.

Vente *de biens immeubles de mineur*, soit qu'elle ait lieu par nécessité, soit pour son avantage évident, ne peut se faire sans une autorisation du conseil de famille, homologuée par le tribunal civil (voyez *tuteur*), et dans les formes encore voulues par les articles de lois qui suivent.

VENTE DE BIENS IMMEUBLES DE MINEURS SE FERA PUBLIQUEMENT, *en présence du subrogé tuteur, aux enchères* qui seront reçus par un membre du tribunal civil ou par un notaire à ce commis, et à la suite de trois affiches apposées par trois dimanches consécutifs, aux lieux accoutumés dans le canton.

Chacune de ces affiches sera visée et certifiée par le maire des communes où elles auront eu lieu.

Décret du 5 *germinal an* 11, *promulgué le* 16, *titre* 10, *ch.* 2, *sect.* 8, *art.* 453, *code civil.*

Les formalités exigées par les articles 451 et 452 (ce sont ceux qui exigent l'autorisation du conseil de famille et l'homologation, voyez *tuteur.*), pour l'aliénation des biens du mineur, ne s'appliquent point au cas où un jugement auroit ordonné la licitation sur la provocation d'un co-propriétaire par indivis.

Seulement, et en ce cas, la licitation ne pourra se faire que dans la forme prescrite par l'article précédent, les étrangers y seront nécessairement admis. *Id.* art. 454.

Violence ou dol donnent lieu à rescision. (Voyez *partage.*)

FORMALITÉS DU DIVORCE.

LE divorce ne pourra, aux termes de la loi, avoir lieu que pour deux espèces de causes, l'une déterminée, qui sera, ou l'adultère ou les excès ou sévices graves, ou la condamnation à des peines infamantes ; enfin, le refus d'une des parties séparées de corps par jugement, de faire cesser séparation, pourvu qu'elle n'ait pas pour cause l'adultère.

L'autre indéterminée, qui sera le consentement mutuel. (Voyez *divorce, séparation de corps.*)

DIVORCE

Pour cause de condamnation à des peines infamantes.

LA condamnation de l'un des époux à une peine infamante, n'entraînera et n'exigera aucune formalité, que celle dont il est question dans les articles de loi qui suivent.

Lorsque le divorce sera demandé, par la raison qu'un des époux est condamné à une peine infamante, les seules formalités consisteront à présenter au tribunal civil, une expédition en bonne forme, du jugement de condamnation, avec un certificat du tribunal criminel, portant que ce même jugement n'est plus susceptible d'être réformé par aucune voie légale.

Décret du 30 ventose an XI, prom. le 10 germinal, tit. 5, ch. 2, sect. prem., art. 255, code civil.

☞ Ces jugement et cerificat devront être joints à une demande , afin d'être admis au divorce. La loi n'en parle pas ; mais qui veut la fin , veut les moyens.

Sur cette demande, le tribunal prouoncera l'admission au divorce, sans autre formalité. Avec ce jugement défi-nitif, puisqu'il ne sera susceptible d'aucune opposition, aux termes de la loi. (Voyez *mort civile , et ci-ensuite.*) Le demandeur se présentera à l'officier de l'état civil, pour faire prononcer son divorce, aux termes de la loi.

Au jour fixé pour le jugement définitif, le rap-port sera fait par le juge commis, le commissaire du gouvernement entendu ; le jugement défi-nitif sera prononcé publiquement. Lorsqu'il admet-tra le divorce, le demandeur sera autorisé à se retirer devant l'officier de l'état civil pour le faire prononcer. *Idem*, art. 251 et 251.

☞ Les formalités pour cette sorte de divorce, ne sont aussi simples , que parce que ce divorce existant *de droit*, par la condamnation même, (Voyez *mort civile.*) n'en aura pas besoin de plus grande pour le constituer *de fait*, sans quoi l'époux d'un condamné ne pourroit se remarier.

FORMALITÉS DU DIVORCE

Pour causes déterminées.

Quelque soit la nature des faits ou des délits, qui donneront lieu à la demande en divorce, pour cause déterminée, cette demande ne pourra être formée qu'au tribunal de l'arrondissement dans lequel les époux auront leur domicile.

Décret du 30 ventose an 11, prom. le 10 germin., tit. 6, chap. 2, sect. prem., art. 228, code civil.

Toute demande en divorce détaillera les faits; elle sera remise avec les pièces à l'appui, s'il y en a, au président du tribunal, ou au juge qui en fera les fonctions, par l'époux demandeur en personne, à moins qu'il n'en soit empêché par maladie.

En ce cas, sur sa réquisition et le certificat de deux docteurs en médecine ou en chirurgie, ou de deux officiers de santé, le magistrat se transporte au domicile du demandeur pour y recevoir sa demande. *Idem*, art. 230.

☞ Par égard pour les mœurs, pour l'honneur et la tranquillité des familles, le législateur a porté la prudence dans l'introduction et la suite de ces sortes de demandes, aussi loin qu'elles pouvoit aller.

La demande en divorce, pour cause déterminée, peut avoir lieu, pour cause de l'adultère de la femme ou du mari, ou pour excès, sévices ou injures. Dans l'un et l'autre cas, la procédure est la même ; mais les affections des parties, les suites qu'elles peuvent avoir, l'espérance de rapprochement auxquels elles peuvent donner quelques lueurs, sont bien différentes ; le pouvoir des juges, quant aux moyens d'opérer ce rapprochement, ou de le laisser arriver, ne peut être le même.

Dans le cas de l'adultère, les délais dont les juges ont la liberté de faire emploi pour éviter la publicité, sont beaucoup moins longs : le pardon d'une pareille injure, doit être prompt, ou il n'aura jamais lieu. Il en est de même de la justification, de celui qui en est inculpé, ou elle est impossible.

Dans le cas d'excès, sévices ou injures, si la justification est impossible, le temps, mille circonstances, une infinité de souvenirs ou de pensées occasionnelles, peuvent en amener le pardon ou l'oubli. En conséquence, les délais, dont les juges peuvent faire usage, pour en éviter la publicité, dont rarement on ne doit rien attendre d'utile, sont beaucoup plus longs.

Dans tous les cas, cette procédure n'a d'abord aucune publicité offensante pour l'une ni l'autre des parties.

Point de cédules, point de citation au bureau de paix, aucun intermédiaire, dès ces premiers pas, entre le demandeur et le conciliateur. La conciliation doit s'essayer d'abord, entre le demandeur et le magistrat, seul confident du projet d'attaque ; à l'insçu de icelui que cette demande peut concerner, et qu'elle pourra blesser, au moins, si elle ne peut lui nuire et ou l'outrager.

Le juge, après avoir entendu le demandeur, et lui avoir fait les observations qu'il croira convenables, paraphera la demande et les pièces et dressera procès-verbal de la remise du tout, en ses mains.

Ce procès-verbal sera signé par le juge et par le demandeur, à moins que celui-ci ne sache ou ne puisse signer ; auquel cas il en fera mention.

☞ Si ce premier essai de conciliation est infructueux, point d'intermédiaire encore entre les deux époux, pas même pour les appeller en conciliation.

Le juge ordonnera, au bas de son procès-verbal, que les parties comparoîtront en personne devant lui, au jour qu'il indiquera ; et qu'à cet effet, copie sera par lui adressée à la partie contre laquelle le divorce est demandé. *Idem*, art. 232.

A partir de la date de cette ordonnance, (et d'après la copie qui lui en sera adressée par le juge) la femme commune en biens, demanderesse ou défendresse en divorce, pourra en tout état de cause requérir pour la conservation de ses droits, l'apposition des scellés sur les effets mobiliers de la communauté. Ces scellés ne seront levés qu'en faisant inventaire et prisée, et à la charge, par le mari, de représenter les choses inventoriées ou de répondre de leur valeur, comme gardien judiciaire. *Idem*, section 2, art. 264.

Toute obligation contractée par le mari, à la charge de la communauté, toute aliénation par lui faite des immeubles qui en dépendent postérieurement à la date de l'ordonnance, dont il est fait mention en l'art. 232 ci-dessus, sera déclarée nulle, s'il est prouvé d'ailleurs, qu'elle ait été faite ou contractée en fraude des droits de la femme. *Idem*, art. 265.

☛ La loi présumant tout du respect qui lui est dû, et de l'intérêt que peuvent généralement avoir les deux parties, de s'entendre sur de pareilles demandes, avant d'y donner aucun éclat, n'indique aucun moyen coërcitif, pour les forcer à comparoître devant le magistrat qui doit remplir les fonctions de paix entre eux, qui doit essayer de les concilier, qui doit aider, celui que des présomptions peut-être mal fondées ont exposé à cette demande, à en écarter, ou en faire disparoître les motifs. La loi les livre, à cet égard, à leur libre arbitre, s'ils en mésusent, que de reproches n'auront-ils pas à se faire, et non aux législateurs ?

Au jour indiqué (dit la loi) le juge fera aux deux époux, s'ils se présentent, ou au demandeur, s'il est seul comparant, les représentations qu'il croira propres à opérer un rapprochement, s'il ne peut y parvenir, il en dressera un procès-verbal, et ordonnera la communication de la demande et des pièces au commissaire du gouvernement, et le référé du tout au tribunal. *Idem*, art. 233.

Dans les trois jours qui suivront, le tribunal, sur le rapport du président ou du juge qui en aura fait les fonctions, et sur les conclusions du commissaire, accordera ou suspendera la permission de citer. La suspension ne pourra excéder le terme de vingt jours. *Idem*, art. 234.

☛ A coup sûr, s'il y a éclat entre les époux, ce sera bien leur faute, au ou moins celle de celui qui aura à se reprocher des torts réels, qui aura refusé d'en donner satisfaction, s'il est possible, ou qui refuseroit de la recevoir, qui ne croira la trouver que dans le sacrifice de l'honneur, de la réputation de son époux, de celui de sa famille, de celui de leurs propres enfans ; car, quoi qu'on en dise, l'éclat seul de la simple demande en divorce imprimera toujours sur l'époux attaqué, sur sa famille, sur ses enfans, sur le demandeur lui-même, sans qu'il soit possible de l'empêcher, une tache ineffaçable, cause ou source de mille désagrémens journaliers, auxquels rien ne pourra les soustraire.

Enfin, aucun moyen de conciliation n'ayant pu réussir, la permission de citer sera accordée.

Le demandeur, en vertu de la permission du tribunal, fera citer le défendeur, dans la forme ordinaire, à comparoître en personne à l'audience à huis clos, dans le délai de la loi ; il fera donner copie en tête de la citation, de la demande en divorce, et des pièces produites à l'appui. *Idem,* art. 235.

☞ Les délais de la loi entraîneront le mois, au moins l'espérance de la réconciliation ne sera pas tout-à-fait perdue.

Si la réconciliation entre les époux a eu lieu, l'action en divorce sera éteinte, soit qu'elle soit survenue depuis *les faits qui auroient pu autoriser cette action,* soit depuis la demande en divorce. *Idem,* sect. 3, art. 266.

D'un l'un et l'autre cas, le demandeur sera dé-

claré non-recevable dans son action. Il pourra néanmoins en intenter une nouvelle, pour cause survenue depuis la réconciliation, et alors faire usage
d'une ancienne cause pour appuyer cette nouvelle
demande, *Idem*, sect. 3, art. 267.

☞ Ces termes, *si la réconciliation a eü lieu entre les
époux, soit qu'elle soit survenue depuis les faits qui
auroient pu autoriser l'action en divorce, soit depuis la
demande en divorce, l'action sera éteinte. Dans l'un et
l'autre cas, le demandeur y sera déclaré non-recevable*
sont remarquables.

Pour le bonheur des deux époux, ils laissent encore
à celui contre lequel la demande en divorce auroit
pu être formée, ou pourroit être suivie par rémi-
niscence d'humeur seulement, l'espoir d'y échapper:
ils laissent au tribunal, la faculté d'épargner au demandeur le regret de s'être laissé emporter par une ré-
miniscence aussi malheureuse, et pour lui et pour tant
d'autres.

Donc, si le demandeur en divorce persiste dans l'exercice de l'action qu'il auroit cru devoir intenter, son
adversaire ne doit jamais négliger de proposer les fins
de non-recevoir, résultant des réconciliations qui auroient pu avoir lieu, *depuis les faits* qui auroient pu
autoriser la demande en divorce, ou *depuis la demande*
qui en auroit été formée.

Si le demandeur en divorce nie qu'il y ait eu
réconciliation, le défendeur en fera preuve, soit
par écrit soit par témoins, dans la forme prescrite

en la deuxième section (*). *Id.*, sect 3, art. 268.

☞ Cette preuve, l'enquête ou les enquêtes auquels elle pourra donner lieu, pourront procurer assez de temps pour une réconcialiation, toujours heureuse, toujours à désirer, toujours utile aux époux, à leurs enfans, à leur famille.

Ainsi, à l'échéance du délai, pour comparoître à l'audience du tribunal, le défendeur en divorce doit proposer d'abord tous les moyens de non-recevoir possibles, sauf à suivre sur cet incident, et attendu qu'il pourroit en résulter un rejet de la demande, ainsi qu'on les verra dans un instant.

A l'échéance du délai, soit que le défendeur comparoisse ou non, le demandeur *en personne* assisté d'un conseil, s'il le juge à propos, exposera ou fera exposer les motifs de sa demande, il représentera les pièces qui l'appuient, et nommera les témoins qu'il se propose de faire entendre.

Décret du 30 ventose an 11, promulgué le 10 germi-tit. 5, sect. prem., chap. 2, art. 236, code civil.

Si le défendeur comparoît en personne *ou par un fondé de pouvoir,* il pourra proposer à faire proposer ses observations, tant sur les motifs de la demande que sur les pièces produites par le demandeur, et sur les témoins par lui nommés, le dé-

---

(*) Il y a surement erreur dans le texte imprimé ; car la deuxième section n'a aucun rapport à la procédure. Il n'en est question que dans la première.

fendeur nommera de son côté . les témoins qu'il se propose de faire entendre, et sur lesquels le demandeur fera réciproquement ses observations. *Idem*, art. 237.

Il sera dressé procès-verbal des comparutions, dires et observations des parties ainsi que des aveux que l'une ou l'autre pourra faire. Lecture de ce procès-verbal sera donné auxdites parties, qui seront requises de le signer; et il sera fait mention expresse de leurs signatures ou de leurs déclarations de ne pouvoir ou de ne vouloir signer. *Idem*, art. 238.

Le tribunal renverra les parties à l'audience publique dont il fixera le jour et l'heure; il ordonnera la communication de la procédure au commissaire du gouvernement, et commettra un rapporteur. Dans le cas où le défendeur n'auroit pas comparu, le demandeur sera tenu de lui faire signifier l'ordonnance du tribunal, dans le délai quelle aura déterminé. *Idem*, art. 289.

Au jour et à l'heure indiqués, sur le rapport du juge commis, le commissaire du gouvernement entendu, le tribunal *statuera d'abord sur les fins de non-recevoir, s'il en a été proposé.* En cas qu'elles soient trouvées concluantes, la demande en divorce, sera rejettée; dans le cas contraire, ou s'il n'a pas été proposé de fins de non-recevoir la demande en divorce sera admise. *Idem*, art. 240.

Immédiatement après l'admission de la demande en divorce, sur le rapport du juge commis, le commissaire du gouvernement entendu, le tribunal statuera au fond. Il fera droit à la demande, si elle lui paroît en état d'être jugée; sinon, il admettra le demandeur à la preuve des faits pertinents par lui allégués et le défendeur à la preuve contraire. *Idem*, art. 241.

A chaque acte de la cause, les parties pourront après le rapport du juge, et avant que le commissaire du gouvernement ait pris la parole, proposer ou faire proposer leurs moyens respectifs, d'abord sur les fins de non-recevoir et ensuite sur le fond; mais en aucun cas, le conseil du demandeur ne sera admis, si le demandeur n'est pas comparant en personne. *Idem*, art. 242.

☞ De tous les articles de loi qu'on vient de rapporter, il faut conclure, 1.° que toute procédure, sur une demande en divorce, dont le tribunal est saisi, à deux époques bien distinctes, celle relative au jugement qui doit admettre ou rejetter la demande en divorce; celle relative au jugement qui doit admettre le divorce, et qu'elle peut en avoir trois, si l'on veut, en faisant usage des fins de non-recevoir, moyens principaux de rejet de cette demande, puisque les fins de non-recevoir nécessiteront des enquêtes préliminaires pour l'admission ou le rejet.

2.° Que si le défendeur fait défaut, c'est-à-dire, s'il ne comparoît pas en personne, ou par un fondé de son pouvoir, *ad hoc*, la demande en divorce sera admise, ainsi que le divorce, et le demandeur autorisé à se retirer devant l'officier de l'état civil, pour le faire prononcer.

3.° Que le défendeur ou son conseil, lors de leur comparution sur la citation, c'est-à-dire, au premier procès-verbal dont est question en l'art. 238, ou au moins après le rapport du juge dont est question en l'art. 241, et immédiatement avant que le commissaire du gouvernement n'ait pris la parole, comme il est dit en l'art. 242. Conséquemment, avant le jugement préliminaire qui devra prononcer l'admission ou le rejet de la demande en divorce, devra faire proposer tous ses fins de non-recevoir.

4.° Que les fins de non-recevoir une fois proposé, il naîtra de leur proposition un incident, à enquête et contre enquête, desquelles dépendra l'admission ou le rejet de la demande en divorce.

5.°. Enfin, que toutes les fois qu'on sera déterminé à ne pas faire défaut, et à proposer des fins de non-recevoir, il vaudra mieux les proposer, lors du procès-verbal dont est question, art. 238 ; qu'au moment dont il parlé en l'art. 242, qui est celui de l'audience publique, 1.° pour tâcher d'éviter la suite de la demande, qui dès premier procès-verbal, pourra être déclarée éteinte à huis clos, si le demandeur ne nie pas les faits de réconciliation avancés par le défendeur.

2.° Pour pouvoir plus librement indiquer chacun les témoins et les reproches qu'on pourroit respectivement leur faire, et ainsi éviter de les choquer, de les prévenir, de les aigrir même contre l'une ou l'autre des parties, par la publicité, et en espérer d'autant plus

d'impartialité,

d'impartialité, pour chacune d'elles, lors des enquêtes relatives à ces fins de non-recevoir.

Les formes à suivre pour ces sortes d'enquêtes étant les mêmes que pour toutes autres, auxquelles la suite des demandes en divorce pourroit donner lieu, quant au fond. Nous allons rapporter les articles qui les indiquent, pour les enquêtes sur le fond, on en fera l'application à l'enquête incidente au jugement préliminaire d'admission ou de rejet de la demande en divorce.

Quant aux enquêtes sur le fond, qui ne doivent avoir lieu qu'après le jugement d'admission ou de rejet de la demande, la loi porte :

Aussitôt après la prononciation du jugement qui ordonnera les enquêtes, le greffier du tribunal donnera lecture de la partie du procès-verbal qui contient la nomination déjà faite, des témoins que les parties se propose de faire entendre. Elles seront averties par le président qu'elles peuvent encore en désigner d'autres, mais qu'après ce moment, elles n'y seront plus reçues. *Idem*, art. 243.

Les parties proposeront de suite leurs reproches respectifs contre les témoins qu'elles voudront écarter. Le tribunal statuera sur ces reproches après avoir entendu le commissaire du gouvernement. *Idem*, art. 244.

☞ Ainsi, d'après ces deux articles, et le 268.ᵉ ci-devant rapporté, en ce qui en est seulement applicable aux enquêtes qui pourroient avoir lieu, sur les fins de

Y

non-recevoir, proposées lors du procès-verbal dont il
est question, article 238, qui sera reçu à huis clos;
en cas d'aveu par le demandeur, des faits de
réconciliation, mis en avant par le défendeur, avant
ou depuis la demande en divorce, le tribunal devra déclarer cette demande éteinte, en cas de dénégation,
ordonner l'enquête. Si l'enquête est ordonnée le procès-
verbal contiendra la nomination des témoins, que les
parties se proposeront de faire entendre.

Le procès-verbal clos, elle ne pourront en désigner d'autres ; avant sa clôture, elles seront averties
qu'elles peuvent encore en désigner d'autres ; mais qu'a-
près ce moment, elles n'y seront plus reçues.

Dans ce même procès-verbal, les parties proposeront de suite leurs reproches respectifs, contre les
témoins qu'elles voudront écarter.

Le tribunal statuera sur-le-champ, sur ces reproches, après avoir entendu le commissaire gouvernement.

A l'égard des témoins, il faut bien observer qu'il
n'y a de reprochables, en cette qualité du chef de la
parenté, que les enfans et descendans des époux ; et que
leurs domestiques ne le sont pas.

Les parens des parties, à l'exception de leurs
enfans et descendans ne sont pas reprochables du
chef de la parenté, non plus que les domestiques
époux, en raison de cette qualité ; mais le tribunal
aura tel égard, que de raison, aux dépositaires des
parens et des domestiques. *Idem*, art. 245.

☞ Aux termes de l'art. 268, la preuve des faits de
réconciliation devant être faite dans la forme prescrite

pour toutes les autres, le jugement qui ordonnera l'enquête, dénommera les témoins qui seront entendus, et déterminera le jour et l'heure auxquelles les parties devront les présenter.

Ils ne seront pas assignés : la présentation que les parties doivent en faire, ne comporte pas d'assignation à cet égard.

Dans la procédure sur demandes en divorce, tout est laissé au libre arbitraire de tous; ainsi dans l'indication des témoins, il faudra bien se garder d'en nommer qui pourroient être contraire à celui qui les auroit nommé, puisque leur déposition ou leurs refus d'accompagner au jour indiqué, celle des parties qui les auroit nommé, aura le même effet.

Les dépositions seront reçues, par le tribunal, à huis clos, en présence du commissaire du gouvernement, des parties et de leurs conseils ou amis, jusqu'au nombre de trois de chaque côté.

Les parties par elles-mêmes, par elles, ou par leurs conseils, pourront faire aux témoins, telles observations et interprétations qu'elles jugeront à propos. Tel est le vœu des articles de la loi, qui suivent.

Tout jugement qui admettra une preuve testimoniale, dénommera les témoins qui seront entendus, et déterminera le jour et l'heure auxquels les parties *devront les présenter. Idem*, art. 246.

Les dépositions des témoins seront reçues par le tribunal séant à huis clos, en présence du commissaire du gouvernement, des parties, et de leurs conseils ou amis, jusqu'au nombre de trois de chaque côté. *Idem*, art. 243.

Les parties, par elles, ou par leurs conseils, pourront faire aux témoins telles observations ou interpellations qu'elles jugeront à propos, sans pouvoir néanmoins les interrompre dans le cours de leurs dépositions. *Idem*, art. 248.

☞ L'observation exacte de cette disposition de la loi, *de n'imterrompre aucun témoin dans sa déposition*, est plus importante qu'on le pense communément dans toutes les affaires ; elle l'est plus qu'on ne peut le dire en affaire de divorce, la défense n'y pourra jamais être trop décente et trop mesurée.

Les témoins les plus ordinaires ne seront que des parens, des commençaux, ou des amis intimes. Cette espèce de témoins affectionnera toujours plutôt l'une des parties que l'autre, ou tentera de les ménager toutes deux. Si le témoin dépose pour la partie qu'il affectionnera, l'interruption l'irritera, il s'établira alors entre lui et la partie adverse, une espèce de lutte d'aigreur, le témoin ne tarira pas sur les preuves. Les argumens qu'il croira nécessaires à établir les bases de la partie de sa déposition, sur laquelle il aura été interrompu, se multiplieront et rarement la partie adverse y gagnera.

Si le témoin dépose en ménageant les deux parties, l'interruption lui fera perdre son plan préparé d'avance. Il se déclarera contre l'interrupteur, et l'aigreur, peut-être, remplaçant alors en lui le sentiment d'estime égal pour l'un et l'autre qui le faisoit agir avant, lui fera dire ce qui pourroit nuire, et qu'il n'auroit pas dit.

Chaque déposition sera rédigée par écrit, ainsi que les dires et observations auxquels elle aura donné lieu. Le procès-verbal, sera lu tant aux témoins qu'aux parties; les uns et les autres seront tenus de le signer; et il sera fait mention de leurs signatures, ou de leurs déclarations qu'ils ne peuvent ou ne veulent signer. *Idem*, art. 249.

> ☞ Après la clôture des deux enquêtes, ou de celle du demandeur, si le défendeur n'a pas produit de témoins, le tribunal renverra les parties à l'audience publique, dont il indiquera le jour et l'heure; et aux termes de l'art. 239, déjà rapporté, si la demande en divorce est admise, on procédera sur le fond et les enquêtes, ainsi qu'il est dit ci-dessus.

Après la clôture des deux enquêtes, ou de celle du demandeur, si le défendeur n'a pas produit de témoins, le tribunal enverra les parties à l'audience publique dont il indiquera le jour et l'heure : il ordonnera la communication de la procédure au commissaire du gouvernement et commettra un rapporteur. Cette ordonnance sera signifiée au défendeur, (défaillant) à la requête du demandeur, dans le délai qu'elle aura déterminé. *Idem*, art. 250.

Au jour fixé pour le jugement définitif, le rapport sera fait par le juge commis, les parties pourront ensuite faire, par elles-mêmes, ou par l'organe de leurs conseils, telles observations qu'elles jugeront utiles à leur cause; après quoi le commissaire du gouvernement donnera ses conclusions. *Idem*, art. 251.

☞ C'est ici le moment de faire attention à ce que nous avons dit, à l'égard de la différence des délais dont les juges eux - mêmes peuvent faire usage, pour éviter la prononciation d'un divorce entre époux pour toute autre cause déterminée que l'adultère. L'exception portée aux articles qui vont suivre va confirmer l'opinion qu'on a émis. Le bien qui peut en résulter pour les époux, pour la société même, ne dépend que des juges.

Lorsque la demande en divorce aura été formée pour cause d'excès, de sévices ou d'injures graves, *encore qu'elle soit bien établies*, les juges *pourront* ne pas admettre immediatement le divorce ; et alors avant faire droit, ils autoriseront la femme à quitter la compagnie de son mari, sans être tenue de le recevoir, si elle ne le juge à propos ; et ils condamneront le mari à lui payer une pension alimentaire proportionnée à ses facultés, si la femme n'a pas elle-même de revenus suffisants pour fournir à ces besoins. *Idem*, art. 253.

☞ Puisqu'il n'est pas question, dans cet article, de la demande en divorce, pour cause d'adultère, il ne peut lui être applicable, quant à la faculté de ne pas admettre la demande en divorce sur-le-champ, s'il y a lieu.

Cette séparation n'aura pour objet qu'une nouvelle tentative de rapprochement ; elle ne pourra durer qu'un an, sans que le tribunal prononce l'admission ou le rejet définitif de la demande en divorce, si le demandeur suit cette demande. Cette séparation n'aura rien de gênant pour la femme, pas même quant au domicile qu'elle pourroit choisir. La loi, dans ce cas, s'en rapporte à sa délicatesse, à sa prudence. Il n'en est pas de même, quand la femme quitte ou veut quitter le domicile marital pendant le procès. (Voy. *plus bas.*)

Après une année d'épreuve, si les parties ne sont pas réunies, l'époux demandeur pourra faire citer l'autre époux à comparoître au tribunal, dans les délais de la loi, pour y entendre prononcer le jugement définitif, qui pour lors admettra le divorce. *Idem*, art. 154.

Le jugement définitif sera prononcé publiquement : lorsqu'il admettra le divorce, le demandeur sera autorisé à se retirer devant l'officier de l'état civil pour le faire prononcer. *Idem*, art. 252.

En cas d'appel du jugement d'admission ou du jugement définitif rendu par le tribunal de première instance, en matière de divorce, la cause sera instruite et jugée par le tribunal d'appel, comme affaire urgente. *Idem*, art. 256.

L'appel ne sera recevable, qu'autant qu'il aura été interjeté dans les trois mois, à compter du jour de la signification du jugement rendu contradictoirement ou par défaut.

Le délai pour se pourvoir au tribunal de cassation, contre un jugement en dernier ressort, sera aussi de trois mois, à compter de la signification. Le pourvoi sera suspensif. *Idem*, art. 257.

En vertu de tout jugement rendu en dernier ressort, ou passé en force de chose jugée, qui autorisera le divorce, l'époux qui l'aura obtenu sera obligé de se présenter, dans le délai de deux mois, devant l'officier de l'état civil, l'autre partie duement appellée pour faire prononcer le divorce. *Idem*, art. 258.

Ces deux mois ne commenceront à courir, à l'égard des jugements de première instance, qu'après l'expiration du délai d'appel;

À l'égard des jugements rendus par défaut, en cause d'appel, qu'après l'expiration du délai d'opposition;

Et à l'égard des jugements contradictoires en dernier ressort, qu'après l'expiration du délai du pourvoi en cassation *Idem*, art. 269.

L'époux demandeur qui aura laissé passer le délai de deux mois ci-dessus déterminé, sans appeller l'autre époux devant l'officier de l'état civil, sera déchu du bénéfice du jugement qu'il avoit obtenu, et ne pourra reprendre son action en divorce, sinon pour cause nouvelle, auquel cas, il pourra néanmoins faire valoir les anciennes. *Id.*, art. 260.

☞ Pendant le cours de la procédure, sur une demande en divorce, il peut arriver qu'une femme croie devoir quitter ou veuille quitter le domicile du mari, la loi le lui permet; mais alors elle veut que les juges lui indiquent la maison où elle sera tenue de résider. Il faut donc d'abord que la femme manifeste à la justice, son intention à cet égard, et qu'elle en requiert une assignation de résidence.

La femme demandresse ou défendresse en divorce, pourra quitter le domicile du mari pendant la poursuite, et demander une pension alimentaire proportionnée aux facultés du mari.

Le tribunal indiquera la maison dans laquelle la femme sera tenue de résider, et fixera, s'il y a lieu, la pension alimentaire que le mari sera obligé de lui payer. *Idem*, art. 262.

La femme sera tenue de justifier de sa résidence, dans la maison indiquée, toutes les fois qu'elle en sera requise : à défaut de cette justification, le mari pourra refuser la provision alimentaire ; et si la femme est demandresse en divorce, la faire déclarer non recevable à continuer ses poursuites. *Idem*, art. 263.

☞ Cet article peut prêter à bien des tracasseries, des chicanes du mari envers la femme, si les juges ne suppléoient à ce qui y manque, pour les prévenir ou les empêcher, il faut espérer qu'ils détermineront le genre de justification de résidence, dont le mari, dans tous les cas, devra se contenter.

☞ Il est à desirer que jamais aucune demande en divorce ne donne lieu à un procès criminel entre deux époux. Cependant, attendu que ce cas pourroit arriver, la loi l'a prévu, et réglé ce qui en résulteroit, quant à la demande en divorce.

Si quelques - uns des faits allégués par l'époux demandeur donne lieu à une poursuite criminelle de la part du ministère public, l'action en divorce restera suspendue jusqu'après le jugement du tribunal criminel, alors elle pourra être reprise qu'il soit permis d'inférer du jugement criminel, aucune fin de non-recevoir ou exception préjudicielle contre l'époux demandeur. *Idem*, art. 230.

FORMALITÉS DU DIVORCE,

Par Consentement mutuel.

CES formalités sont d'une telle clarté, d'une telle simplicité, que le plus léger commentaire en rendroit la pratique plus difficile, qu'elle ne la faciliteroit.

On se contentera donc de rapporter les articles de loi qui y sont relatifs.

La première, et sans laquelle les préliminaires même ne peuvent avoir lieu, est, par les époux, de rapporter l'autorisation de leur père et mère, ou à leur défaut, de leurs ayeuls ou ayeules, dans le cas où ceux-ci doivent les suppléer s'ils existent, d'opérer le divorce, ou bien les extraits mortuaires des uns et des autres. (Voyez *ci-après.*)

La seconde, et sans laquelle aussi, les préliminaires même du divorce par consentement mutuel, ne pourroient avoir lieu, sera de produire les actes mentionnés aux articles de la loi qui vont suivre.

Les époux déterminés à opérer le divorce par consentement mutuel, seront tenus de faire préalablement inventaire et estimation de tous leurs biens meubles et immeubles, et de régler leurs droits respectifs, sur lesquels il leur sera néanmoins libre de transiger.

Décret du 30 ventose an 11, prom. le 10 germinal, tit. 2, chap. 3, art. 273, code civil.

Ils seront pareillement tenus de constater par écrit, leurs conventions sur les trois points qui suivent :

1.º A qui les enfans nés de leur union seront confiés, soit pendant le temps des épreuves, soit après le divorce prononcé.

2.º Dans quelle maison la femme devra se retirer et résider, pendant le temps des épreuves.

3.º Quelle somme le mari devra payer à sa femme, pendant le même temps, si elle n'a pas de revenus suffisant pour subvenir à ses besoins. *Idem*, art. 274.

Les époux se présenteront ensemble, et en personne, devant le président du tribunal civil de leur arrondissement, ou devant le juge qui en fera les fonctions et lui feront la déclaration de leur volonté, en présence de deux notaires amenés par eux. *Idem*, art. 275.

Le juge fera aux deux époux réunis, et à chacun d'eux en particulier, en présence des deux notaires, telles représentations et exhortations qu'il croira convenables; il leur donnera lecture du chapitre 4 du présent titre, qui règles *les effets du divorce*, et leur développera toutes les conséquences de leur démarche. *Idem*, art. 276. (Voy. *divorce*.)

Si les époux persistent dans leur résolution, il leur sera donné acte par le juge, de ce qu'ils demandent et consentent mutuellement au divorce; et ils seront tenus de produire et déposer à l'instant, entre les mains des notaires, outre les actes mentionnés aux articles 273 et 274;

1.º Les actes de leur naissance et celui de leur mariage ;

2.º Les actes de naissance et de décès de tous les enfans nés de leur union ;

3.º La déclation authentique de leurs père et mère ou autres ascendans vivans, portant que, pour les causes à eux connues, ils autorisent tel *ou* celle, leur fils *ou* fille, petit-fils *ou* petite-fille, marié *ou* mariée à tel *ou* telle, à demander le divorce et à y consentir. Les pères, mères ayeuls et ayeules des époux seront présumés vivans jusqu'à la représentation des actes constatant leur décès. *Idem*, art. 277.

Les notaires dresseront procès-verbal détaillé de tout ce qui aura été dit et fait en exécution des articles précédens; la minute en restera au plus âgé des deux notaires, ainsi que les pièces produites, qui demeureront annexées au procès-verbal, dans lequel il sera fait mention de l'avertissement qui sera donné à la femme de se retirer dans les vingt-quatre heures, dans la maison convenue entre elle et son mari, et d'y résider jusqu'au divorce prononcé. *Idem*, art. 278.

La déclartion ainsi faite sera renouvellée dans la première quinzaine de chacun des quatrième, septième et dixième mois qui suivront, en observant les mêmes formalités. Les parties seront obligées à rapporter chaque fois la preuve, par acte public, que leurs pères, mères, ou autres ascendans vivans, persistent dans leur première détermination ; mais elles ne seront tenues à répéter la production d'aucun autre acte. *Idem*, art. 279.

Dans la quinzaine du jour où sera révolue l'année, à compter de la première déclaration, les époux assistés chacun de deux amis, personnes notables dans l'arrondissement, âgés de cinquante ans au moins, se représenteront ensemble et en personne devant le président du tribunal ou le juge qui en fera les fonctions ; ils lui remettront les expéditions en bonne forme des quatre procès-verbaux contenant leur consentement mutuel, et de tous les actes qui y auront été annexés, et requerront du magistrat, chacun séparément, en présence néanmoins l'un de l'autre et des quatre notables, l'admission du divorce. *Idem*, art. 280.

Après que le juge et les assistans auront fait leurs observations aux époux, s'ils persévèrent, il leur sera donné acte de leur réquisition, et de la remise par eux faite des pièces à l'appui : le greffier du tribunal dressera procès-verbal, qui sera signé tant par les parties (à moins qu'elles ne déclarent ne savoir ou ne pouvoir signer, auquel cas il en sera fait mention), que par les quatre assistans, le juge et le greffier. *Idem*, art. 282.

Si le commissaire du gouvernement trouve dans les pièces la preuve que les deux époux étoient âgés, le mari de vingt-cinq ans, la femme de vingt-un ans, lorsqu'ils ont fait leur première déclaration ; qu'à cette époque ils étoient mariés depuis deux ans, que le mariage ne remontoit pas à plus de vingt, que la femme avoit moins de quarante-cinq, que le consentement mutuel a été exprimé quatre fois dans le cours de l'année, après les préalables ci-dessus prescrits et avec toutes les formalités requises par le présent titre, notamment avec l'autorisation des père et mère des époux, ou avec celle de leurs autres ascendans vivans, en cas de prédécès des père et mère, il donnera ses conclusions en ces termes, *la loi permet :* dans le cas contraire, ses conclusions seront en ces termes, *la loi empêche. Idem*, art. 283. (Voyez *divorce.*)

Le tribunal, sur le référé, ne pourra faire d'autres vérifications que celles indiquées par l'article précédent. S'il en résulte que, dans l'opinion du tribunal, les parties ont satisfait aux conditions et rempli les formalités déterminées par la loi, il admettra le divorce, et renverra les parties devant l'officier de l'état civil pour le faire prononcer : dans le cas contraire, le tribunal déclarera qu'il n'y a pas lieu à admettre le divorce, et déduira les motifs de la décision. *Idem*, art. 284.

L'appel du jugement qui auroit déclaré ne pas y avoir lieu à admettre le divorce, ne sera recevable qu'autant qu'il sera interjetté par les deux parties, et néanmoins par actes séparés, dans les dix jours au plutôt, et au plus tard dans les vingt jours de la date du jugement de première instance. *Idem*, art. 285.

Les actes d'appel seront réciproquement signifiés tant à l'autre époux qu'au commissaire du gouvernement près du tribunal de première instance. *Idem*, art. 286.

Dans les dix jours, à compter de la signification qui lui aura été faite du second acte d'appel, le commissaire du gouvernement près du tribunal de première instance, fera passer au commissaire du gouvernement près du tribunal d'appel l'expédition du jugement, et les pièces sur lesquelles il est intervenu. Le commissaire près du tribunal d'appel donnera ses conclusions par écrit, dans les dix jours qui suivront la réception des pièces : le président, ou le juge qui le suppléera, fera son rapport au tribunal d'appel, en la chambre du conseil, et il sera statué définitivement dans les dix jours qui suivront la remise des conclusions du commissaire. *Idem*, art. 287.

En vertu du jugement qui admettra le divorce, et dans les vingt jours de sa date, les parties se présenteront ensemble et en personne devant l'officier de l'état civil, pour faire prononcer le divorce. Ce délai passé, le jugement demeurera comme non avenu. *Idem*, art. 288.

FORMALITÉS.

De la Séparation de Corps.

ANCIENNEMENT cette espèce de séparation qui avoit tous les désavantages du divorce avoit seule lieu ; mais elle avoit pour les mœurs et pour la société, un inconvénient plus grand que le divorce. Les époux séparés, ne pouvoient contracter un mariage, ils étoient ainsi exposés au combat de l'une des plus fortes passions qui domine le genre humain, ou en danger de ne la satisfaire, que par le libertinage et la corruption. Dans l'un et l'autre cas, leur postérité était perdue pour l'état, abandonnée ou avilie, elle pouvoit être plus dangereuse qu'utile.

Le divorce actuel a sur cette séparation de corps, l'avantage de parer à d'aussi grands inconvéniens. Quelques-unes des sectes du culte religieux y répugnent, l'usage les avoit accoutumé aux séparations de corps, quelquefois nécessaire pour éviter de plus grands malheurs ; les causes qui y donnoient lieu étoient les mêmes que celles qui autorisent le divorce ; les législateurs, pour la tranquillité des consciences, ont laissé à chacun le choix de l'un ou de l'autre. Seulement la loi, qui ne peut et ne doit avoir en vue que l'intérêt civil, a donné à l'époux, contre lequel la séparation de corps auroit été obtenue, pour *toute autre cause que pour l'adultère*, la faculté de demander le divorce, faute par demandeur de faire cesser cette séparation après un temps déterminé.

Z.

Dans le cas où il y a lieu à la demande en divorce pour cause déterminée, il sera libre aux époux de former demande en séparation de corps.

Elle sera intentée, instruite et jugée de la même manière que toute autre action civile, elle ne peut avoir lieu par le consentement mutuel des époux.

Décret du 30 ventôse an 11, prom. le 10 germinal, tit. 5, chap. 5, art. 300 et 301, code civil.

La femme contre laquelle la séparation du corps sera prononcée pour cause d'adultère, sera condamnée par le même jugement, et sur la réquisition du ministère public, à la réclusion dans une maison de correction, pendant un temps déterminé, qui ne pourra être moindre de trois mois, ni excéder deux années.

Le mari sera le maître d'arrêter l'effet de cette condamnation, en consentant à reprendre sa femme. *Idem,* art. 302 et 303.

Lorsque la séparation de corps prononcée *pour toute autre cause que l'adultère de la femme,* aura duré trois ans, l'époux qui étoit originairement défendeur, pourra demander le divorce, au tribunal, qui l'admettra, si le demandeur originaire présent ou duement appellé, ne consent pas immédiatement à faire cesser la séparation. *Id.,* art. 304.

FORMALITÉS

De l'Adoption.

LA personne qui se proposera d'adopter, et celle qui voudra être adoptée, se présenteront devant le juge de paix du domicile de l'adoptant pour y passer acte de leurs consentemens respectifs.

Décret du 2 germinal an 11, promulgué le 12, titre 8, chap. prem., sect. 2, art. 347, code civil.

✍ Pour que le juge de paix puisse procéder à la rédaction de cet acte, il faudra : 1.° que l'adoptant justifie qu'il a plus de 50 ans ; 2.° qu'il est célibataire, ou que son conjoint soit présent et consente à l'adoption, et en ce cas, les époux adoptants devront justifier qu'ils n'ont ni enfans ni descendans légitimes ; qu'ils ont plus de 15 ans que celui ou celle qu'ils se proposent d'adopter, qu'ils en ont eu soin dans sa minorité, pendant six ans au moins, et lui ont fourni des secours ou donné des soins non-interrompus, ou qu'ils justifient qu'il a sauvé la vie à l'un d'eux dans un combat, ou qu'il la retire des flammes ou des flots ; 3.° que celui qu'ils se proposent d'adopter est majeur de 21 ans ; 4.° que dans ce cas, l'adoptable rapporte le contentement de ses père et mère ou du survivant d'eux, pour l'adoption ; 5.° enfin, que l'adoptable âgé de plus de vingt-cinq ans, rapporte acte authentique qu'il a requis le conseil de ses père et mère, s'il n'en rapporte le consentement.

Z 2

Toutes les pièces constatants ces divers faits, relatifs aux adoptants ou à l'adoptable, devront être joints à ce procès-verbal ; tel est le vœu implicite de la loi sur l'adoption. (Voyez *adoption.*)

Une expédition de cet acte, (qui devra constater la représentation de toutes ces pièces) seront remise dans les dix jours suivans, par la partie la plus diligente, au commissaire du gouvernement près le tribunal de première instance, dans le ressort duquel se trouvera le domicile de l'adoptant, pour être soumis à l'homologation du tribunal. *Idem*, art. 348.

Le tribunal réuni en la chambre du conseil, et après s'être procuré les renseignemens convenables vérifiera : 1.° si toutes les conditions de la loi sont remplies (*).

2.° Si la personne qui se propose d'adopter jouit d'une bonne réputation. *Idem*, art. 349.

Après avoir entendu le commissaire du gouvernement, et sans aucune autre forme de procédure, le tribunal prononcera, sans énoncer de motifs, en ces termes : *Il y a lieu ou il n'y pas lieu à l'adoption. Idem*, art. 350.

(*) Le procès-verbal du juge de paix ne pourra donc, ainsi que nous l'avons dit avoir lieu, qu'en conséquence de la représentation des pièces qui constateront tous les faits, dont l'existence est exigée par la loi.

Dans le mois qui suivra le jugement du tribunal de première instance, ce jugement sera, sur les poursuites de la partie la plus diligente, soumis au tribunal d'appel, qui instruira dans les mêmes formes que le tribunal de premiere instance, et prononcera sans énoncer de motifs. *Le jugement est confirmé ou le jugement est réformé*, et en conséquence, *il y a lieu* ou *il n'y a pas lieu à l'adoption. Idem*, art. 351.

Tout jugement du tribunal d'appel qui admettra une adoption, sera prononcé à l'audience, et affiché en tels lieux et en tel nombre d'exemplaires que le tribunal jugera convenable. *Idem*, art. 352.

> ☞ Il sera d'autant plus essentiel de n'omettre, lors de la rédaction du procès-verbal du juge de paix, aucune des pièces qui établiront les qualités facultatives des contractants, comme adoptant ou adopté, que le jugement du tribunal d'appel qui formera seul le complément de l'adoption, sera toujours rendu au souverain, puisque la loi ne dit pas qu'il y aura lieu contre lui, a recours en cassation.

Dans les trois mois qui suivront ce jugement, l'adoption sera inscrite à la réquisition de l'une ou de l'autre des parties, sur le registre de l'état civil.

Cette inscription n'aura lieu que sur le vu d'une expédition en forme, du jugement du tribunal d'appel, et l'adoption restera sans effet, si elle n'a été inscrite dans ce délai. *Idem*, art. 353.

☞ L'adopté ne devra donc pas négliger de faire faire cette inscription.

Si l'adoptant venoit à mourir après que l'acte constatant la volonté de former le contrat d'adoption, a été reçu par le juge de paix, et porté devant les tribunaux, et avant que ceux-ci eussent définitivement prononcé, l'instruction sera continuée, et l'adoption admise, s'il y a lieu. *Idem*, art. 354.

Les héritiers de l'adoptant pourront, s'ils croient l'adoption inadmissible, remettre au commissaire du gouvernement tous mémoires et observations à ce sujet. *Idem*, art. 354.

F I N.